HEYNE
BÜCHER

Charlotte Kost

MEIN BAUM-HOROSKOP 1997

DAS KELTISCHE HOROSKOP: BÄUME DEUTEN IHR SCHICKSAL

Originalausgabe

WILHELM HEYNE VERLAG
MÜNCHEN

HEYNE RATGEBER
08/5099

Printed in Germany 1996
Umschlaggestaltung: Atelier Adolf Bachmann, Reischach
Umschlagillustration: Christine Wilhelm, München
Herstellung: H + G Lidl, München
Satz: Satz & Repro Grieb, München
Druck und Bindung: Ebner Ulm

ISBN 3-453-11790-5

Inhalt

Das Keltische Baum-Horoskop

Der Baum, gewachsen aus der Kraft der Erde und der Energie der Sonne, ist Quell für tausend Möglichkeiten, dem Menschen dienstbar zu sein.

Das Keltische Baum-Horoskop entspricht diesem ideellen Wert, und die dafür verwendeten Symbole haben dieselbe Funktion wie die Zeichen und Symbole der klassischen Astrologie.

Klargestellt ist mittlerweile, daß der Astrologie, wie immer sie sich auch darstellt, nichts Mystisches anhaftet. Lediglich der gesunde Menschenverstand ist angesprochen, der die Verbundenheit des Menschen mit dem Naturgeschehen erkennt und akzeptiert. Naturgeschehen ist hier im weitesten Sinne zu verstehen, denn vor allem sind in diesem Zusammenhang die Vorgänge im uns umgebenden Raum angesprochen, in dem sich unsere Erde als kleines kompaktes Etwas unaufhaltsam bewegt und dreht.

Symbole und Zeichen, ob es sich um Götter, Tiere und, wie im vorliegenden Fall, um Bäume handelt, sind nur erdacht um dem Menschen augenfällig begreiflich zu machen, daß Kräfte im Universum wirken, die an unserer Erde nicht nur vorbeirasen, sondern sie ganz gezielt erreichen. Rasen ist überhaupt die ganz normale Fortbewegung im Weltraum. Mit einer Rasanz von 30 000 Meter pro Sekunde bewegt sich zum Beispiel unsere Erde um die Sonne, nur um ein Jahr, 365 Tage, hinter sich zu bringen. Ihre zusätzliche Rotation um die eigene Achse, die den Wechsel von Tag und Nacht bewirkt, ist ein weiteres Indiz für ein faszinierendes Naturgeschehen, das jede menschliche Phantasie in den Schatten stellt.

All diese außerirdischen Vorgänge sind zum weitaus größten Teil nicht sichtbar, so wie auch die menschliche Seele und der menschliche Geist als unsichtbare Größen bezeichnet werden können.

Die Sonne ist im Keltischen Baum-Horoskop Mittelpunkt des Geschehens. Und das war lange, bevor drei kluge Männer diese Erkenntnis wissenschaftlich erarbeitet hatten und dafür massiv von kompetenten Leuten angefeindet wurden.

Die Baumsymbole der Kelten, eingereiht in eine kosmische Ordnung, können das seelisch-geistige Volumen eines Menschen offenbaren. Das sogenannte »primitive« Volk der Kelten fand über den Weg der Naturgeschehen zu seinem Baum-Kreis, der in seiner Anlage mit den sich wesentlich später entfaltenden astrologischen Darstellungen nahezu identisch ist.

1997 ist das »Jahr der Haselnuß«

Das Jahr 1997 ist dem keltischen Baumsymbol Haselnuß zugeordnet. Es wird von einer kosmischen Energie geprägt, welche der ersten Dekade (22.3.–31.3.) in auffälliger Weise entspricht. Eine Aufbruchstimmung, die der Kraft des beginnenden Frühlings gleicht, und ihr Gegenpol (24.9.–3.10.), der zur Jahreszeit Herbst eine besondere Beziehung hat, steht damit in engem Zusammenhang. Damit ist festgelegt, Probleme werden sich äußerst selten zu einer Katastrophe auswachsen, rasche Lösungen stets angestrebt werden, egal ob es sich um private Angelegenheiten oder um Vorgänge im öffentlichen Leben handelt. Fehlt die Geduld, es kann auch mangelnde Einsicht sein, um ein gutes Ergebnis abzuwarten,

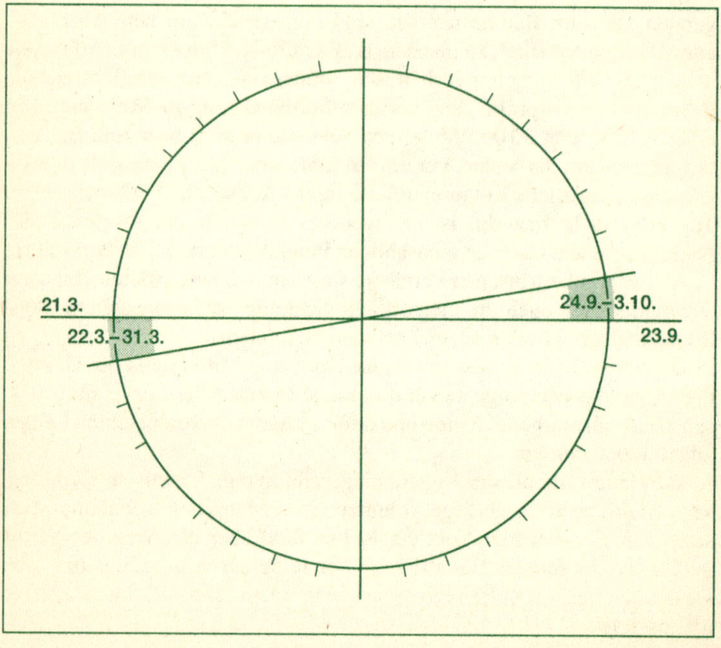

ist ein unbeherrschtes Verhalten nicht aufzuhalten. Es sieht ganz so aus, als würde das Jahr 1997 vieles verderben, nur weil niemand mehr gewohnt ist, sich zu beherrschen. Es mag wohl an unserer schnellebigen Zeit liegen, daß den Worten »schnell«, »rasch«, »sofort« und »plötzlich« mehr Wert beigemessen wird, als sie es verdienen. Wird aber ein brachialer Wille und die elementare Kraft des Feuers vom kosmischen Gegenfeld in ausreichender Menge mit Harmonie versorgt, ist in allen Fällen das Schlimmste zu vermeiden.

Apfelbaum 1997

23.12.–1.1. / 25.6.–4.7.

Es werden kosmische Kräfte wirksam, die selbsterwirtschafteten Reichtum möglich machen.

Doch wird das erarbeitete oder erworbene Vermögen nicht, wie es bei manch anderen Zeichen der Fall ist, für die eigene Bequemlichkeit verwendet. Macht und Ansehen sind hier ein stets ins Auge gefaßtes und angestrebtes Ziel. Hier werden die zur Verfügung stehenden Mittel gezielt und klug überlegt eingesetzt.

Ein Beruf, eine Stellung in der Öffentlichkeit ist das Hauptziel aller Wünsche und Vorstellungen. Aber es ist nicht nur das. Mit diesem Baumsymbol, diesen Geburtsdaten lernt man beizeiten die Augen aufzumachen, dabei werden tausend Möglichkeiten ausfindig gemacht, um Hindernissen geschickt auszuweichen oder um mit erheblichen Schwierigkeiten klarzukommen.

Die geistige Potenz kann, entsprechend der Bildungsmöglichkeiten, als hervorragend bezeichnet werden und wird mit unerhörter Zähigkeit und Ausdauer weiter vervollkommnet.

Offensichtlich ist die Bewunderung, die vom näheren und weiteren Umfeld gezeigt wird. Bedauerlicherweise wird dieses Bewundern von der eigenen Person nicht besonders bewertet. Ein ungewöhnlicher Lebensernst und eine noch ungewöhnlichere Pflichtauffassung bestimmen das Verhalten. Herzhaftes, unbekümmertes Lachen ist selten zu hören.

Tiefer Gefühle ist man sicher fähig, aber das Talent fehlt, diese Gefühle auch zum Ausdruck zu bringen. Künstlerische Gestaltungskraft schafft einen Ausgleich, damit Seele und Herz zufrieden werden. Menschliche Zuwendung wird dann nicht gar so sehr vermißt.

Nach dem 30. Lebensjahr zeigt sich eine erhöhte Energie, die für eine kontinuierliche Weiterentwicklung eingesetzt wird.

Haben Sie Schwierigkeiten mit einer Angelegenheit aus dem Vorjahr, die möglicherweise noch schlaflose Nächte bereitet, legen Sie diese doch einfach unerledigt zu den Akten. Wer sagt, daß immer alles mit deutscher Gründlichkeit aufgeräumt werden muß.

Gewisse Startschwierigkeiten sollten auf ein kleines Ausmaß reduziert werden, wenn nicht schon zum Jahresbeginn jede Lust abhanden kommen soll, sich intensiv zu bemühen, die unbedingt notwendige Arbeit in Angriff zu nehmen.

Wenden Sie sich den erfreulichen Dingen zu. So wie die stellaren Energien jetzt wirksam werden, sind im beruflichen Bereich neue und interessante Vorgänge zu erwarten. Die Bedeutung einer sich überraschend bietenden Chance ist auf Anhieb vielleicht nicht zu erkennen, doch sicher werden Sie bald feststellen können, aus welcher Richtung etwas Positives zu erwarten ist. Lassen Sie diese Sache zumindest gedanklich nicht mehr los, und zögern Sie nicht zuzugreifen, wenn die Zeit dafür reif ist.

In der Familie und innerhalb von freundschaftlichen Beziehungen herrscht Harmonie. Es gibt keinen Anlaß, sich hier besonders aktiv zu zeigen.

Den Apfelbaum-Damen muß etwas Zurückhaltung empfohlen werden, wenn ein mißgünstiger Zeitgenosse versucht, Sie in eine unangenehme Angelegenheit hineinzuziehen. Mit absolut sachlicher Überlegung haben Sie die Chance, ein für allemal reinen Tisch zu machen. Ein Mensch, der aus unerfindlichen Gründen Gift und Galle loswerden will, gibt schnell klein bei, wenn er sich in jeder Weise unterlegen fühlt.

Ist der 24. im Januar erreicht, lassen alle diese Spannungen nach. Wenn nicht, so ist Ihr Bedürfnis, für einen Ausgleich der kritischen Situation zu sorgen, so übermächtig, daß Sie von sich aus alle Hebel in Bewegung setzen, um Ruhe in Ihre Lebensbereiche zu bekommen.

Auch wenn sich Patentlösungen anbieten, setzen Sie keinen Druck dahinter. Eine gute Sache braucht Zeit, und zudem sollte in diesen Februarwochen nichts überstürzt werden. Umstellungen, Neuerungen sind zwar verlockend, doch im Februar nicht durchführbar.

Erst wenn wirklich alle Voraussetzungen geschaffen sind, können Sie sich einen Arbeitsplatzwechsel, vielleicht sogar einen Berufswechsel überlegen. Der endgültige Absprung muß einem späteren Zeitpunkt vorbehalten bleiben. Dieser Februar begünstigt nur eine konservative, bodenständige Haltung, für alles andere bringt er keine Energien mit.

Im Bereich der Mitarbeiter zeigt sich der eine oder andere Kollege oder Kollegin interessiert an Ihren persönlichen Angelegenheiten. Bleiben Sie in einem solchen Fall äußerst zurückhaltend. Sie sind im Moment nicht in der Lage, Intrigen oder neidvollen Äußerungen Paroli zu bieten. Suchen Sie die Gesellschaft netter Leute, die Ihnen zusagen, mit denen Sie harmonieren, mit denen Sie vielleicht sogar ein Herz und eine Seele sind.

Ist dies nicht möglich, ziehen Sie sich auf sich selbst zurück. Es kann dann durchaus der Fall sein, daß Sie auf ein kreatives Talent aufmerksam gemacht werden, von dem Sie bisher nur wenig Gebrauch gemacht haben. Haben Sie sich schon dann und wann in Ihrer Freizeit mit einer künstlerischen Beschäftigung abgegeben, könnten Sie sich jetzt ernsthaft damit befassen. Um materielle Erfolge damit zu haben, müssen allerdings erst die entsprechenden Voraussetzungen geschaffen werden.

Schicksalhafte Ereignisse können sich auch auf einer völlig anderen Ebene ergeben. Wie immer diese geartet sind, reduzieren Sie Ihre Ansprüche auf ein tragbares Maß. Auch ein seelisches Hoch und ein himmelstürmendes Wollen hat Grenzen zu beachten. Das Jahr 1997 hat sicher etliche Überraschungen auf Lager und kann unter Umständen sogar mit ausgefallenen Kapriolen aufwarten, für den unter dem Symbol des Apfelbaumes Geborenen scheidet derartiges aus, zumindest kann in der ersten Jahreshälfte keine Rede davon sein.

Die ziemlich einseitig ausgerichtete Tendenz des Vormonats klingt ab und schafft Platz für Interesse an allem, was die eigene Familie betrifft. Es kann auch der Freundeskreis sein, der Sie voll in Anspruch nimmt, und Sie lassen sich das liebend gern gefallen. Wenn Sie den Februar gut genützt haben, konnten Sie genug seelische Kraft tanken und damit Ihr Selbstbewußtsein steigern. Doch dieser Frühlingsmonat hat noch andere Ansprüche, alles muß schließlich seine Grenzen haben. Sie sind in eine Welt hineingeboren, die tagtäglich darauf aufmerksam macht, daß es neben dem Geistigen noch andere Dinge gibt, die genauso wichtig sind.

Es wird keine Schwierigkeiten bereiten, sich diesen veränderten Ansprüchen einer kosmischen Kraft anzupassen. Niemand wird Sie deshalb kritisieren, niemand wird Ihnen deshalb Steine in den Weg legen.

Sie spüren bald, daß man Ihnen jetzt mit Rücksicht begegnet und Sie mit betonter Aufmerksamkeit behandelt. Zeigen Sie Entgegenkommen, wenn die Damen und Herren Ihres Arbeitsbereiches deutlich zu erkennen geben, daß man kollegiale Zusammenarbeit aufrichtig schätzen würde. Eine gewisse Anteilnahme an den kleinen und größeren Problemen dieser Leute macht sich nicht nur gut, sie macht sich auch bezahlt. Damit besteht keineswegs Veranlassung, daß dies in besonderer Art und Weise geschieht, daß dabei eventuell auch erotische Wünsche angemeldet werden. Innerhalb eines Arbeitskreises hat sich das in neunundneunzig von hundert Fällen als ausgemachter Blödsinn herausgestellt. Es sind viele Faktoren, die dagegen sprechen, einer der wichtigsten dürfte in solchen Fällen die deutlich gezeigte ablehnende Haltung der übrigen Mitarbeiter sein.

Suchen Sie, verehrte Apfelbaum-Damen und -Herren Ihren Spaß dort, wo nicht mit Komplikationen zu rechnen ist. Hat man die Augen offen und zeigt seinen Charme, auch wenn er nur spärlich zur Verfügung steht, kann man schnell ein Liebchen gewinnen, ob Sie sich nun für die weibliche oder männliche Spezies interessieren.

Die Aspekte des März, der immerhin den Frühlingsanfang in seinem Programm hat, sind dafür absolut günstig.

Es sind keine besonderen Höhen oder Tiefen zu erwarten. Sie müssen mit einem ganz normal ablaufenden Alltag zufrieden sein. Nur bei dem Thema Liebe gibt es ab und zu ein paar überraschende Momente.

Eine kosmische Energie, die besonders bei den Apfelbaum-Damen intensiv ist, gibt die Gabe, sich von der liebenswürdigsten Seite zu zeigen, und das kommt allemal beim Partner gut an. Die damit in Zusammenhang stehende sorglose Heiterkeit, die Apfelbaum-Leute eigentlich ins Lebensbuch geschrieben ist, macht sich dann auch im weiteren Umfeld wie z.B. bei Freunden und Kollegen angenehm bemerkbar.

Man kann eine Harmonie erleben, die das Zusammensein mit diesem Personenkreis zu Sternstunden machen.

Alleinlebende Menschen werden in diesen Aprilwochen nicht zu kurz kommen. Es sind nette Bekanntschaften zu machen. vielleicht ist da und dort auch ein Flirt zu erwarten, der sich zu einer engeren Beziehung auswächst. Sehen sie sich gut um, studieren Sie aufmerksam die Gesichter. Nicht immer ist sofort zu erkennen, wer sich für Sie in besonderem Maße interessiert. Oft braucht es mehr, als nur einen flüchtigen verliebten Blick, um Eis zum Schmelzen zu bringen. Gerade das, was sich nicht so schnell ergibt, hat Wurzeln in die Tiefe, und Wurzeln bringen meist irgend etwas zum Wachsen und Gedeihen, wenn nicht gar zum Blühen.

Ist die Mitte des Monats überschritten, haben die Interessen am Beruf und seinen Aufgaben wieder Vorrang. Eine Verbesserung der Position, ein engerer Kontakt mit wichtigen Leuten ist durchaus möglich. Bei allen Gesprächen, die sich ergeben, sollten Sie besondere Aufmerksamkeit zeigen. Es könnte sein, daß man damit auf Sie aufmerksam wird und zu gegebener Zeit sich daran erinnert, daß Sie über ausgezeichnete Qualitäten verfügen.

Das ist es, was den Pechvogel von dem Tüchtigen unterscheidet, wachsein, interessiert sein und ein liebenswürdiges Wesen zur rechten Zeit und am rechten Ort einsetzen.

Alles läuft relativ gut. Apfelbaum-Damen wie -Herren sind jetzt auf dem besten Weg, sich eine gewisse Unabhängigkeit zu sichern. Werden Sie den Gedanken nicht mehr los, sich eine eigene berufliche Existenz aufzubauen, jetzt wäre der Zeitpunkt recht günstig für ein derartiges Vorhaben. Ihre seelische Ausgeglichenheit ist ein Zusatzpunkt, wenn Sie sich auf die eigenen Füße stellen wollen. Doch auch im gewohnten Arbeitsbereich wird es zu keinen Klagen kommen. Alle Tendenzen sind zufriedenstellend, auch das freundschaftliche Verhältnis zu einigen Berufskollegen oder -kolleginnen sorgt für eine angenehme berufliche Atmosphäre.

Zu erwähnen sind auch Vorgesetzte, die etwas mehr Interesse an Ihrer Leistung zeigen, als es bisher der Fall war. Wird Ihnen zusätzliche Arbeit aufgetragen, zeigen Sie sich willig. Denken Sie daran, daß es viele Leute gibt, die ohne Arbeit sind.

Bei den Gefühlen und den privaten Interessen geht nicht immer alles glatt. Ist der Partner wieder einmal zu ungeduldig, machen Sie kein Drama daraus. Er hat vielleicht mit den kosmischen Zeichen im Moment kein Glück und die schlechte Laune, die er zeigt, ist ihm selbst lästig. Bestimmt hat er nicht absichtlich etwas für Sie Unangenehmes im Sinn und ist nicht unbedingt darauf erpicht, Sie bewußt zu ärgern. Sagen Sie, was Ihnen nicht gefällt, aber mit ruhigen Worten. Nützt das nichts, gehen Sie für eine kleine Weile ihrer eigenen Wege. Frieden machen und Frieden halten ist sicher nicht so schwer, wie allgemein behauptet wird.

Ist der private Ärger aber wirklich so groß, daß Sie nur noch schlecht gelaunt durch die Gegend laufen, gönnen Sie sich irgend etwas, das Ihnen Freude macht. Vielleicht gibt es auch eine Möglichkeit, sich mit netten Menschen zusammenzutun, um gemeinsam Spaß zu haben.

Angenehm wird sich in den letzten Monatstagen die finanzielle Lage zeigen. Nicht nur, daß der Letzte sowieso immer Geld ins Haus bringt, ein kleiner Nebenverdienst könnte auch zu zusätzlichen Einkommen führen.

Soweit es Ihre Person betrifft, haben die kosmischen Kräfte geradezu ideale Vorstellungen von dem, was Ihnen guttut. Wunder geschehen allerdings nicht, und niemand wird für Sie die Kastanien aus dem Feuer holen, weder im privaten Bereich noch dort, wo Sie Ihrer Arbeit nachgehen. Geben Sie sich mit den Realitäten zufrieden, wenn es dort gut läuft, werden Sie auch keinen Grund zur Klage haben.

Dieser Juni bietet Ihnen gewisse Chancen, wo Sie sich bisher Ihr Geld verdient haben. Hier können besonders künstlerisch Schaffende mit Zusatzpunkten rechnen.

Bei Kollegen kann man mit Überraschungen besonders angenehmer Art rechnen. Koordinieren Sie Ihre Interessen mit denen dieser Menschen, und eine wunderbare Zusammenarbeit wird sich ergeben. Und nicht nur allein auf die berufliche Tätigkeit wird sich das gute Verhältnis auswirken, auch privat versteht man sich ausgezeichnet.

Männliche Apfelbäume sind mit dieser Tendenz besonders gut bedient, es kann sich aus einer guten kameradschaftlichen Zusammenarbeit eine Freundschaft fürs Leben ergeben.

Ihre finanzielle Lage wird gewisse Überlegungen erforderlich machen. Es sieht nicht nach einem ärgerlichen Minus in der Kasse oder auf dem Konto aus, aber auf irgendeine Art gibt es hier Sorgen und Probleme. Sicher gibt es Möglichkeiten, das herauszufinden. Sparmaßnahmen sind z.B. äußerst hilfreich in solchen Situationen.

In der dritten Woche wird es Ernst mit einem neuen Glück in der Liebe, zumindest für die jüngeren Jahrgänge. Haben Sie sich deshalb zu einer Trennung entschließen müssen, ist es wichtig, reinen Tisch zu machen. Eine neue Liebe, eine neue Beziehung braucht eine gesunde Basis, um zu funktionieren!

Apfelbaum-Leute suchen in einer Zweierbeziehung stets Geborgenheit, die Grundlage dafür müssen sie selbst schaffen. Gehen Sie also unbelastet den Weg zu einer neuen Liebe.

Ein ziemlich guter Aspekt begleitet jetzt alle Neuanfänge, die sich Apfelbaum-Leute in den Kopf gesetzt haben. Apfelbaum-Damen werden diese beglückende Tatsache insbesondere im Liebesbereich feststellen können.

Für Apfelbaum-Männer ist der Moment noch nicht gekommen, der in der Liebe Sonnenschein bringt. Bei ihnen ist die ichbetonte Einstellung zum Du zu interessieren. Typisch männlich deshalb auch das Verhalten. Man will Eindruck machen, man will überzeugen, daß man der Herrlichste von allen ist. Auch alles, was den Alltag betrifft, und selbstverständlich die Freizeit will man nach den eigenen Wünschen gestalten. Das geht in einer Liebesbeziehung nicht immer gut. Haben sich die Apfelbaum-Herren dazu durchgerungen, daß in diesem Bereich das Du eine wichtige Rolle spielt und vor allem berechtigte Wünsche berücksichtigt werden wollen, dann wird das Zusammensein und Zusammenbleiben eine harmonische Angelegenheit.

Alle diese Vorgänge haben die Tendenz der schnellen Veränderung. Der gute Mond sorgt in diesen Wochen des Juli dafür, daß keine Bemühungen in der privaten Sphäre lange währt. Jeder Tag kann Neues bringen.

Eine permanent gute Zeit ist erst in der letzten Juliwoche zu erwarten. Es kann dann eine Glückssträhne beginnen, die sich auch noch in den ersten Wochen des folgenden Monats günstig auswirken.

Machen Sie sich körperlich fit, und trainieren Sie einmal die Kraft der Seele. Es ist möglich, sich auch in diesem Bereich eine gesunde und kräftige Widerstandskraft anzueignen. Glück und besonders das private Glück hat seinen Preis. Es darf keine Mühe zuviel sein, für die Ansprüche, die das Leben stellt, die richtige Einstellung zu bekommen. Mit etwas mehr Freundlichkeit als bisher kann man Zusatzpunkte sammeln, damit ist schon viel erreicht. Doch die Freundlichkeit muß aus dem Herzen kommen, verkrampft und künstlich aufgesetzt darf nichts wirken. Sie brauchen dann nur noch die Augen offenzuhalten und den Kopf zum Denken zu benützen, dann wird alles gut werden.

Es werden Hochsommertage ohne jeden Konflikt im Berufsbereich. Alles läuft den gewohnten Gang, trotzdem ist es nicht ratsam, sich etwas gehenzulassen. Das unterschwellige Bemühen um mehr Verantwortung ist zu begrüßen, intensives Streben und aufrichtiges Interesse, auch wenn kein Hoch im Arbeitsfeld zu verzeichnen ist, macht sich immer bezahlt.

In einigen Fällen ist es möglich, daß ein Sonderwunsch eines Vorgesetzten oder Mitarbeiters geäußert wird. Sagen Sie zu, wenn es sich leicht bewerkstelligen läßt, aber machen Sie sich im Moment keine zu großen Hoffnungen, daß daraus etwas Außergewöhnliches werden könnte.

Sind es jedoch Terminsachen, die man von Ihnen erledigt haben möchte, beißen Sie in den »sauren« Apfel. Er ist nämlich nicht so sauer, wie es zunächst den Anschein hat.

Das Familienleben und das Zusammensein mit dem Partner hat erfreuliche Aspekte. Zeigen Sie sich jetzt ruhig von der großzügigen Seite. So wie die stellaren Zeichen stehen, wird es Ihnen ausnahmsweise nicht schwerfallen, das Konto für die Wünsche Ihrer Lieben anzuzapfen. Doch auch eine seelische Zuwendung wäre zu begrüßen. All das gilt für Apfelbaum-Männer ebenso wie für Apfelbaum-Damen!

Ist trotz des relativ erfreulichen Monats zum Ende eine gewisse Reizbarkeit festzustellen, hat das seine Ursache nicht im Verhalten des Umfeldes, sondern ist bedingt durch nicht störungsfreie Einflüsse aus dem Universum. Trösten Sie sich, derartige Dinge gehen vorüber, man bekommt auch diese in den Griff, wenn man dort Ablenkung sucht, wo sie am schnellsten zu finden ist. Der Alltag hat vieles im Angebot, was auf andere Gedanken bringt, wenn sich ein Problem festbeißen will.

Eine etwas abenteuerliche Erlebnisbereitschaft setzt verschiedene jüngere Apfelbaum-Männer in Unruhe. Suchen Sie den Kontakt zu Gleichgesinnten, hier wird man Sie schnell verstehen und vor allem begeistert mitmachen. Das oppositionelle Verhalten müssen Sie sich allerdings auch hier abgewöhnen.

Die Pluspunkte häufen sich. Verschiedentlich werden Nichtigkeiten, die wenig beachtet wurden, zu ernstzunehmenden Tatsachen. Auch wenn Sie schon etwas zu den Akten gelegt haben, werden Sie schnell darauf aufmerksam gemacht, daß dies, richtig betrachtet und genützt, eine lukrative Angelegenheit sein könnte, wenn sie in berufene Hände kommt. Doch Eile mit Weile, im Handumdrehen kann in diesen Septemberwochen nichts durchgezogen werden. Behalten Sie vor allem jedes neue Vorhaben für sich. Nicht mal ein Huhn gackert über ein noch nicht gelegtes Ei. Außerdem steigert es das Interesse an Ihrer Person, wenn Sie sich rar machen.

Im Herzensbereich muß von Apfelbaum-Damen ein selbstverschuldetes Problem bewältigt werden. Verschieben Sie diese Aktion nicht, die kommenden Monate sind dafür kaum geeignet. Eine gute Portion Selbsterkenntnis und Rücksichtnahme auf die Eigenheiten der Mitmenschen bringt Sie schnell dahin, wo man schon darauf wartet, daß alles wieder seine Ordnung bekommt.

Ausgezeichnet läuft das berufliche Leben. Sie haben ein gutes Gespür für Vorgänge, die Sie weiterbringen können. Bleiben Sie konsequent, und kümmern Sie sich nicht um die Meinung der Kollegen. Die Kontakte zu den Vorgesetzten sind bestens, die Richtung, die Sie jetzt eingeschlagen haben, ist genau die richtige. Man wird Sie nicht nur in Ihrem Bemühen unterstützen, sondern auch nach den gegebenen Möglichkeiten fördern.

Im familiären Bereich könnten sich knifflige Situationen ergeben. Mißtrauen, das man jetzt vielleicht zeigt, ist schnell ausgeräumt, wenn Sie sich offen äußern und wenn Sie ihren Versöhnungswillen offen zeigen. Ist da jedoch ein Nörgler, der stets etwas auszusetzen hat, gibt es nur eines: Distanz halten. Sie werden die Kraft sicher aufbringen, um sich absolut reserviert zu verhalten, auch dann, wenn es sich um ein Familienmitglied handelt, das Sie im Grunde Ihres Herzens aufrichtig lieben. Sind hier die richtigen stellaren Einflüsse am Werk, wird auch dieses Verhältnis wieder harmonisch werden.

Apfelbaum-Leute haben einen sehr ich-bezogenen Monat vor sich. Sie wünschen und erwarten, daß sich die Ihnen Nahestehenden ausschließlich ihrer Person zuwenden. Das ist im Grunde genommen verständlich, denn wer hätte das nicht gerne, doch es sieht ganz so aus, als würde dies in diesen Wochen ein unbedingtes Muß für sie sein. Diese überdimensionale Energie, sich unbedingt in den Mittelpunkt des Geschehens zu stellen, entspricht dem Herbstgeschehen in der Natur. Jetzt werden die süßesten Äpfel reif und die süßesten Trauben ebenso, anscheinend erwarten sich die Menschen mit dem Apfelbaumsymbol etwa Ähnliches beim Oktobergeschehen.

Nun, sie haben in den zurückliegenden Monaten häufig von der eigenen Anerkennung leben müssen; man will das endlich einmal von der Umwelt erfahren.

Sollte aus der einen oder anderen Richtung ein deutlicher Hinweis erfolgen, sich erneut intensiv mit den beruflichen Aufgaben zu befassen, lassen Sie sich im Moment nur bedingt darauf ein. Nur was aus dem eigenen Wollen kommt, bringt jetzt etwas, alles andere und jedes Zuviel macht sie krank. Das ist nicht so zu verstehen, daß sie bettlägerig werden, aber Ihre positive Einstellung, Ihr optimistisches Verhalten sinkt auf den Nullpunkt.

Kein Apfelbaum darf sich jetzt in den Teufelskreis von aufgeputschter Berufsbegeisterung und psychisch bedingter Unlust begeben. Es gibt einige Beispiele aus der jüngsten Vergangenheit, die daran kaputtgegangen sind. Günstiger wirken sich in diesen Oktoberwochen die Mondwerte aus. Unangenehmes wird rasch vorübergehen, und die Liebe bekommt günstigen Wind in die Segel.

Eine besondere Zuwendung zu einem bestimmten Familienmitglied hat ihre Ursache ebenfalls in diesem Mondaspekt, der zum kosmischen Zeichen Venus ein relativ »glückliches« Verhältnis eingeht. Es ist diese Besonderheit, die sich innerhalb des Familienbereichs abspielt und sich bei Apfelbaum-Geborenen so ab und zu ereignet.

Allgemeiner Klatsch bereitet den Apfelbaum-Damen gegen Ende des Monats ein besonderes Vergnügen. Ab und zu verlangen allzu angespannte Nerven einfach diese Ablenkung.

Einzelschicksale, die bei Apfelbaum-Leuten etwas aus den Fugen geraten sind, beruhigen sich zusehends und haben nun mit einer gemäßigteren Tendenz zu rechnen.

Besonders weibliche Apfelbaum-Leute, die sich durch eigene Fehler etliche Sympathien verdorben haben, können mit guten Kontakten rechnen, die geeignet sind, die Seele und das Gemüt wieder zur Ruhe zu bringen.

Ist eine bisher gut funktionierende Beziehung am Auseinanderbrechen, bemühen Sie sich nicht, mit allen zur Verfügung stehenden Mitteln die Sache wieder zu kitten. Egal, ob eine Trennung von Ihnen angestrebt wird, oder von dem Partner, lassen Sie sich auf nichts ein, was Ihre Selbstachtung verletzen würde. Haben Sie noch keine neue Basis gefunden, mit deutlicheren Worten, ein neues Liebchen gefunden, wird das sicher eine etwas schmerzliche Angelegenheit. Plagen Sie sich nicht mit »hätte ich doch«, Sie werden zum Ende dieses Jahres eine gute Lösung gefunden haben.

Schaffen Sie sich ein gutes Verhältnis zur Familie, dort gibt es sicher den einen oder anderen, mit dem gut auszukommen ist. Sich hier eine Oase zu schaffen, ist das Nächstliegende, auch wenn dies häufig recht abwertend beurteilt wird. Warum sollte man nicht dort Verständnis und Zuneigung erwarten dürfen, wo man seine Kindheit zusammen verlebt hat. Was und wer sollte Sie daran hindern, Heimat dort zu suchen, wo sie einmal entstanden ist. Streit, Eifersucht oder wer weiß, was sonst noch alles, sollten im Erwachsenenalter eigentlich längst begraben sein. Es kommt nur auf den Versuch an, Familienbande wieder neu zu knüpfen.

Vielleicht lernen Sie aber einzusehen, daß es unendlich viele Möglichkeiten in der Liebe gibt, um damit eine Beziehung doch noch zu retten. Versuchen Sie es mal mit einem Schuß Romantik, der Mond zusammen mit zwei ausschlaggebend kosmischen Energien, Mars und Venus genannt, machen es sehr wohl möglich.

Es ist kein unnötiger Firlefanz, wenn man sich Dinge im Zusammensein mit einem Partner einfallen läßt, die nicht immer nur die Erotik als Ziel ins Auge fassen.

Sie haben schon jetzt Gelegenheit, sich von den Stürmen der letzten elf Monate zu erholen. Ende gut, alles gut, ist die Devise für diese Dezemberwochen. Man hat Ihnen etliches an Arbeit und Mühe aufgeladen, manchmal sicher etwas mehr, als notwendig gewesen wäre. Doch dieser Dezember hat ein Einsehen, die kosmischen Energien sind auf eine ruhigere Gangart eingestellt.

Beruf, Arbeit sind erst in zweiter Linie wichtig. Sicher, man erfüllt seine Pflicht, doch ein besonderer Einsatz wird nicht erwartet. Warum auch, die Ernte des Jahres ist auch für Sie eingebracht.

Nur das Verhältnis zu den Kollegen würde eine Intensivierung vertragen. Das Weihnachtsfest steht vor der Tür, jeder ist darauf eingestellt, daß das Herz und das Gemüt auf ihre Kosten kommen. Überlegen Sie nicht lange, wenn man Sie dabeihaben will, wenn gefeiert wird. Apfelbaum-Leute sind nicht immer gerne bereit, sich bei Kollegenzusammenkünften zu zeigen. So wie die kosmischen Aspekte jetzt wirksam werden, bringt es aber Vorteile ein, ganz abgesehen davon, daß im Dezember Distanz nicht gerade freundlich kritisiert wird.

Eine besondere Angelegenheit, so um den 20. kann Erfreuliches bringen. Es könnte eine neue Bekanntschaft sein oder sich ein ganz überraschendes Interesse in Bereich der Kolleginnen oder Kollegen ergeben.

Hoffen Sie jedoch nicht auf eine ernsthafte Liebesangelegenheit. So mitten im Weihnachtstrubel kann man wirklich keine Liebe mit Tiefgang erwarten.

Warum sollte auch immer alles Bestand haben, feiern Sie die Feste wie sie kommen. Sie können doch zufrieden mit diesem Jahr sein. Nicht jeder ist so relativ gut vom Schicksal behandelt worden.

Freuen Sie sich, es liegen arbeitsfreie Tage vor Ihnen, Sie sind einige Tage nicht in den Streß des Alltags eingebunden. Genießen Sie die »einfachen Freuden« des Lebens, die meist sogar zum Nulltarif zu haben sind!

Tanne 1997

2.1.–11.1. / 5.7.–14.7.

Geistiges Streben, Liebe und eine gewisse Form von Gewalttätigkeit gehört zur Grundausstattung dieses Baumzeichens. Eine reale Erklärung für dieses rätselvolle Verhalten gibt es nicht.

Der wirkliche Vorzug liegt im richtigen Erkennen aller Möglichkeiten, die ein menschliches Leben zur Verfügung stellt. An einem zwangsbedingten doppelzüngigen Verhalten geschult, kann man sich eine äußerst zähe Verhaltensweise aneignen, um sich tatsächlich überall durchzusetzen. Doppelzüngig ist hier keineswegs abwertend gemeint. Es bedeutet lediglich, daß man mit jedem Menschen umgehen kann, egal, welcher sozialen Schicht er angehört.

Zähigkeit als eine stets zur Verfügung stehende Eigenschaft ist die Basis für die Überzeugung, daß Leistung das einzige ist, was zählt. Leider wird dabei übersehen, daß das Schöne, Angenehme, Süße und Herzliche auf der Strecke bleibt. So setzt sich hier das Verhalten zusammen aus Überlegung, Klugheit, erworbenem Wissen und einer äußerst raffiniert abgewogenen Diplomatie.

Liebesbeziehungen stehen unter einem guten Stern, doch der Partner muß Geduld und ein großzügiges Verhalten mitbringen.

In bestimmten Lebensphasen, es sind meist die Jahre zwischen dreißig und vierzig, liebäugelt man vielleicht zu heftig mit dem Motto: »In keinem einzigen Fall bin ich der Leidtragende, egal, was geschieht.«

Wie könnte es bei dieser Einstellung anders sein: Die Güte des Herzens kommt erst dann zum Vorschein, wenn sich Liebessehnsucht einstellt. Die kosmische Kraft, Venus in glücklicher Verbindung mit der magnetischen Energie des Mondes, steht dann voll zur Verfügung. So absolut, wie die geistige Struktur hier in allem das Sagen hat, so absolut ist dann die Aussage dieser kosmischen Energiezuteilung, die bei den Kelten jedoch nicht als Urtyp des weiblichen Wesens galt.

Es wird mit Sicherheit kein Blitzstart in dieses neue Jahr. Bereiten Sie sich in aller Ruhe auf kommende berufliche Aufgaben vor. Dazu gehört auch, daß die Beziehung zu Kollegen auf harmonische Weise funktioniert. Es gibt da sicher noch einiges, das verbessert werden könnte. Alle kosmischen Energien, die sich jetzt um Sie bemühen, sind darauf ausgerichtet, daß Sie sich einen Rückhalt verschaffen, der im Moment nur aus der inneren Zufriedenheit kommen kann. Begraben Sie also jeden Groll und jede aufkommende Gehässigkeit, es ist zu Ihrem eigenen Vorteil. Auch im privaten Bereich ist autoritäres Verhalten nicht gefragt. Leben und leben lassen, muß die Devise lauten. Hier ist besonders die Januar-Tanne angesprochen, die sich ab und zu gern zum Herrscher oder Beherrscher aufspielt. Haben Sie einen Beruf, bei dem Initiative gefragt ist, sollten die Januarwochen für gedankliche Vorarbeit genützt werden. Möglicherweise gibt es Chancen, sich durch finanzielle Manipulationen eine gute Ausgangsposition zu schaffen, die bei freiberuflich Tätigen recht wichtig ist. Auch wenn ungewöhnliche Wege eingeschlagen werden müssen, Sie haben in diesen Wochen kein Risiko zu befürchten. In vereinzelten Fällen läuft alles darauf hinaus, daß eine völlig neue Linie, ein völlig neuer Schwung in Ihre Tätigkeit kommt. Doch Vorsicht: Neue Pläne, die schon im Entstehen mit Freunden oder Mitarbeitern besprochen werden oder gar zur Begutachtung kommen, sind zum Scheitern verurteilt.

Für die im Juli geborenen Tanne-Leute sieht die berufliche Vorarbeit recht günstig aus. Hier wird jede Überlegung vom Empfinden geleitet, das heißt das Unterbewußtsein funktioniert ausgezeichnet und bringt unbedingt Pluspunkte. Die Tage vom 9. bis zum 23. sind hier als besonders positiv zu werten. Diese Tendenz ist auch im privaten Bereich festzustellen. Ende des Monats sind bei allen Tanne-Geborenen erfreuliche Impulse zu erwarten, wenn das Familienleben unter die Lupe genommen wird. Bemühen Sie sich hier um noch mehr Sympathien. Sie wissen sicher, mit welch relativ einfachen Mitteln man Augen zum Leuchten bringen kann. Es müssen ja nicht gleich Freudensprünge sein. Ein kleines Mitbringsel da, ein kleiner Blumenstrauß dort, und schon liebt man Sie ein bißchen inniger.

Es sind Tendenzen festzustellen, die neue Möglichkeiten im Berufsbereich anzeigen. Auch wenn Sie etwas derartiges noch nie ins Auge gefaßt haben, nehmen Sie Ihren ganzen Mut zusammen und gehen Sie zielbewußt vor. Es kommt jetzt ganz auf Sie und Ihre Einstellung an, daß der Schritt in einen neuen Aufgabenbereich gelingt. Ein genauerer Hinweis ist nicht möglich, da sich die kosmischen Energien auf die vorhandenen Talente recht unterschiedlich auswirken.

Generell kann jedoch gesagt werden, daß Berufe, die unter einem künstlerischen Aspekt stehen, bei der Verteilung von Pluspunkten besonders gut abschneiden werden.

Die Juli-Tanne-Männer haben außerdem mit einem deutlichen Auftrieb im privaten Bereich zu rechnen. Das Wort »privat« bezieht alles ein: Familie, Freunde und die persönlichen Kontakte zu Mitarbeitern. Im Januar geborene Tanne-Männer werden mit der Liebe eine besondere Freude haben. Ein wunderbares Glücksgefühl sorgt schon in diesem kalten Monat für einen Frühling im Herzen. Auch wenn er sich nur bescheiden bemerkbar macht, Sie werden zufrieden sein.

Die engen Kontakte zu einem bestimmten Freundeskreis sind weiterhin befriedigend, nur sollte die Neigung, sich hier in dominierenderweise in den Mittelpunkt zu spielen, unterdrückt werden. Auch wenn der eine oder andere im Moment sich nicht so verhält, wie Sie es gern hätten, üben Sie Nachsicht. Geduld ist etwas, was den Tanne-Leuten doch nie besondere Schwierigkeiten macht. In diesem Februar ist diese Tugend gut zu gebrauchen.

Beste Voraussetzungen erwarten Sie bei allen Vorgängen, die Partnerbeziehungen betreffen. Auf Tanne-Damen wartet in der letzten Monatswoche ein besonderes Erlebnis. Es wird nicht schwer sein, den richtigen Zeitpunkt zu erkennen, an dem Venus und Mars sich in einem guten Winkelverhältnis zueinander befinden. Es sind zwei engverbündete Himmelslichter, die in einzelnen Fällen nur Glück in der Liebe versprechen. Nützen Sie die freundlichen Energien aus dem Kosmos, sie helfen auch bei komplizierten Fällen.

Eine harmonische Atmosphäre ist stets das A und O des persönlichen Wohlbefindens, in diesem März muß darauf besonderes Gewicht gelegt werden. Versuchen Sie es einmal von sich aus, als erster mit dieser Methode. Zeigen Sie sich heiter, lächeln Sie öfter, als das sonst der Fall ist, und gönnen Sie auch unangenehmen Zeitgenossen ein freundliches Wort. Es wird sicher niemanden geben, der Ihnen in dieser Verfassung die kalte Schulter zeigt und wenn doch, so ist ihm nicht zu helfen; dann handelt es sich dabei um einen Holzklotz und nicht um einen Mitmenschen!

Das Privatleben sollte in diesen Märzwochen besonders gepflegt werden. Es sollte sich nicht nur auf die üblichen Höflichkeitsformeln beschränken. Jeder hat das Bedürfnis, einer mitfühlenden Seele zu begegnen. Vergessen Sie nicht: So wie man in den Wald hineinruft, so tönt es zurück.

Gleich die beiden ersten Wochen sind geeignet, um sich in Liebenswürdigkeit zu üben. Der nun beginnende Frühling findet nicht nur in der Natur statt, Jupiter hat in diesen Wochen den Saturn unter Kontrolle, also wird der Frühling auch in Ihnen stattfinden.

Erst wenn der März schon zu zwei Drittel vorbei ist, bekommen Tanne-Leute wieder Geschmack an beruflichen Pflichten. Haben Sie die vergangenen Wochen gut genützt, wird der seelische Auftrieb, für den Sie selbst gesorgt haben, auch beruflich Glück bringen. Erwarten Sie jedoch noch nicht ausgefallene Vorteile.

Im Kollegenbereich könnte sich Ärger zeigen. Ist da jemand, der Ihnen bewußt Schwierigkeiten macht, sollten Sie sich nicht scheuen, ein offenes Wort zu reden. Schlaues Verhalten, aber auch gezielte Reaktion bringen Sie schnell dazu, sich einen ewigen Störenfried vom Halse zu halten.

Die letzte Märzwoche hat noch nicht angefangen, und man sieht besonders die Tanne-Damen bei bester Laune. Lassen Sie Ihrem überschwenglichen Verhalten ruhig einmal die Zügel schießen. Das bringt Leben in die Bude und Abwechslung in den Alltag. Das übliche Lamento in den Medien wird dann Ihre Laune nicht mehr auf den Nullpunkt bringen.

Im beruflichen Bereich wirkt es sich jetzt besonders vorteilhaft aus, daß Sie sich in den hinter Ihnen liegenden Wochen um einen guten Kontakt zu den Kollegen bemüht haben. Ihr Ansehen steigt, und sicher hat auch ein Vorgesetzter längst festgestellt, daß man mit Ihnen einen guten Griff getan hat.

Neue Aufgaben, vielleicht sogar ein neues Betätigungsfeld, kann erwartet werden. Sehen Sie sich gut um, hören Sie sich alles genau an, und lassen Sie keinen Zweifel aufkommen, daß Sie der einen oder anderen Sache absolut gewachsen sind. Denken Sie an Ihre Zukunft, an Ihr persönliches Vorankommen, dann wird auch der »Sprung ins kalte Wasser« gelingen.

In Ihrer jetzigen Situation wäre das an sich recht abgedroschene Sprichwort »dem Mutigen gehört die Welt« angebracht. Kein Großer dieser Welt ist ohne den Mut zum Risiko groß geworden.

Was der Kosmos an Energien jetzt für Sie bereithält, hat positive Vorzeichen.

Nicht nur allein das berufliche Bemühen nimmt Sie in Anspruch, auch die Familie muß berücksichtigt werden. Falls das dem einen oder anderen Tanne-Mann nicht behagt, Sie werden schnell darauf aufmerksam gemacht, daß es ohne Privatleben nicht geht. Soweit die Liebe hier auch noch mit einbezogen ist, heißt es allerdings: Es wird auf kleinster Flamme gekocht. Trotzdem sind keine größeren Spannungen zu erwarten.

Nach dem 17. wird wohl etwas mehr Härte notwendig sein, um im Beruf die Zügel in der Hand zu behalten. Besinnen Sie sich auf Ihre Fähigkeiten und darauf, daß eine gute Leistung sich auch gegen Widerstände durchsetzen kann. Tanne-Leute der Januar-Dekade operieren gerne mit der passiven Resistenz, nun, das hat jetzt seine Richtigkeit. Bei den Juli-Tannen sieht es kritischer aus. Bei offen gezeigter Widersetzlichkeit ist man durchaus fähig, mit der Faust auf den Tisch zu hauen. Es bringt dies aber im Moment nichts, höchstens Nachteile.

Teilen Sie Ihre Energien ein, und verpulvern Sie sie nicht wegen einer Nichtigkeit. Gehen Sie sorgfältig und haushälterisch mit Ihrer seelischen Substanz um.

Sie haben Aufwind bei allem, was sich ereignet, und sind jetzt besonders gesprächig. Eine Tatsache, die bei allen Tanne-Leuten als Seltenheit bezeichnet werden kann.

Eine Familienangelegenheit, die noch nicht zu einem guten Ergebnis gekommen ist, wird erneut Staub aufwirbeln. Sorgen Sie jetzt dafür, daß die Sache endgültig bereinigt wird. Auch wenn Sie einige Zugeständnisse machen müssen, schlucken Sie die bittere Pille, damit diese Sache endgültig aus der Welt geschafft ist.

Die zweite Maiwoche hält einige Lichtblicke für Sie bereit. Es dürfte der Partnerbereich sein, der Erfreuliches zu bieten hat. Die dafür zuständigen kosmischen Einflüsse zeigen eine ausgesprochen gute Tendenz. Nützen Sie diese Phase und lassen Sie keinen Tag vergehen, ohne dem Herzallerliebsten ein besonderes liebes Wort zu sagen.

Vorübergehend zeigt sich im Arbeitsbereich eine nervöse, unruhevolle Phase. Eine selten auftretende kosmische Veränderung innerhalb der berufsbeeinflussenden Zeichen ist dafür die Veranlassung. Wird dieser schnell vorübergehende Zustand ganz bewußt akzeptiert und nicht aus den Augen gelassen, wird der persönliche Ärger, den er verursacht, schnell verschwinden.

Dieses »Zwischenspiel« hat Sie gelehrt, daß Gutmütigkeit nicht immer das bringt, was man sich erhofft. Leider ist es so, daß oft vermutet wird, man sei einfach zu dumm, um sich zu seinem Recht zu verhelfen.

Für künstlerisch Schaffende gibt es in diesem Mai Gelegenheit, sich vereinzelt Lorbeeren zu holen. Phantasie wird angeheizt und macht den Künstler besonders produktiv. Die Intensität einer für Phantasie und Träume zuständigen kosmischen Kraft bekommt in der letzten Maiwoche völlig freie Fahrt. Damit wird auch der Liebesbereich glücklich beeinflußt. Hier wird vieles realisiert, was bisher vergeblich versucht wurde. Zärtliche Zuwendung und eine selten erlebte Harmonie werden für einen Wonnemonat sorgen.

Endlich kommen Sie in das Fahrwasser, das Ihnen zusagt. Ein Tapetenwechsel über ein verlängertes Wochenende würde Ihnen guttun. Ihre Reserven sind zwar ausreichend, um sich mit allem zu befassen, was an Neuem auf Sie zukommt. Sie können sich in diesen Juniwochen einfach für alles begeistern und das Einhalten gewisser Grenzen wird nicht leichtfallen – Grenzen, die insbesondere im Privatleben wichtig sind. Es heißt auch in glücklichen Zeiten Maßhalten. Doch Tanne-Leute, ob Mann oder Frau, muß man das im allgemeinen nicht besonders ans Herz legen. Ein gemäßigtes Temperament und eine solide Einstellung sind hier naturgegeben. Doch in diesem Monat hat das kosmische Zeichen Wassermann die Grundtendenz zu bestimmen, und deshalb kann es sein, daß das Element Luft für bewegte Tage sorgt.

Hochprozentiger Optimismus sorgt für die beste Laune, und ein absolut geordneter Alltag ist nicht immer garantiert. Sie wecken überall Interesse an Ihrer Person, neue Bekanntschaften werden gemacht, die Sie auf neue Ideen bringen. Hier ist es der Freizeitbereich, der endlich ein wenig abwechslungsreicher wird.

Mit den Finanzen wird es allerdings nicht so ganz zufriedenstellend. Kommt Zeit, kommt Rat, mit dieser Parole sichern Sie sich auf jeden Fall die innere Ruhe. Sie werden es erleben, Ihr Optimismus sorgt auch in dieser Hinsicht für Ihr Wohlbefinden.

Die Verpflichtungen Ihrer Familie gegenüber sind nicht mehr ein notwendiges Übel, sondern eine, beinahe möchte man sagen, liebgewordene Pflicht. Echte Anteilnahme an den großen und kleinen Sorgen der erwachsenen Familienmitglieder und wirkliches Interesse für die Anliegen der Kinder macht Sie zum liebenswerten Menschen.

Lassen Sie diese schönen Junitage mit Genuß auf sich einwirken, so manche Erkenntnis, die harte Tage niemals bringen, sorgen für Ihre positive charakterliche Entwicklung. Ihr Mut wird größer und Ihr Glaube an ein gutes Schicksal größer.

Freizeitbeschäftigungen zeichnen sich durch intensive Aktivität aus. Erfolgstendenzen sind zu erwarten, wenn Sie sich z. B. bei einer bestimmten Sportart besonders ins Zeug legen.

Für kaufmännische Berufe zeigen sich die Einflüsse aus dem Planetenbereich recht vorteilhaft. Die an sich schon überwiegend reale Lebensauffassung aller Tanne-Leute bekommt zusätzliche Unterstützung.

Manche Tanne-Leute, ob weiblich oder männlich, scheuen keinen Einsatz, um die eigenen Interessen oder die der von ihnen vertretenen Institutionen durchzuboxen. Bei vielen anderen Baumsymbolen wäre die Gefahr, damit über das Ziel hinauszuschießen, gegeben. Hier geht faires Verhalten über alles.

Mitte des Monats könnten sich Probleme mit einem Mitarbeiter ergeben, der schon manchmal Schwierigkeiten gemacht hat. Machen Sie sich keine Hoffnungen, daß sich das von alleine löst. Auch Ihre heftigsten Bemühungen sind hier wirkungslos. Entweder Sie finden sich mit der Tatsache ab, daß Sie es mit einem Menschen zu tun haben, der Ihrem Naturell absolut nicht liegt, oder Sie sorgen zeitweilig für eine auskömmliche Temperatur in dieser Beziehung.

In Familienangelegenheiten ist ebenfalls Flexibilität zu empfehlen. Unterziehen Sie das Verhältnis zu diesem Personenkreis einmal einer genauen Prüfung. Der mit schöner Regelmäßigkeit aufkommende Widerspruch ist mit größter Wahrscheinlichkeit nicht böser Wille oder Streitsucht, sondern entspringt den total unterschiedlichen Veranlagungen. Versuchen Sie einen Standpunkt einzunehmen, der Ihnen zusagt und den einzelnen Familienmitgliedern zugemutet werden kann. Mit einer Glückssträhne können die Juli-Tannen rechnen. Sie können nicht nur im geschäftlichen Bereich Pluspunkte sammeln, auch der Liebesbereich bringt Erfreuliches. Geben Sie sich bei beiden mit kleinen Erfolgen zufrieden. Sagen Sie nur ja nicht, welche Rosinen Sie da noch im Kopf haben. Das Veilchen, eine der schönsten Blumen, blüht im Verborgenen, um erst dann mit einem konkurrenzlosen Duft zu überraschen, wenn es an die Nase gehalten wird. Ein vielleicht weithergeholter Vergleich, aber er hat was für sich!

Wollen Sie einen Supererfolg im Beruf oder die große Liebe im Privatbereich, lassen Sie diese Wünsche vorerst noch im Verborgenen und hängen Sie sie nicht an die große Glocke.

Alle Ihre Kontakte zur persönlichen Umwelt (Eltern, Partner, Freunde, Kollegen) sind von Empfindungen begleitet. Das Gefühlsleben ist von dem in diesen Wochen starken Mond beherrscht. Es ist verständlich, daß Ihr berufliches Interesse so ziemlich am Nullpunkt ist. Gefühl und nüchternes Pflichtbewußtsein ist eben nur sehr schwer auf einen Nenner zu bringen. Es wird nicht leicht, sich hier durchzuschlängeln.

Da wir August im Kalender haben, kann der Schwerpunkt auf diesem von Gefühlen geleiteten Bereich liegen, ohne daß Gewissensbisse aufkommen. Gönnen Sie der amüsanten, heiteren Seite des Lebens diesen Monat.

Gedankenaustausch mit Freunden und neuen Bekanntschaften bringt vielleicht etwas, das sich einmal für den Beruf verwenden läßt. Sie sind also nicht gezwungen, sich mit Fatalismus an eine Situation zu gewöhnen, die Ihnen im Grund nicht liegt.

Erfüllt werden aber alle Erwartungen, die sich im Zusammenhang mit dem Thema Liebe ergeben. Hier ist manches recht bedeutungsvoll. Ihr Leben bekommt mehr Tiefe, und manch ein Tanne-Mann lernt einsehen, daß es neben dem Beruf Werte gibt, auf die man nicht verzichten kann.

Die Tanne-Damen haben Ähnliches zu erwarten, bei ihnen gehen die Erkenntnisse jedoch nicht bis in unausgelotete Tiefen. Weibliche Wesen haben das auch nicht nötig, die Natur sorgt dafür, daß Herz, Gefühl und Gemüt dort zum Einsatz kommt, wo es notwendig ist.

Interessant wird es dort, wo Ihre Ansprüche an die Freizeitgestaltung sich zu Wort melden. Sie haben in diesem August Gelegenheit, sich eine zweite Welt zu schaffen, in der Sie sich wohlfühlen und der Ehrgeiz zu seinem Recht kommt. Ausgezeichnete Möglichkeiten ergeben sich, wenn Sie sich hier eine Tätigkeit ausgesucht haben, die neben dem Vergnügen auch noch Anerkennung einbringt. Die Palette ist vielfältig, vom Sport bis zum Musikmachen, Basteln oder Malen reichen Ihre Entwicklungsmöglichkeiten.

Sie werden einen erträglichen Monat haben, wenn Sie sich zunächst intensiv um Ihre Privatangelegenheiten kümmern. Alles, was die Familie betrifft, ob es Eltern sind oder der Partner, vielleicht auch Kinder, muß vorrangig behandelt werden. Nur hier können Sie Kraft tanken, um den zu erwartenden lebhaften Vorgängen gewachsen zu sein. Genießen Sie insbesondere an den Wochenenden alle angenehmen Dinge, die jetzt im familiären Kreis zu erwarten sind.

Schon am Ende der zweiten Septemberwoche wird Ihnen der Arbeitsbereich verschiedene Schwierigkeiten machen. Mit Ihrer oppositionellen Einstellung fängt es an, und energiegeladene Eigenmächtigkeiten setzen die ungemütliche Atmosphäre fort. Vorsicht ist anzuraten, Sie manövrieren sich in eine Abseitsstellung, die nur neuen Verdruß bringen wird. Es ist ein ganzes Paket von Widerwärtigkeiten zu erwarten, ein höchst negativer Einfluß aus dem kosmischen Raum ist begleitet von einem draufgängerischen Frühlingszeichen, das auch im September seine Wirkung nicht verfehlt.

Lassen Sie sich aber von den paar unerfreulichen Tagen nicht total die Laune verderben. Sie gehen relativ rasch vorüber.

Diese unruhigen Tage, gekoppelt mit Wünschen nach Veränderung, haben auch eine gute Seite. Die Erkenntnis, daß das bisherige Leben doch auch recht zufriedenstellend war, wird nicht lange auf sich warten lassen. Nichts ist von den Tanne-Geborenen schwerer zu ertragen, als eine Lebenseinstellung, die schwankend und von Unentschlossenheit geprägt ist.

Ist der 21. September gekommen, kehrt wieder Ruhe ein. Ein nahestehender Mensch könnte der Auslöser sein. Sie werden ihm Vertrauen entgegenbringen können, und sind ausnahmsweise auch bereit, seine gutgemeinten Ratschläge anzuhören.

Ihre Verfassung beruhigt sich mit jedem Tag mehr, und ein ungestörter Schlaf macht die Nächte wieder zu dem, was sie sein sollen, zu einer Phase der Erholung und der Regenerierung. Bald wird sich dann wieder die gewohnte Gelassenheit, eine der Haupttugenden von Tanne-Leuten, zeigen, und ein Seufzer der Erleichterung wird der Abschluß dieses Monats sein.

Beseitigen Sie die letzten ungemütlichen Reste des Septembers. Sie haben keinen Anlaß, noch nervös zu sein. Stehen Sie wieder mit beiden Beinen fest auf dem Boden der Realität, und lassen Sie sich nicht beirren von dem Gerede der Leute, die im Nachhinein wieder einmal alles besser wissen. Sie haben anscheinend verschiedene Leute neugierig gemacht, man ist nicht gewohnt, Sie unruhig und aufgeregt zu sehen. Nun, die Sache ist ausgestanden, und niemand soll sich darüber noch Gedanken machen.

Denken Sie wieder konzentriert ans Geldverdienen und das, was zu tun ist, um sich eventuell finanziell noch zu verbessern. Das Aufpolieren des Ansehens wird Ihnen ebenfalls gelingen.

Sie bekommen wieder das schöne, sichere und zufriedene Lebensgefühl, das sich bisher so bewährt hat. Erleben Sie ganz bewußt, wie sich Ihre Nerven mit jedem Tag mehr erholen und Sie spüren, daß Ihre Kräfte aus unbekannten Quellen Stärkung erfahren. Es wird Ihnen gezeigt, daß man Sympathie für Sie empfindet, und Sie sind im Berufs- wie im Familienbereich gerne gesehen.

Für Tanne-Leute, die in eine Öffentlichkeitsarbeit eingespannt sind, kann eine große Zeit beginnen. Sie kommen überall gut an, und Ihre Bemühungen werden nicht nur tropfenweise anerkannt. Riesige Dimensionen wird die Anerkennung zwar nicht annehmen, aber genügsam, wie Tanne-Leute sein können, sind Sie mit dem zufrieden, was geboten wird.

Zum Monatsende sieht man Sie kontaktfreudig, Ihre sonstige Distanziertheit ist nicht mehr wie ein Klotz an Ihrem Bein. So ist es leicht zu erklären, daß Sie Erfolg beim anderen Geschlecht haben. Ein Flirt, eine Bekanntschaft, die sich mit gemeinsamen Unternehmungen am Wochenende begnügt, sind Pluspunkte, die Sie sich gerne gefallen lassen.

Entschließen Sie sich dann noch zu charmanten Äußerungen bei den Damen, meine Herren Tanne-Männer, dann werden Sie sich als »Erfolgsmensch« bezeichnen können.

Eine gute Laune entwickelt sich, und Fortuna macht sich nicht rar. Nun fällt es Ihnen auch nicht schwer, Geduld und Einfühlungsvermögen zu zeigen. Sonderleistungen sind gefragt, aber das kann Sie im Moment überhaupt nicht aus der Fassung bringen. Handwerkliche Berufe haben mit einer recht positiven Entwicklung zu rechnen.

Erfreuliche Möglichkeiten ergeben sich, wenn Sie einen Wohnungswechsel vorhaben. Eine endgültige Zusage sollte jedoch erst im Dezember erfolgen. Die Aspekte für Veränderungen stehen dann noch günstiger.

Das Privatleben bekommt schon in der zweiten Monatswoche einen hohen Stellenwert. Tanne-Leute können die charmantesten Gesellschafter sein, auch beim Zusammensein mit den Familienangehörigen macht sich das jetzt bezahlt. Man erwartet gar nicht, daß Sie mit Geschenken ankommen, allein Ihre Person genügt. Sparen Sie das Geld für den kommenden Monat, an Weihnachten will jeder beschenkt werden, es ist dies schon beinahe zu einer Selbstverständlichkeit geworden. Was Sie in diesem November tun, ist generell vom Verstand geführt. Emotionelle Regungen sind in keinem Bereich zu erwarten. Überlegtes Handeln ist durch das am Monatsbeginn regierende kosmische Zeichen Punkt Nummer eins!

In Partnerbeziehungen kann es nach dem 18. zu einer Krise kommen, die nicht so leicht zu beheben sein wird. Mißtrauen ist eine recht lästige Begleiterscheinung, und Sie werden Mühe haben, dafür Verständnis aufzubringen. Sie sind sich in dieser Richtung keiner Schuld bewußt und werden sich umsonst bemühen, den Grund für dieses offensichtlich kühle Verhalten zu finden.

Abgesehen von diesen Begleiterscheinungen in einer Partnergemeinschaft ist die Liebe als solche keineswegs auf Eis gelegt. Das Verhältnis zwischen Erotik und menschlicher Zuneigung ist absolut ausgeglichen. Ganz normale Alltagsprobleme sind ja schließlich kein Grund, um sich auch noch nachts in den Haaren zu liegen. Machen Sie Außenstehende niemals zu Mitwissern Ihrer privaten Probleme. Was erhoffen Sie sich davon? Mitgefühl, oder einen brauchbaren Rat? Beides ist in keinem Fall zu erwarten.

Es gibt immer noch genug zu tun, und Sie sind auch gar nicht böse darüber. Energie ist jedenfalls reichlich vorhanden, die kosmischen Zeichen sagen das jedenfalls.

Vielleicht besinnen Sie sich in diesen letzten Wochen des Jahres darauf, daß es angebracht wäre, Mitarbeitern ein besonders freundliches oder anerkennendes Wort zu gönnen. Eine Gemeinschaft, die tagein, tagaus Stunde um Stunde zusammen ist, ist es sicher wert, daß man sich besonders um Harmonie bemüht.

Tanne-Männer haben, wenn es um das eigene Ansehen geht, häufig mit einer freiwilligen Isolierung zu kämpfen. Die Januar-Geborenen haben damit mehr Probleme als die Juli-Tannen. Doch beide Dekaden übersehen, daß ein befreiendes Lachen alles überwindet, auch eine selbsterrichtete Hemmschwelle.

Auch die Familie würde sich freuen, wenn Sie sich mal übermütig und »aufgekratzt« zeigen. Man ist wieder einmal ein ganzes langes Jahr zusammen gewesen, hat manche Kastanien zusammen aus dem Feuer geholt, einmal zusammen übermütig sein, wäre ein wohlverdientes Vergnügen.

Wenn Sie mit dieser Erkenntnis den letzten Monat des Jahres abschließen, kann es richtungsweisend für das kommende Jahr sein. Kosmische Kräfte, die eine grundlegende Veränderung ansagen, machen es möglich.

Geschäftliche Vorhaben können unbedenklich erst im kommenden Jahr ins Programm genommen werden. Das Ei des Kolumbus werden Sie nicht mehr entdecken, also verschieben Sie die Durchführung ehrgeiziger Pläne.

Sie haben etliche arbeitsfreie Tage vor sich, nützen Sie die Gelegenheit, um tatsächlich einmal total abzuschalten. Genießen Sie das Nichtstun, jagen Sie nicht unbedingt dem Vergnügen hinterher.

Es liegt keine Veranlassung vor, sich um die Gunst von verschiedenen Leuten besonders zu bemühen. Von Dingen, die Ihnen besonders wünschenswert wären, können Sie träumen, doch der Übergang vom Träumen zur Realität ist in diesem Dezember nicht möglich.

Ulme 1997

12.1.–24.1. / 15.7.–25.7.

Ulme-Leute sind gedanklich orientiert, doch neben der geistigen Beweglichkeit funktioniert auch die körperliche. Selbst bei gravierenden Veränderungen können sie sich spontan entschließen und sich ebenso schnell auf neue Erkenntnisse umstellen. Beides bestätigt die Aussage: Der Kopf muß mitmachen, wenn sich veränderte Situationen ergeben, und der physische Zustand muß sich dem anpassen.

Überzeugungen, Meinungen, ja, sogar philosophische Erkenntnisse können bei Bedarf geändert und gewechselt werden, wenn sie dem neuen Standpunkt, den man einnimmt oder einnehmen muß, nicht mehr entsprechen.

Wort, Schrift, Rede und Gegenrede, Kommunikation und Glaube, aber auch Mißtrauen, all das kann hier Bedeutung bekommen. Die Januar-Geborenen zeigen meist eine reservierte Haltung, die nur dann aufgegeben wird, wenn eine bedingungslose Vertrautheit mit Menschen vorhanden ist, die meist berufsbedingt, in einem nahen Kontakt zum eigenen Ich kommen.

Die besonderen Vorzüge beider Dekaden liegen im richtigen Erkennen von günstigen Möglichkeiten und einer ebenso sicheren Entschlußfreudigkeit.

Wissen, ob leicht oder schwer erworben, ermöglicht stets einen Fortschritt. Also lernt man, studiert alles, was kluge, erfahrene Leute oder ebensolche Literatur zu vermitteln hat. Das gesellschaftliche Leben wird gesucht, um zumindest zeitweise der inneren Einsamkeit zu entfliehen. Zum Einsiedler, zum Asketen eignen sich beide Dekaden nicht.

Ein völliges Scheitern kommt durch die Anwesenheit der elementaren Kraft Luft in Verbindung mit den hier tätigen kosmischen Energien kaum jemals in Betracht.

Ein recht bekömmlicher Lebens-Cocktail wurde für diese Geburtsdaten zusammen gebraut, durchaus geeignet, das Leben als eine schöne Einrichtung zu bezeichnen.

Es gibt noch einige Probleme aus dem vergangenen Jahr, die schnell gelöst werden sollten. Bis zum 23. müssen Sie nämlich den Kopf frei haben für neue und sicher auch interessante Aufgaben. Lassen Sie sich nicht entmutigen, wenn die Januartage nicht als schöner Auftakt für das neue Jahr bezeichnet werden können. Vermutlich sind es Angelegenheiten, die Ihren Privatbereich tangieren und die einfach durchgestanden werden müssen. Ein Ende dieser unerfreulichen Tendenz ist jedoch abzusehen, vermutlich ist es schon der 23., der hier einen Endpunkt darstellt.

Ist die Lösung einer bisherigen Beziehung vorgesehen und zeigt sich schon die Chance einer neuen, reizvollen Bekanntschaft, so haben Sie in beiden Fällen die Möglichkeit, ganz alleine zu entscheiden. Lassen Sie Ihr Herz und Ihre Gefühle sprechen, und lassen Sie sich nicht von irgendwelchen sogenannten guten Bekannten beraten.

Der schnurgerade Weg ist für die relativ unkompliziert angelegten Ulme-Leute immer noch der beste. Lassen Sie sich bei einer Trennung nicht auf lange Diskussionen ein. Das gibt nur zusätzliche Aufregungen und zermürbt Ihre seelischen Kräfte. Abgesehen davon ist es eine unnütze Quälerei, wenn dauernd das Für und Wider besprochen wird.

Bei neuen Beziehungen ist die Sache schon wesentlich erfreulicher. Zeigen Sie Ihren Charme und stellen Sie Ihr eigenes Licht nicht unter den Scheffel. Die Vorzüge des Menschen, den Sie sich für die nächste Zukunft als Partner wünschen, werden sicher ausreichend sein, um Sie besonders zu animieren. Der Beruf wird erst in der zweiten Monatshälfte für Sie wieder interessant. Sie können damit rechnen, daß Ihnen einige materiell günstige Möglichkeiten zugespielt werden. Nach dem 23. kommen dann auch noch elementare Kräfte zum Einsatz, die eine Aufwärtsentwicklung begünstigen. Sorgen Sie für Weiterbildung durch Fachliteratur, vielleicht auch mit Abendkursen. Erschließen Sie sich neue Wissensgebiete, ein umfangreiches Wissen ist immer noch ein beachtlicher Pluspunkt im beruflichen Bereich.

Optimismus steht in den letzten Monatstagen in erfreulichem Ausmaß zur Verfügung. Vielleicht wäre etwas mehr Geduld nützlich; auch die nächsten Familienangehörigen würden das begrüßen.

Im Beruf setzt sich die Aufwärtsentwicklung erfreulich fort. Zudem ist der Kontakt zu den Mitarbeitern ausgesprochen gut. Auf diese Weise ist der Boden für eine harmonische Zusammenarbeit bestens vorbereitet. Das Verhältnis zu den Vorgesetzten bessert sich ebenfalls zusehends. Man zeigt Ihnen ganz offensichtlich, daß man Ihre gute Leistung anerkennt. Aufmunternde Worte aktivieren Ihren Schaffensgeist.

In Geldangelegenheiten ist etwas Vorsicht zu empfehlen. Überlegen Sie sich jede nicht unbedingt notwendige Ausgabe zweimal. Auch anspruchsvolle Wünsche der Familie sollten zurückgestellt werden. Ob Sie im Januar oder Juli geboren sind, Sie können kaum mit einem Lottoglück rechnen.

Mit guten Bekannten, auch mit Freunden können sich Konfliktsituationen ergeben, die sich erst nach dem 19. beruhigen. Doch dieser Februar ist durchgehend mit kosmischen Energien belastet, die das Zusammensein mit nahestehenden Menschen erschweren. natürlich wollen Sie deshalb die Februarwochen nicht völlig isoliert zu Hause alleine verbringen, es bleibt also nichts anderes übrig, als sich möglichst friedlich zu verhalten. Wollen Sie liebgewordene Freunde nicht verlieren, ist vor allem rücksichtsvolles Verhalten notwendig.

Keine Schwierigkeiten warten in Liebesbeziehungen auf Sie. Man findet ganz automatisch den richtigen Ton und die richtigen Worte um gut anzukommen. Sogar die Januar-Ulmen können Zärtlichkeit zeigen. Man ist mit Ihnen zufrieden, das zeigt sich in einer besonders guten Laune, die das Zusammensein unbeschwert macht.

Vereinzelt werden wohl auch neue Bekanntschaften gesucht. Ein äußerst lebhaftes kosmisches Geschehen im Bereich der dafür zuständigen kosmischen Energien wird diese Absicht erleichtern. Haben Sie eine ernste Bindung in Aussicht, sollte keine sogenannte Schau abgezogen werden. Alles muß aus ehrlichem Herzen kommen, das heißt, die Absicht sich im Herzen und in den Gedanken eines anderen Menschen einen Platz zu sichern, muß zunächst bei Ihnen Wurzeln schlagen.

Bringen Sie für die Aufgaben, die der März für Sie bereithält, Ihr inneres Gleichgewicht in Ordnung. Jeder Verdruß, der Ihnen wie ein Klotz am Bein hängt, muß zu den Akten gelegt werden. Sachlichkeit ist jetzt gefragt. Sie wird Ihnen über alle Klippen helfen, die sich da und dort noch zeigen, wenn Sie sich über vergangenen Ärger weiterhin aufregen.

Es wird nicht ganz leicht sein, diesen Rat zu befolgen, denn einige Störungen aus dem kosmischen Raum sind zu erwarten. Vor allem sind es die Juli-Ulmen, auf die in dieser Richtung manch harte Nuß wartet. Lediglich die Geschäfte, der Beruf im allgemeinen laufen gut.

Zu Beginn der zweiten Märzwoche wird die Lage freundlicher. Geben Sie sich etwas geselliger, zeigen Sie sich mitteilsam, damit kommt Ordnung und ein wohltemperiertes Gleichmaß in Ihrem Alltag. Ulme-Leute beider Dekaden sind dann auch bereit, sich auf alles einzustellen, was eventuell nicht dem eigenen Geschmack entspricht. Sie sehen ein, daß für den eigenen Frieden, für die eigene Sicherheit und eine gute Zukunft eben vieles in Kauf genommen werden muß. Haben Sie dann gelernt, die unbequemen Dinge als unabänderlich hinzunehmen, finden Sie schnell wieder die innere ausgewogene Haltung, die für das psychische und physische Wohlbefinden notwendig ist.

Am 16. dürfte jede Unsicherheit ausgestanden sein. Ab diesem Tag können Sie auch wieder Empfindung und Gemüt zeigen. Keine Sorge, niemand wird das zu seinem eigenen Vorteil ausnützen. Verschiedentlich ist man sogar bereit, sich Ihrer Probleme anzunehmen, soweit diese den Beruf betreffen.

Doch auch ein wenig mehr Vertrauen in die Umwelt, angefangen beim Elternhaus, über Freunde und Bekannte bis hin zum Partner, und schon wird die depressive Phase überwunden sein.

Beziehungen, Bindungen sind schließlich dafür da, Trost zu vermitteln und Hilfe anzubieten. Wann sonst sollten sich Freunde bewähren, wenn nicht dann, wenn man eine kritische Phase zu überwinden hat.

Am 24. März können Juli-Ulmen sicher sein, daß Gefühle richtig ankommen. Etwas romantisch angehauchte Stimmung tun ein übriges, um im Bereich Zuneigung und Liebe Kraft zu tanken.

Immer noch kommt es im Freundeskreis zu erheblichen Mißverständnissen. Ihre Einstellung, Ihr Verhalten zu diesem Personenkreis verändert sich zusehends. Nehmen Sie Ihre ganze Selbstbeherrschung zusammen, um nicht für noch mehr Scherben verantwortlich zu sein.

Diese momentane, höchst unerfreuliche Lage macht Ihnen das Leben schwer. Brauchen Sie Trost oder zumindest freundliche Gesichter, wenden Sie sich an einzelne Familienmitglieder, mit denen Sie sich gut verstehen. Den Januar-Ulmen braucht man diesen Rat nicht geben, sie werden ganz ausgezeichnet mit sich selbst fertig, allein der Gedanke an einen tröstenden Zuspruch bringt sie schon auf die Palme. Doch im allgemeinen sind Ulme-Leute mit der Familie ganz zufrieden.

Wollen auch nach dem 10. die unliebsamen Vorfälle noch kein Ende nehmen, überprüfen Sie, ob eventuelle Zugeständnisse möglich wären. Ist das nicht durchführbar oder ist das mit Ihrem Standpunkt nicht vereinbar, lassen Sie Gras drüber wachsen, und leben Sie mal ohne gute Bekannte und ohne Freunde.

Ulme-Männer haben damit sowieso keine Schwierigkeiten, sie gehen ganz einfach zur Tagesordnung über, und damit hat sich die Sache. Ulme-Damen können es als einen Glücksfaktor bezeichnen, daß der Arbeitsbereich von den ärgerlichen Zwischenfällen überhaupt nicht berührt ist.

Geschäftliche Bemühungen haben im kaufmännischen Bereich erfreuliche Ergebnisse zu erwarten. Doch auch in anderen Berufszweigen ist mit zusätzlichen Aufgaben ein Aufwärtstrend zu sehen. Sie schaffen zum Teil auch das scheinbar Unmögliche. Selbstdisziplin und kontinuierliches Vorgehen erleichtern den Arbeitsalltag. Irgendwie fühlen Sie sich für die Ungerechtigkeiten im Freundeskreis entschädigt. Wenn Sie dann noch überlegen, daß hier, im Arbeitsbereich, Ihr Lebensunterhalt gesichert ist, dürfte der private Ärger eigentlich total unwichtig sein.

Die zum Teil recht glücklichen Mondphasen dieses Monats leisten bei allen Bemühungen im Liebesbereich eine ausgezeichnete Hilfestellung.

Ihr Privatleben steht im Mittelpunkt Ihres Denkens. Es wäre von großem Vorteil, wenn hier noch so manche Mißverständnisse endlich bereinigt werden könnten. Es sind genau besehen meist nur kleine Alltagssünden, die eigenen und die der anderen, die es verhindern, daß man sich in diesem Bereich absolut wohlfühlen kann.

Besonders die Juli-Geborenen bekommen ein spezielles Gespür für ein Verhalten, das bei männlichen und weiblichen Partnern oder Familienmitgliedern gut ankommt. Sie fühlen ich dem Geschehen in der Natur zutiefst verbunden, denn das, was den Frühling eigentlich so schön macht, ist die Versöhnung des Menschen mit den kalten, harten und zum Teil widerwärtigen Witterungsverhältnissen des Winters.

Ulme-Leute werden sich über die Ereignisse des auferlegten Schicksals nicht zu beklagen haben. Im Partnerbereich wird es fast so etwas wie ein »Bilderbuch-Monat«. Ist es notwendig, so können Sie sich sogar an entscheidende Veränderungen wagen, die bisher ängstlich vermieden wurden. Die Bedeutung, die eine harmonisch funktionierende Partnerschaft im Leben einer Ulme hat, tritt selten so zutage wie in diesem Mai. Die Erotik scheint zwar etwas unterkühlt zu sein, die kosmische Energie Venus hat sich einen vom Geist geprägten Standort ausgesucht, doch Ulme-Leuten ist das nicht das Nonplusultra für eine Gemeinsamkeit.

Ist die erste Hälfte des Mai vorüber, kommt da, ganz auf die normale Arbeit und das Geldverdienen abgestimmte Leben wieder zu seinem Recht. Behalten Sie Ihre Interessen im Auge, verzetteln Sie sich nicht mit Bemühungen, die man da und dort von Ihnen erwartet oder verlangt. Man ist gewohnt, daß Sie sich überall gerne nützlich machen. Meist ist es nur Ihr Ehrgeiz, der Sie dazu veranlaßt, unter keinen Umständen wollen Ulme-Leute den Eindruck machen, daß sie dieses oder jenes nicht schaffen. Sie sind dort, wo es sein muß, aktiv, das muß für diesen Monat genügen. Verlegen Sie die intensive Aktivität auf das Wochenende. Holen Sie sich hier Kraft durch gezieltes Fitneß-Training. Keine Angst, es braucht kein Marathontrainig absolviert zu werden. Nur die vom Winter etwas müden Knochen sollten bewegt und die Lungen mit dem Duft des Frühlings vollgepumpt werden.

Es lohnt sich nicht, besondere Leistungen zu zeigen. Die kosmischen Energien und ihre elementaren Werte sagen nein zu übertriebener Geschäftigkeit. Es sind keine Nachteile zu befürchten, wenn Sie »eine gemütliche Kugel schieben«.

Innerhalb der Familie kann ein finanzielles Problem heftige Kontroversen auslösen. Es sind Allerweltskonflikte, die bei Geldangelegenheiten so oft die Gemüter erhitzen. Setzen Sie sich durch unüberlegte Worte oder einem allzu harten Standpunkt nicht den haltlosen Anschuldigungen verschiedener Familienmitglieder aus. Sie haben schon oft ein derartiges Dilemma durchgestanden, auch jetzt ist ein Ende schon abzusehen.

Im Bereich der Liebe muß man sich in diesem Monat mit sparsamen Zuwendungen zufrieden geben. Sie wissen, daß es nicht jeden Tag Kuchen mit Rosinen geben kann.

Begegnungen mit Menschen, die Ihnen in keinster Weise verpflichtet sind, die nichts von Ihnen erwarten, bringen Sie schnell auf andere Gedanken. Neue Freunde können sich Kunstschaffende erwarten, sie sind es, die sogar aus chaotischen Zuständen gewissen Profit ziehen. Die Distanz, die sich immer dann einstellt, wenn das Umfeld nicht wie gewohnt funktioniert, ist dem schöpferischen Schaffen wohlbekömmlich. Intuition ist immer dann zu erwarten, wenn ungewöhnliche kosmische Kräfte ein zu buntes Spiel mit dem Menschen treiben.

Beginnt nach dem 23. bereits der Juli mit seinen Einflüssen, ist der Spuk mit der unfreundlichen Umwelt vorüber. Familienmitglieder sind wieder verhandlungsbereit, und das Liebchen zeigt sich von der charmantesten Seite.

Für die Ulme-Damen dürfte das Monatsende noch erfreulicher werden als für die Herren. Die persönliche Ausstrahlung ist dabei ein wesentlicher Faktor, und da die Damen es besser verstehen, diese voll für sich einzusetzen, wird alles ganz klar.

Gibt es in den letzten Junitagen eine Schwierigkeit im beruflichen Sektor, ist der Chef wieder einmal nicht ganz zufrieden, Sie kommen am besten über diese Hürde, wenn Sie sich dazu entschließen können, sich zu entschuldigen.

Nach dem 10. sind die ungemütlichen Spannungen ausgestanden. Endlich können Sie Ihre krisengeschüttelte Laune einpacken und sich darauf einstellen, daß alles besser wird.

In der zweiten Monatswoche kommt das Element Feuer aus einem das Selbstbewußtsein stärkenden Zeichen zu Wort. Gemütlich wird es dabei allerdings nicht, aber viele andere Vorteile sorgen für Sie.

Zunächst bekommen Sie beruflich festen Boden unter den Füßen, das heißt, die Arbeit macht Spaß und unter den Kollegen fühlt man sich wohl. Endlich klappt hier der Anschluß wieder, den man unbedingt braucht, wenn man das Symbol Ulme fürs Leben mitbekommen hat. Gehören Sie zu der Gruppe der vom Schicksal besonders Bevorzugten, kann mit einer äußerst positiven Phase gerechnet werden. Nicht alltägliche Denkanstöße, diplomatische Winkelzüge bringen Lösungen, für die man Sie bewundern wird. Ihr gesunder Menschenverstand, vom Unterbewußtsein geführt, macht Sie vollends zum unentbehrlichen Kollegen. Das gute Fundament Ihrer seelischen Verfassung muß unbedingt genutzt werden. Nicht immer wird das so sein, daß sie wie von unsichtbarer Hand geführt automatisch das Richtige tun. Doch nicht allein der Arbeitsbereich zeigt sich im angenehmen Licht, auch in Partnerbeziehungen ist kaum ein Wölkchen am Himmel. Auch in Bindungen, die schon eine ganze Weile bestehen, ist neues Interesse festzustellen. Man hat sich wieder etwas zu sagen. Auch die Erotik kann neue Impulse verzeichnen. Es ist in der Liebe genauso wie überall im Zusammenleben mit anderen Leuten: Kompromisse sind notwendig und müssen akzeptiert werden. Sogar die sehr eigenwillige Januar-Ulme lernt jetzt einzusehen, daß Nachgeben keineswegs unzumutbar ist. Die Juli-Ulme hat dabei weniger mit Schwierigkeiten zu rechnen, sie ist von Natur aus diplomatischer und stets auf einen Ausgleich programmiert. Man wird damit tatsächlich der Nutznießer der eigenen Bemühungen, man versteht sich, man verzeiht sich, man hat ein wunderbares Gefühl der Zusammengehörigkeit. Dieser Juli, mit seinen so unterschiedlichen Phasen, zeigt Ihnen recht deutlich den Reiz eines bewegten Lebens. Man muß sich nur entschließen können, das Auf und Ab mitzumachen und sich nicht dagegen zu stellen.

Es wird ziemlich bewegt, und kein Bereich, weder der private noch der berufliche ist davon ausgenommen. Den im Januar geborenen Ulme-Leuten macht es keine Schwierigkeiten, sich in das lebhafte Auf und Ab einzufügen. Die vom 15. bis 25. Juli Geborenen haben damit ihre liebe Not. Es sind in jedem Berufszweig Veränderungen möglich, sicher keine gravierenden, aber man muß sich schon anstrengen, um alles in den Griff zu bekommen. Da die seelische Verfassung relativ zufriedenstellend ist, werden sich zumindest keine Ängste einstellen. Der ganze Verdruß, der dabei zu erwarten ist, zeigt sich in einem aufsässigen Verhalten. Versuchen Sie die gute Laune beizubehalten und den Humor nicht zu verlieren. Schon wird aus Ärger eine Lappalie, die Sie kaum aus der Fassung bringt. Ist der 12. August vorüber, werden die unerfreulichen Einflüsse mit jedem weiteren Tag weniger schwerwiegend. Es kommt wieder Lebensfreude auf, und für das Privatleben ist Begeisterung angesagt. Begeisterung und Unternehmungslust. Beim Freizeitsport sollten Sie sich etwas weniger verausgaben. Es könnten gesundheitliche Probleme aufkommen. Nehmen Sie auf Ihre körperliche Verfassung Rücksicht, auch wenn Sie noch keine deutlichen Anzeigen feststellen, daß Ihre Kräfte nicht gerade in Hochform sind. In diesen Augusttagen fällt man schnell auf die Nase, wenn das kleinste Alarmzeichen nicht beachtet wird.

Mitte des Monats ergeben sich in einzelnen Fällen Komplikationen, wenn es um Angelegenheiten geht, die von Rechts wegen eigentlich klar liegen. Doch was heißt schon Recht, wenn das eine oder andere Familienmitglied völlig anderer Meinung ist und an seiner Meinung sozusagen »mit den Zähnen« festhält. Versuchen Sie sich zu arrangieren, eine relativ einfache Sache kann gut ohne richterlichen Beschluß ins reine gebracht werden. Der elementare Wert Wasser bringt jede Familienangelegenheit in diesen Wochen dorthin, wo sie keine Antipathie für viele Tage, vielleicht sogar Wochen oder Monate verursacht.

Haben Sie bei allen Vorgängen die Übersicht nicht verloren und sich selbst fest in der Hand, kommen Sie gut über die Runden. Zwischen Liebenden zeigt sich so ziemlich alles zufriedenstellend.

Unangenehme Überraschungen sind nicht zu erwarten, und nichts erfordert erhöhte Aufmerksamkeit. Das allein ist schon ein gewaltiges Plus. Man hat damit seine innere Ruhe und geht gelassen jeden Morgen zur Arbeit. Was besonders ins Gewicht fallen dürfte, man kommt mit den Kollegen ausgezeichnet aus. Jeder ist zu jedem freundlich, und gelegentliche kameradschaftliche Dienste bringen der Zusammenarbeit ein erfreuliches Klima ein. Das Erfreulichste: Man hat ganz offensichtliches Interesse an Ihrer Person.

Die wohltemperierte Verhaltensweise der Juli-Ulmen hilft auch bei gelegentlichen Schwierigkeiten, die Mitarbeiter mit dem Chef haben. Die Begabung, die eine wie die andere Seite zu besänftigen, kommt gut an. Sie müssen sich dabei nicht einmal besonders bemühen, sich keine besonderen Schachzüge ausdenken. Allein Ihr Charme und das ehrliche Bestreben, den Frieden aufrechtzuerhalten, macht schier Unmögliches möglich.

Begegnen Sie Menschen, die bisher uninterssant waren, so ist dies nun völlig anders. Ihre offene Art, auf Leute zuzugehen, zeigt sich auch dort erfolgreich, wo Sie bisher Mißtrauen empfunden haben. Ihre unbeschwerte Einstellung zeigt sich jetzt auch gegenüber von Leuten, die bisher nichts anderes als Randfiguren in Ihrem Leben waren.

Das Familienleben, auch die Beziehung zu den Verwandten, zeigt sich gefühlsbetont. Sie können endlich wieder feststellen, daß dieser Personenkreis äußerst wichtig für ein harmonisches Leben ist. Sie sind auf dem besten Weg, sich damit eine gesunde Basis zu schaffen. Die Tendenz, sich den inneren Werten zuzuwenden, ist in der zweiten Monatshälfte sicher festzustellen. Ihre materiellen Bedürfnisse werden damit nicht auf Eis gelegt. Ganz im Gegenteil, man lebt schließlich nicht als bescheidener Engel auf dieser Erde, man hat sehr diesseitsbezogene Vorstellungen von einem guten Leben.

Koordinieren Sie also Ihre ideellen Vorstellungen mit den materiellen, und Sie sind genau auf dem richtigen Weg.

Es beginnt ein idealer Monat für kosmische Energien, die dem Element Luft verbunden sind. Für Ulme-Leute beider Dekaden werden damit beste Voraussetzungen geschaffen, um sich zunächst mal im Beruf besonders zu qualifizieren. Vor allem die Juli-Ulmen können das letzte bißchen Unentschlossenheit ablegen, das so manchesmal einen Pluspunkt verhindert hat. Die Januar-Dekade geht auf jede Möglichkeit schnurstracks los, doch das ist man eigentlich von ihr gewohnt. Wenn es um Geschäfte geht oder wenn beruflich ein besonderer Einsatz notwendig wird, sind die Januar-Ulmen immer schnell entschlossen. Die Begeisterung für neue Aufgaben kennt bei ihnen keine Grenzen, wenn man damit Trümpfe in die Hand bekommt.

Doch trotz der Glückschancen – beiden Dekaden wird sicher nichts geschenkt. Zusätzliche Leistung wird erwartet, und Organisationstalent muß vorhanden sein, um allen Anforderungen gerecht zu werden. Die neuen Möglichkeiten sind jedoch so vielversprechend, daß auch eine gewisse Unbequemlichkeit akzeptiert wird.

Es wird keine Ulme-Frau und keinen Ulme-Mann geben, die jetzt die kalte Schulter zeigen, wenn der Arbeitstag vom Beginn bis zum späten Abend kaum eine freie Minute aufweist. Natürlich, Ihre Mittagspause ist schon gesichert!

Sie sind mit Ihren Lebensbedingungen restlos zufrieden, auch an Ihrem Aussehen wird diese Hochstimmung zu sehen sein. Zufriedenheit strahlt aus Ihren Augen, und Sie legen besondere Aufmerksamkeit auf ein gepflegtes Äußeres. Heutzutage eine oft vermißte Aufmerksamkeit, die man sich selbst eigentlich schuldig wäre.

Ihr Freundeskreis befaßt sich ganz intensiv mit Ihnen. Es ist auch hier ein positiver Umbruch festzustellen.

Im Partnerbereich ist man absolut auf alles fixiert, was das Zusammenleben reizvoller macht. Aber Sie fühlen sich nicht nur in diesem Bereich besonders wohl, Ulme-Damen wie -Herren haben auch jede Menge anderer Chancen. Amor hat nämlich in diesen Wochen seine große Zeit. Da Ihnen diese Aspekte sicher nicht immer zur Verfügung stehen, ist es nicht verwunderlich, daß Sie in viele schöne Augen schauen oder sich etliche attraktive Männer angucken.

Was jetzt auf Sie zukommt, hat nicht mehr den unerbittlichen Schicksalsdruck, der noch im Vormonat verschiedentliche Ereignisse auslöste, die sich außerhalb der vorherzusehenden Möglichkeiten zugetragen haben. Es werden gute Tage auf Sie zukommen, die den grauen November abwechslungsreich gestalten. Auch materielle Pluspunkte sind zu erwarten. Unter anderem sind Begegnungen mit Leuten zu erwarten, die Ihnen auf eine besondere Art weiterhelfen können. Ob es sich dabei um geschäftliche Angelegenheiten handelt oder ob sie privater Natur sind, ist von der jeweiligen Geburtsstunde abhängig. Doch generell läßt sich sagen, daß die Juli-Geborenen diejenigen sind, die sich im Privatleben mehr Chancen ausrechnen können. Die Vorteile dieses Jahres sind zum Ende dieses Monats weitgehend genutzt worden. Es wird also bis zu diesem Zeitpunkt die berufliche Entwicklung soweit abgeschlossen sein, daß weitere Bemühungen keine deutlichen Erfolge mehr bringen können. Das heißt natürlich nicht, daß sich Eifer oder intensives Engagement erübrigen, doch das Fundament steht.

Geschäfte, die Arbeit, das Bemühen um Weiterbildung, das alles bekommt erst später wieder einen besonderen Stellenwert, jetzt im November haben die kosmischen Energien nichts dergleichen mit ihrer Person vor. Solange Sie sich nur in Gedanken mit diesen Dingen beschäftigen, ist nichts dagegen einzuwenden. Sie haben genug Zeit und Muße, um sich die verschiedensten Pläne durch den Kopf gehen zu lassen. Doch die Realisierung steht in weiter Ferne. Nach dem 20. sollten Sie sich darauf besinnen, daß der private Bereich für Ihren besonderen Einsatz immer ein dankbares Feld ist. Die Liebe zum Partner bekommt mehr menschliche Wärme, verschiedentlich ist vielleicht sogar Leidenschaftlichkeit angesagt. Warum sollten Ulme-Leute sich nicht einmal in erotisch betonte Phasen begeben? Es kann bei allem, was jetzt in dieser Richtung geschieht, nur von ungewöhnlichen Erlebnissen gesprochen werden. Die stürmischen Tage sind gezählt, schnell werden »normale« Verhältnisse wieder Ihr Leben bestimmen. Für die am Tage geborenen Ulme-Leute ist das seelische und erotische Empfinden wohlausgewogen, keine kosmische Kraft wird Unruhe auslösen.

Sie haben allen Grund, mit diesem Jahr, das nun fast hinter Ihnen liegt, zufrieden zu sein. Es war sicher zufriedenstellend, soweit es Ihre Arbeit, Ihre berufliche Entwicklung betraf. Im privaten Umfeld ergaben sich zum Teil einschneidende Veränderungen, die Sie trotz der psychischen und physischen Belastung nie ernstlich aus der Ruhe bringen konnten.

Für diese Dezembertage wird sich weder Wichtiges noch Neues ergeben. Niemand stellt noch große Anforderungen. Der Beruf bewegt sich im gewohnten Alltagsgeleise. Gehen Sie jetzt jeder Aufregung oder Mißstimmigkeit bewußt aus dem Wege, wie Sie es an manchen Tagen dieses Jahres bereits gelernt haben.

Nur die Ulme-Leute der Januar-Dekade sticht noch ab und zu der Hafer. Mit Feuereifer versuchen Sie sich noch da oder dort durchzusetzen. Was erwarten Sie sich am Ende eines Jahres davon? Andere Menschen von Ihrer Meinung zu überzeugen? Sie wissen doch, daß dies in 99 von 100 Fällen unmöglich ist. Sicher ist vieles von Ihnen gut gemeint, doch was bringt es effektiv? Sehen Sie sich verschiedene große Leute der Menschheitsgeschichte an, die mit einem derartigen Vorhaben kläglich scheiterten, aber auch die vielen kleinen Weltverbesserer mit ihren mühsamen Versuchen haben nichts erreicht.

Juli-Ulme-Leute verhalten sich in diesem Punkt wesentlich vernünftiger. Sie halten zwar ihre persönlichen Entscheidungen auch für einmalig richtig, aber das Bedürfnis, sich mit jedem gut zu verstehen, enthebt sie jeder Überlegung, eigene Ansichten als Heilslehre weiterzugeben. Hier ist nur das Gefühl maßgebend – bei Januar-Ulmen nur der Intellekt – das das menschliche Leben positiv beeinflussen könnte. Doch beide werden das kaum schaffen.

Was in diesen Dezembertagen noch erfolgreich ist, sind die Ambitionen, die sich im Liebesbereich anbieten. Haben Sie einen festen Partner, werden Sie kaum besondere Mühe haben, Zärtlichkeit zu geben oder zu empfangen. Wichtig ist nur, Alltagsprobleme nicht zum Tagesgespräch zu machen. Wenn Feierabend ist, sollte bei einem Glas Wein die Stunde der Liebe gekommen sein und nicht die Stunde des Abladens von trivialen Sorgen.

Zypresse 1997

25.1.–3.2. / 26.7.–4.8.

Die erste Dekade verfügt über ein maskulines Naturell mit betont leichter Lebensauffassung, doch ist eine geistige Betonung unverkennbar. Höchst originelle Ideen können entwickelt werden, und eingepauktes Wissen ist entweder nicht vorhanden oder wird den eigenen Erfahrungen niemals vorgezogen.

Als Zypresse-Geborener kann man mit der eigenen Gesellschaft durchaus zufrieden sein. Eine etwas unterkühlte Einstellung, vom Verstand und Gemüt diktiert, bringt es fertig, sich ein ganz persönliches Reservat zu schaffen. Fremde Gesellschaft, dazu zählt in einigen Fällen auch die eigene Familie, muß man nie haben, das hat von der frühesten Jugend bis ins hohe Alter seine Richtigkeit.

Im eigenen Denkbereich haben Philosophie und Reformen einen guten Boden. Auch die Zypresse-Damen machen da keine Ausnahmc. Dic originelle Denkweise macht sich bei ihnen stets im typisch weiblichen Metier bemerkbar. Viele Wege stehen damit offen, besonders im künstlerischen Bereich von Bühne und Film.

Die Sommer-Dekade ist in ähnlicher Weise angelegt, hier spielt jedoch noch der Mond mit seiner magnetischen Kraft eine zusätzliche Rolle. Schnell wechselnde Stimmungen und eine ab und zu aufkommende innere Unruhe sind die Ursachen eines rätselvollen Verhaltens. Keiner kann damit etwas anfangen, keiner damit umgehen.

In Liebesbeziehungen ist Unabhängigkeitsstreben die Ursache einer gewissen Bindungsscheu. Ist ein großer Freiraum garantiert, kann eine Partnerschaft ein Leben lang halten. Eine autoritäre Führung ist ganz undenkbar, man wird sich mit allen zur Verfügung stehenden Mitteln widersetzen. Ein wichtiger Hinweis, der besonders auch bei Kindern berücksichtigt werden muß, wenn sie sich zu etwas Besonderem entwickeln sollen.

Zunächst steht ein kleiner Verdruß ins Haus, trotzdem haben Sie keinen Grund, schlechte Laune zu haben. Sicher sieht alles etwas schlimmer aus, als es tatsächlich ist. Suchen Sie nach einem versöhnlichen Wort, wenn die Unannehmlichkeiten im nächsten Umfeld passiert sind. Es hängt mit Sicherheit von Ihnen ab, wie schnell sich die Sache aus der Welt schaffen läßt.

Mißverständnisse gibt es schnell einmal, das ist kein Grund, sich plötzlich spinnefeind zu sein. Das schadet nicht nur Ihren Nerven, sondern auch Ihrem Aussehen.

Liegen Ihnen kurz vor der Mitte des Monats ganz besondere Pläne am Herzen, wenden Sie sich an einen Menschen, dem Sie vertrauen können, wenn Sie mit Ihren neuen Ideen nicht zurechtkommen. Mit der Realität kommen Zypresse-Leute nicht immer klar. Sind es aber alltägliche berufliche Probleme, sollten sie sich nur auf sich allein verlassen.

Kaufmännische Angelegenheiten sollten dem Februar vorbehalten bleiben, der Januar bringt zuviel Grübeln im seelischen Bereich, für harte Fakten ist da kein Platz.

Zypresse-Leute sind in diesem Jahr zwar gut bedient, wenn es um die Vermehrung des Besitzes geht, trotzdem ist jetzt noch Geduld erforderlich.

Die Liebe spielt in diesem Januar sicher auch keine Hauptrolle. Die Tage laufen in Zweierbeziehungen ziemlich ruhig ab, aber auch das ist schon ein Pluspunkt.

Nach dem 21. kommt dann Bewegung in alles, was Sie unternehmen. Sogar im finanziellen Bereich tut sich Erfreuliches. Hier sieht es sogar nach einem besonderen Pluspunkt aus. Die kosmischen Energien sind ausgesprochen freundlich und könnten Sie, vorbereitend für den Februar, sogar mit neuen Möglichkeiten überraschen, die sich beruflich äußerst freundlich auswirken können.

Langsam aber sicher steigt Ihr Stimmungsbarometer, unterstützen Sie diesen positiven Trend und gönnen Sie sich, bevor die harte Arbeit im Februar endgültig beginnt, noch ein besonders schönes Wochenende.

Es wird in diesen Februartagen kaum einen Wunsch geben, der Ihnen nicht erfüllt wird. Es ist doch anzunehmen, daß Sie sich nur innerhalb Ihrer Grenzen aufs Wünschen verlegen. Vor allem sind es die Finanzen, die keinen Anlaß geben, sich Sorgen zu machen. Sie haben hier die beste Unterstützung der kosmischen Werte, die für diesen Bereich zuständig sind.

Voreilige Entschlüsse müssen im familiären Bereich absolut unter Kontrolle gebracht werden. Besinnen Sie sich darauf, daß Zypresse-Leute über diplomatisches Geschick verfügen, wenn das Verhalten eines Familienmitgliedes ausgesprochen aufsässig ist. Bitte keine Meinungsverschiedenheiten in die Breite und in die Länge ziehen. Sie ziehen jetzt sicher den kürzeren, wenn Sie sich auf Auseinandersetzungen einlassen. Im Familienbereich ist man Ihnen in diesen Tagen mit Sicherheit überlegen. Auch wenn Sie im ideellen Sinn Ordnung schaffen wollen, geht das daneben. Zudem geht Ihnen jetzt auch noch der Humor verloren, mit dem Zypresse-Leute so viel gutmachen können. Lassen Sie Ihr gutes Herz und Ihre Vernunft sprechen, wenn Ihnen das Lachen schwerfällt.

Beruflicher oder geschäftlicher Ehrgeiz hat jetzt mehr Chancen als alle anderen Interessensgebiete. Sogar ein potentieller Ehrgeiz kann jetzt hilfreich sein. Mögliche und unmögliche Lösungen bieten sich an, wenn die geballte Energie Ehrgeiz eingesetzt wird.

Die jetzt auf Sie zukommenden Möglichkeiten, sich beruflich besonders hervorzutun, sind ab und zu in diesem Jahr auf überraschende Art gegeben. Das macht Sie nicht nur physisch sondern auch psychisch stark. Sogar Phantasie kann sich bei dem Rennen um berufliche Erfolge gut einsetzen lassen. Bleibt nicht viel Zeit für den Partner, wird er Verständnis aufbringen.

Vergessen Sie endgültig die zum Teil unangenehmen Wochen des Januars, gehen Sie an alle Vorhaben gelöst heran. Geben Sie dem Optimismus eine Chance, mit einem lächelnden Gesicht verhandelt und spricht man lieber als mit einem verbissenen. Es könnte sich tatsächlich ein neuer Aufgabenbereich ergeben, und das wäre es doch wert, sich liebenswürdig und liebenswert zu geben.

Was jetzt für sie interessant wird, spielt sich im Berufsbereich ab. Selbst Angelegenheiten, die Sie längst zu den Akten gelegt haben, können wieder aktuell werden. Möglich ist, daß ein bestimmter Freundeskreis hier eine Rolle spielt.

Haben Sie sich schon ein gewisses Verständnis für kosmische Vorgänge angeeignet, werden Sie schnell herausfinden, daß einige überraschende Möglichkeiten nicht vorhersehbar und nicht geplant sind, sondern nur durch kosmische Kräfte veranlaßt sein können.

Ist damit eine Veränderung in Ihrer bisherigen Tätigkeit zu erwarten, wird es nicht nötig sein, Ihnen Mut zuzusprechen. Was im Februar sich schon abzeichnete oder gedanklich festgehalten wurde, bringt dieser März als unumstößliche Tatsache in Ihr Konzept. Tatsächliche gravierende Veränderungen ergeben sich vor allem in allen technischen Berufen. Vereinzelt stehen auch günstige Aspekte dem professionellen Sport zur Verfügung. Viele Zypressen gehen in einem solchen Fall bis an die Grenze ihres Leistungsvermögens.

Was in diesem März wirklich weiterhilft, ist das richtige Gespür für die richtigen Leute. Zypresse-Geborene sind besonders begabt, wenn das Unterbewußtsein, die Intuition, gefragt ist. Nun, dieser März wird es wieder einmal beweisen.

Für manche Zypresse-Männer könnte auch ein sogenannter »Umwandlungsprozeß« stattfinden, der meist den privaten Bereich tangiert. Im weiteren Verlauf könnte das auch die rein private Sphäre beeinflussen, eheliche Bindungen miteingeschlossen.

Drastische Weiterentwicklung ist überhaupt das Anliegen dieses Monats. Es ist die »frühlingshafte Aufbruchstimmung«, die dieser Monat stets auf irgendeine Weise zur Verfügung stellt.

Kleinere Differenzen im Liebesbereich sollten kein Drama heraufbeschwören. Ihr Verhalten ist sicher nicht so ausgefallen, daß man sich schwer beleidigt zurückzieht. Es gibt viele Möglichkeiten, einen Partner zu versöhnen. Ihrer Phantasie sind da keine Grenzen gesetzt. Wichtig dabei ist nur, daß Sie überhaupt ein Interesse daran haben, die Beziehung aufrechtzuerhalten.

Sie bekommen von kosmischen Energien Kräfte übermittelt, die bei den Dekaden der Februar- und Juli-August-Geborenen jede Zurückhaltung ausschalten. Sie können sich jetzt ganz so zeigen, wie Sie wirklich sind. Sie denken, das ist doch selbstverständlich! Selbstverständlich ist nur die Verhaltensweise, die vom Elternhaus geprägt, von der Schule geformt und den positiven und negativen Lebenserfahrungen aufgezwungen wurde. Angeboren ist den Zypresse-Menschen aber eine originelle Denkweise, die in diesen Aprilwochen recht gut ankommt. Es können sich in den unterschiedlichsten Bereichen Möglichkeiten ergeben, die logisches, präzises Denken voraussetzen.

Ihre solide Einstellung macht sich auch bei jeder Tätigkeit nützlich, die handwerkliches Können voraussetzt. Haben Sie also irgendwo festen Fuß gefaßt, können Sie auch mit materiellem Erfolg rechnen, der allerdings nicht sofort zu sehen ist.

Ihr Auftreten, Ihre Haltung bekommen eine natürliche Note und eine trotzdem selbstbewußte Einstellung. Kein Wunder, daß man auf Sie aufmerksam wird, daß man Ihre Leistungen anerkennt und auf bisher kaum beachtete Fähigkeiten bei Ihnen stößt. Damit steht einem Absprung in eine wesentlich bessere Position nichts mehr im Wege. Ihr gesunder kaufmännischer Sinn und die Art, wie Sie sich Gesprächspartnern verständlich machen, sorgen für eine äußerst solide Basis. Damit lassen sich Pläne verwirklichen, die Ihnen bisher stets eine Nummer zu groß waren.

Zypresse-Damen beider Dekaden haben mit diesen guten Aspekten allerdings nur in typisch weiblichen Berufen zu rechnen. Phantasie, blühender als gewöhnlich, und künstlerisches Einfühlungsvermögen, dazu eine schmiegsame Verhaltensweise schließen aus, daß Sie auf einem Gebiet Erfolg haben, das eine Domäne der Männer ist.

Liebe, Kunst und Schönheit sind drei Dinge, die für Sie jetzt in Frage kommen. Im Bereich Liebe ist auch der Beruf der Hausfrau angesprochen. In der Kunst gibt es unzählige Möglichkeiten, sich zu betätigen, und bei der Schönheit beginnt es mit den einfachen Regeln der persönlichen Pflege, bis hin zum Beruf der Kosmetikerin.

In diesen Maitagen sollte Ihr persönliches Umfeld – Eltern, Partner, Freunde und Kollegen – ganz besonders ins Auge gefaßt werden. Ein bißchen mehr Zuneigung, Freundlichkeit, vielleicht sogar Liebe wären schön. Halten Sie vor allem Ihre persönliche Meinung etwas zurück, wenn es zu Auseinandersetzungen kommt. Diese sind in diesen Wochen sicher nicht schwerwiegend, aber wenn Sie auch bei alltäglichen Gegebenheiten nachgiebig sind, hält man Sie für einen charmanten Zeitgenossen. Werden Sie ein »pflegeleichter« Kumpel und Sie werden bald erleben, wie gut das den anderen gefällt.

Vielleicht sind Sie der Ansicht, daß Ihre guten Ratschläge oder Ihre aktive Hilfe erwünscht sind. Haben Sie nicht längst erfahren, daß dies nur in ganz seltenen Fällen gut ankommt. Schon Kinder haben heute – oder war es schon immer so? – eine präzise Vorstellung von allem, was zu tun ist, und auch bei ihnen nimmt die eigene Meinung den ersten Platz ein. Auch wenn dieses Verhalten tausend Irrtümer einschließt, Sie werden daran kaum etwas ändern. Nach den ersten zehn Tagen kommt die Liebe mit Ihren Ansprüchen und macht alle Zypresse-Leute darauf aufmerksam, daß es Mai ist und daß es seit urdenklichen Zeiten der Brauch ist, in diesem Monat nicht nur daran zu denken, daß sie eine der angenehmsten Einrichtungen im menschlichen Leben ist. Mit den ihr zur Verfügung stehenden Möglichkeiten macht sie die verbleibenden Maiwochen zum Wonnemonat. Es wird für alle Zypresse-Leute, ob Mann oder Frau, wieder wichtig, Liebe zu geben und zu empfangen. Im Zusammensein mit einem geliebten Wesen blühen sie wieder richtig auf. Den Zypresse-Damen, im Februar geboren, muß empfohlen werden, das Kind nicht mit dem Bad auszuschütten. Übertriebene Bereitschaft, sich liebevoll zu zeigen, ist kein bewährtes Rezept. Haben Sie einen Überschuß an Liebesbedürfnis, verwenden Sie diesen bei der Verschönerung Ihrer persönlichen Umgebung. Blumen auf den Tisch, frisch gewaschene Vorhänge, neue Kissen auf die Liege und mal eine andere Frisur, es sind tausend Dinge die das Leben schöner machen und von denen man persönlich wirklich etwas hat. Haus, Wohnung, Kleider, und die eigene Person – alles kann ein Flair haben, wenn man seine »Liebe« hineingibt.

Es zeigt sich eine Phase, in der sich Zypresse-Leute recht wohlfühlen. Anerkennung, auch Lob sind sehr erwünscht, und trotz der recht gut funktionierenden Nächstenliebe, die eigene Person ist immer noch das Wichtigste. Dieser Juni wird Ihnen in dieser Hinsicht nichts schuldig bleiben.

Zunächst macht sich vielleicht eine unterschwellige Nervosität bemerkbar, die von dem Element Wasser heraufbeschworen wird, das den Zypresse-Geborenen so ab und zu etwas mehr Betriebsamkeit einbringt, als ihnen lieb ist. Ist das jetzt der Fall, gönnen Sie sich einen etwas gemächlicheren Monatsanfang. Arbeit, die jetzt liegenbleibt, oder Freunde, die auf Ihre Gesellschaft verzichten müssen, das alles ist bald wieder aktuell. Am Monatsanfang ist es besser, Sie sorgen zunächst für sich, für Ihr inneres Gleichgewicht, Ihr psychisches Wohlbehagen. Ist der 10. Juni gekommen, zeigen sich für wissenschaftliche Berufe Pluspunkte. Augenblickserlebnisse sorgen für völlig neue Ideen, die bald ein reales Gesicht bekommen, wenn Sie ausgeruht sind und die Nervosität in den Griff bekommen haben.

Auch im Bereich Liebe kann sich Überraschendes ergeben. Sie sollten sich aber keine Sorgen machen, wenn hier verschiedenes auf ein Abenteuer hinausläuft. Was sich in diesen Juniwochen auf dem Sektor Liebe ereignet, hat ein gewisses Format.

In der dritten Woche kommt zusätzliche Lebhaftigkeit in Ihr Leben. Möglich ist, daß sich in einigen Fällen eine totale Veränderung ergibt, soweit das persönliche Umfeld in Betracht gezogen wird. Führt das zu einer Trennung von einem liebgewordenen Menschen, müssen Sie bewußt vorsichtig sein. Zypresse-Leute, im Sommer geboren, können unter einer Trennung sehr leiden, auch dann, wenn sie unbedingt erforderlich war. Bei jüngeren Jahrgängen könnte auch eine Freundschaft in die Brüche gehen. Dies kann viele Gründe haben und wird nicht ohne schmerzliches Empfinden vorübergehen. Mit derartigen unangenehmen Erfahrungen kommt man schwer zurecht. Suchen Sie sich eine Beschäftigung in Ihrer Freizeit, die Ihnen Spaß macht, oder wie wäre es mit einem Wochenendaufenthalt irgendwo, wo es Ihnen gefällt, wo Sie vielleicht auch Kontakt mit netten Menschen haben.

Es wird nicht alles zufriedenstellend sein. Da es jedoch im Privatleben keinen Kummer gibt, macht Ihnen das zunächst wenig Sorgen. Zypresse-Männer können sich von ihrer besten Seite zeigen, und die Damen sind besonders bemüht, ihr Äußeres auf den besten Stand zu bringen.

Unter Freunden fühlt man sich besonders wohl, und kleine Differenzen, die noch vor kurzer Zeit für schlechte Laune verantwortlich waren, sind völlig vergessen. In einzelnen Fällen können Zypresse-Leute sogar sagen, sie seien restlos zufrieden.

Trotzdem, im Beruf müssen alle Pflichten gewissenhaft erledigt werden, auch wenn der Chef nicht jeden Tag Sie besonders darauf aufmerksam macht. Unterstützen Sie Ihren lobenswerten Arbeitsgeist auch mit einem besonders gepflegten Aussehen. Beides zusammen macht Sie unschlagbar. Auch wenn das bei einigen Mitarbeitern Unruhe auslöst, lassen Sie sich nicht beirren, Tüchtigkeit und eine gute Erscheinung stehen keinesfalls im Widerspruch. Lassen Sie die Tendenz, die sich im persönlichen Leben so gut bewährt hat, auch im Berufsleben wirksam werden. Es wird alles ganz einfach, wenn man ein freundliches Gesicht aufsetzt. Kein Mensch fragt danach, ob das freundliche Gesicht auch Ihrer inneren Verfassung entspricht. Psychologen haben längst festgestellt, daß eine heitere Miene, ein freundliches Lächeln und angenehmer Umgangston auch die eigene Seele aufbauen. Versuchen Sie es also mit »keep smiling«. Es bringt was.

Das Element Erde, die beste elementare Kraft für den Beruf, bekommt einen besonderen Stellenwert zugesprochen, wenn die zweite Julihälfte beginnt.

Was Sie jetzt neu planen oder an Verbesserungen vorhaben, bekommt einen festen Boden. Sie dürfen sich ruhig etwas zutrauen, auch wenn von verschiedenen Seiten harte Kritik geübt wird. Sie wollen viel erreichen, das ist nicht möglich, wenn Sie mit der Masse schwimmen. Eine gesunde Portion Egoismus und ein etwas draufgängerischer Mut sind notwendig, um sich Sonderlorbeeren zu verdienen. Persönliche Wünsche, die den Bereich Liebe tangieren, müssen noch im gewohnten Rahmen bleiben.

Nur an den ersten Tagen muß mit kleineren Hindernissen gerechnet werden. Auch wirkliche Probleme lassen sich leicht bewältigen, und am 13. ist der ganze Spuk schon vorbei. Keine Unannehmlichkeiten sind im häuslichen Bereich zu erwarten. Steht dann gar noch Ihr Jahresurlaub ins Haus, dürfte sich nur noch Freude an allen Ecken und Enden zeigen.

Ist der August aber nicht Ihr Urlaubsmonat, sind Sie an den Arbeitsplatz gebunden, wird diese Hochsommerzeit auch hier ganz zufriedenstellend sein. Es geschieht genug, das Sie bei Laune hält.

Melden sich neue Pläne an, die Ihren privaten Bereich betreffen, gehen Sie Schritt für Schritt diesen neuen Weg. Die kosmischen Energien mit denen Zypresse-Leute jetzt zu rechnen haben, sind ziemlich neutral. Nur die magnetische Kraft des Mondes hat zunehmende Energie, deshalb wird die Gefühlswelt bei allem, was sie unternehmen, ein Mitspracherecht haben wollen. Mit gravierenden Veränderungen sollte man deshalb vorsichtig sein. Zu schnell ist man bereit, dies und das als schön und angenehm zu empfinden, wenn man nur das Gemüt zu Worte kommen läßt.

Geben Sie also in diesem Monat keine Freundschaft auf. Neue Möglichkeiten gibt es sicher genug, doch was sich einigermaßen bewährt hat, darf nicht wegen einer momentanen Laune aufgegeben werden.

In Ehegemeinschaften macht sich diese Tendenz noch intensiver bemerkbar. Haben Sie hier schon lange auf zärtliche oder versöhnliche Worte gewartet, jetzt könnte sich vieles wieder ergeben. Zusätzliche Gelegenheiten, das Leben von der heiteren Seite zu sehen, sind beim freundschaftlichen Umgang mit Kollegen gegeben.

Beginnt am 23. schon die Herbstphase sich anzumelden, bekommen die Sonderlinge unter den Sommer-Zypressen Gelegenheit, endlich einmal so richtig aus sich herauszugehen. Die verträumte Art macht einer realitätsbezogenen Einstellung Platz, und damit wird die Zaghaftigkeit völlig von Ihnen abfallen.

Betrachten Sie also den ganz gewöhnlichen Alltag einmal als eine unbeschwerte, heitere Angelegenheit, dann haben Sie die Gewähr, daß ein guter Herbst vor Ihnen liegt.

Eine etwas verfahrene Angelegenheit mit der Familie muß gelöst werden, um diesen Herbst so zu genießen, wie es die kosmischen Werte versprechen. Zypresse-Damen fehlt es ja nie an Fingerspitzengefühl. Versuchen Sie es damit, auch wenn es momentan Ihrer Verfassung nicht entspricht. Kleinbeigeben ist sicher nicht leicht, aber im Moment das beste, was Ihnen einfallen kann.

Im Arbeitsbereich läuft alles den gewohnten Gang. Können Sie der hektischen Betriebsamkeit nicht ausweichen, sollten Sie mit und nicht gegen den Strom schwimmen. Deshalb muß überlegtes Planen und gutes Einteilen nicht vergessen werden.

Manche Zypresse-Damen träumen davon, daß der endgültige Schlußstrich noch nicht unter den Sommer gezogen ist und deshalb noch einige typische Sommervergnügen Spaß machen würden. Dieser September hat zwar maskulinen Charakter, aber das heißt nicht, daß das Gefühlsleben auf Eis gelegt werden muß. Der Herzallerliebste – oder wenn es einen solchen nicht gibt – Freunde sind nach wie vor bester Laune und für jeden Spaß zu haben.

Fröhlich, bunt und unbeschwert werden einige Tage dieses Septembers ganz besonders deshalb, weil Ihnen jeglicher Ehrgeiz fehlt, besondere Glanzleistungen im Beruf zu zeigen. Fast zu glatt verlaufen die Tage zwischen dem 10. und 16. September. Etwas weniger Arglosigkeit wäre vielleicht angebracht, wenn es um Ihre Gesundheit geht. Sicher sind keine drastischen Dinge zu befürchten, doch so ein bißchen für das körperliche Wohlbefinden zu sorgen, wäre empfehlenswert.

Bei überraschenden Geldausgaben muß klug disponiert werden. Überziehen Sie Ihr Konto nicht dermaßen, daß der Konto-Auszug schlaflose Nächte macht.

Gibt es Vertragsangelegenheiten, die nur noch auf Ihre Unterschrift warten, lassen Sie sich damit Zeit, wenn verschiedenes nicht Ihren Vorstellungen entspricht. Das kann sicher bis Oktober warten, der dafür günstigere Bedingungen liefert. Es wird ein Monat, der nur die harte Realität schätzt und demzufolge auch die Zypressen hart im Nehmen macht.

Verlassen Sie bisher gegangene Wege, wenden Sie sich neuen Möglichkeiten, neuen Aufgaben zu. Ist das beruflich nicht möglich, im Freizeitsektor ist dafür bestimmt eine Chance. Sie beseitigen damit eine innere Unzufriedenheit. Bei Menschen, die ernsthaft an einer Kunstrichtung interessiert sind und sich bisher nur laienhaft damit abmühten, ist es ein Alarmzeichen, das meist nicht erkannt wird. Überprüfen Sie also alles, was Sie bisher als Hobby-Beschäftigung angesehen haben. Vielleicht gibt es deutliche Hinweise, daß einiges geändert werden müßte.

Erotische Wünsche, die sich wohl nur bei Februar-Zypressen melden, sind vielleicht die Folge von einer gewissen Ziellosigkeit, die des Gewohnten überdrüssig, sich neue Möglichkeiten sucht. Beschäftigen Sie sich gedanklich ruhig mit dem Außergewöhnlichen, auch wenn das letzten Endes nichts bringt, irgendwie verschafft es Ihnen eine klare Sicht über Wollen, Können oder Abstand nehmen.

Die Monatsmitte wartet mit einer Art kämpferischen Bereitschaft auf. Den kosmischen Energien entsprechend dürfte sich diese im Bereich Freundschaft recht offen zeigen. Einiges deutet darauf hin, daß sich hier ein Sinneswandel vollzieht. Sicher ist die Ursache noch nicht klar zu erkennen, aber ein bestimmtes Gefühl des Unbehagens zeigt Ihnen, daß irgend etwas so nicht in Ordnung ist. In Einzelfällen ist es auch möglich, daß man sich »nicht mehr riechen« kann. Auch wenn das Wieso und Warum nicht beantwortet werden kann, setzen Sie sich nicht über eine von Gefühlen bestimmte Verhaltensweise hinweg.

Positiv sind alle Bemühungen, die mit einem anderen Ort im Zusammenhang stehen. Dieser Hinweis kann auch so verstanden werden, daß sich ein Wochenende mit neuen Gesichtern und einer völlig neuen Umgebung günstig auf Ihre Stimmung auswirken würde.

Das Zusammensein mit der Familie zeigt keine Unebenheiten. Man erwartet von Ihnen jedoch kleine Zugeständnisse. Allein durch Ihre Anwesenheit machen Sie niemanden besonders glücklich, es muß schon etwas mehr sein.

Der Engpaß bei den Geldmitteln dürfte bis zur Monatsmitte ausgestanden sein. Eine Tatsache, die wieder Freude bei der Arbeit aufkommen läßt. Es ist der kosmische Wert Metall, der sagenhafte Pluspunkte in diesem Bereich einbringt. Sie können mit verschiedenen Vorgängen rechnen, die erfreuliche Veränderungen mit sich bringen. In einigen Fällen könnte die Verwandtschaft eine entscheidende Rolle spielen, wenn es um eine günstigere Finanzlage geht.

Beim Zusammenkommen mit diesem Personenkreis sollte Rücksicht auf ältere Leute ganz groß ins Auge gefaßt werden. Man hat sie sicher recht gerne, aber man hat auch seine eigenen Ansichten, die man respektiert haben will. Wird Ihre Geduld dabei auf eine harte Probe gestellt, so denken Sie in diesem besonderen Fall an Ihren Vorteil, den Sie sich ausrechnen können, wenn Sie »den Mund halten können«.

Haben Sie das gut hinter sich gebracht, wird nach dem 17. der Bereich für Liebe mit Nettigkeiten aufwarten. Das wird nicht nur Ihre Stimmung verbessern, sondern auch verschiedene andere Vorteile bringen. Will der Partner Sie aber restlos und ganz für sich beanspruchen, werden Sie das auf den kommenden Monat verschieben müssen. Dieser November besorgt zwar Harmonie und Eintracht, aber kein Aufgehen im Bereich Liebe.

Bekommen Sie Ärger in gerichtlichen Angelegenheiten, die Sie schon eine ziemliche Weile auf dem Hals hatten, wird nun diplomatisches Verhalten vielleicht einen Schritt weiterführen. Erklären Sie sich mit einigen Punkten einverstanden, dann können Sie sicher auf ein gewisses Maß an Verständnis rechnen. Es bleiben nur einige Tage in diesem November, um sich so zu verhalten, danach wird auch Ihre diplomatische Verhaltensweise sich nicht mehr erfolgreich zeigen.

Im weiteren Verlauf dieses Monats werden die Tage zusehends freundlicher, angenehmer, harmonischer. Erfreuliche Geschehnisse sind dann an der Tagesordnung. Ihre Kontakte zu angenehmen Menschen kommen Ihrem Bedürfnis, sich nicht einsam zu fühlen, sehr entgegen. Endlich können Sie sich wieder an kleinen und kleinsten Aufmerksamkeiten freuen.

Die letzten Wochen dieses Jahres werden Ihnen beweisen, wie auch ganz gewöhnliche Wochentage in Bewegung geraten können. Bei Leuten in abhängigen Arbeitsverhältnissen wird dies weniger ins Auge fallen als bei den Freiberuflichen. Doch wie die einzelnen Zeichen auch gesetzt sein mögen, kein Wirbel und kein Alltagsstreß wird Ihrer ausgezeichneten Allgemeinverfassung zusetzen. Mit Kollegen ist man sich einig, das Bedürfnis nach Frieden und Verständnis macht jeden zum gefügigen Zeitgenossen.

Die Situation in der Familie, bisher sicher nicht optimal ausgeglichen, verbessert sich nach dem 16. auffallend. Man ist plötzlich wieder entgegenkommend und kompromißbereit. Machen Sie mit, fügen Sie sich in diese »weihnachtliche« Harmonie. Niemand will Sie ausnützen, niemand will Ihnen irgend etwas streitig machen. Verschiedene Familienmitglieder sind sogar bereit, Ihnen einiges abzubitten. Großzügig, wie Zypressen sein können, legen Sie darauf keinen besonderen Wert. Trotzdem, man weiß, daß ein angenehmes Zusammensein, zumindest für die nächste Zeit, garantiert ist.

Die vor Ihnen liegenden freien Tage eignen sich vorzüglich zum Entspannen. Lassen Sie sich etwas Besonderes einfallen. Es müssen keine Luxusgeschenke sein, die Ihre Laune heben, nur mal ganz einfach in den Tag hineinleben, die Ruhe und das Nichtstun genießen und sich ab und zu etwas gönnen, was das Essen wieder zum Vergnügen macht. Es sind besonders die Zypresse-Damen der Sommer-Dekade, die ein besonderes Talent dafür haben. Vorsicht ist nur anzuraten, wenn Sie in einer zunehmenden Mondphase geboren sind. Märchenhafte Träume im Zusammenhang mit Liebeserlebnissen werden kaum erfüllt. Lernen Sie das Altbewährte schätzen, und schlagen Sie alle Versuchungen aus, Sie könnten sich ganz schön in die Nesseln setzen. Alles, was in dieser Richtung geschieht, ist den letzten Versuchen dieses Jahres zuzuschreiben, dem Lebensschiffchen noch einmal eine rasante Fahrt zuzumuten.

Venus zusammen mit Mars geben ein Gespann ab, das in Liebesangelegenheiten immer für Bewegung und Temperament sorgt. Wundern Sie sich nicht, wenn dies in den letzten Tagen des Jahres der Fall ist.

Pappel 1997

4.2.–8.2. / 1.5.–14.5. / 5.8.–13.8.

Es ist ein Baumsymbol das dreimal erscheint, damit das Gleichgewicht der kosmischen Ordnung nicht gestört wird, wie das bei unserem Februar mit seinen 28 Tagen in ähnlicherweise gehandhabt wird.

Eine erdverbundene Verhaltensweise ist allen drei Dekaden mitgegeben und tendiert bei der Februar-Dekade in das Element Luft und im Bereich der August-Geborenen in die elementare Kraft Feuer.

In manchen Entwicklungsstadien wird von den kosmischen Energien bei allen dreien eine frühlingshafte Aufbruchstimmung vermittelt. Alle Erlebnisse werden bildhaft gespeichert, Farbeindrücke spielen dabei keine kleine Rolle. Es ist also nicht weiter verwunderlich, wenn ein häufig durchbrechender Enthusiasmus sich dem gesamten Umfeld mitteilt, ob das gehört werden will oder nicht.

Die Sicherstellung des erworbenen Besitzes und das Bestreben, weiteres, wertbeständiges Eigentum zu erwirtschaften, ist Ziel des ständigen Bemühens. Umsicht und Ruhe sind dabei das wichtigste Gebot, Kraft und Energie werden erst in zweiter Linie eingesetzt.

Diese statische Ruhe ist jeder Dekade mitgegeben, wobei das Abwartenkönnen für die Mai-Dekade, das genau kalkulierte Verhalten für die Februar-Geborenen und eine sympathische Offenheit der August-Leute besondere Pluspunkte sind.

In der Liebe kann man in Grenzen sentimental werden. Über Genußfähigkeit wird freudig verfügt und ebenso über die besondere Anziehungskraft beim anderen Geschlecht.

Die Liebe zur Musik und die Liebe zur Natur sind häufig Mittel zum Zweck. Die August-Pappeln haben noch einen Zusatzpassus im Programm: Sie haben eine besondere Vorliebe für alles, was mit der Bezeichnung Luxus in Zusammenhang steht.

Pappel-Damen sollten schon gleich zum Jahresbeginn versuchen, die Überempfindlichkeit im Umgang mit dem Ehemann, dem Partner, aber auch mit der übrigen Familie abzulegen. Schnell hingeworfene harte Worte sind meist vom hektischen Alltagsgeschehen verursacht, das darf man nicht tragisch nehmen. Die Mühsal eines grauen Alltags hängt Ihnen wie ein Klotz am Bein, wenn Sie sich einen Partner zulegen, der Sie zu empfindlich gegen unbeabsichtigte menschliche Schwächen werden läßt.

Schon bald zeigen sich erste Lichtblicke. Der Liebesbereich wird davon am meisten profitieren. Man macht Ihnen Komplimente, man macht gute Vorschläge, um das Zusammensein netter und unterhaltsamer zu gestalten. Die Liebe wird also reizvoller und bekommt neuen Auftrieb. Kritische Einflüsse sind allerdings auch vorhanden, die sich aber im allgemeinen Bereich zeigen.

Nach dem 12. ruft die berufliche Pflicht zu vollem Einsatz. Zunächst sollte der Umgang mit Kollegen und Kolleginnen aufpoliert werden. Nur wenn hier die Stimmung angenehm ist, kann sich Freude an der Arbeit entwickeln.

Finanzielle Probleme sind nicht ausgeschlossen. Das ist jedoch im Moment kein Grund zu verzweifeln. 1997 bringt für Sie nur vorübergehend leere Kassen.

Kritik an Familienmitgliedern lassen Sie besser weg, auch wenn sie berechtigt wäre. Zurückhaltung genügt, um »Gegner« verstummen zu lassen. Mit überlegener Haltung können Sie sich ausgezeichnet behaupten. Gut wäre es, jetzt etwas für das Wohlbefinden zu tun. Es wird ein ziemlich bewegtes Jahr, bringen Sie sich also auf Vordermann. Lassen Sie sich in einem Schönheitssalon verwöhnen, meine Damen, gehen Sie ab und zu in die Sauna, meine Herren, der eigene Körper ist dankbar für jede Zuwendung.

War einiges bisher noch nicht so ganz nach Ihren Wünschen, jetzt entwickelt sich eine gute Phase. Sie fühlen sich weder am Arbeitsplatz noch zu Hause bei den Lieben eingeschränkt oder mißverstanden. Freude an den vielen netten kleinen Dingen des Lebens ist wohltuend. Unterstützen Sie diese Vorgänge noch durch eigenes Bemühen. Wer sich an nebensächlichen Pluspunkten, die jeder Alltag zu bieten hat, noch freuen kann, sorgt für ein optimales Wohlbefinden.

Eine gute Mondphase, die vielen Pappel-Leuten der Mai-Dekade Wohlbehagen verschafft, heizt seelische Impulse an. Besonders die schöpferisch tätigen Pappeln können daraus Gewinn ziehen.

Werden diese Februartage dazu genützt, sich neue Ideen, neue Pläne für den Beruf zu erarbeiten, wird dies für das ganze übrige Jahr von Vorteil sein. Physische Unlust darf kein Hindernis sein, um unbequeme Arbeiten abzulehnen.

Meinungsverschiedenheiten in der Familie werden durch Ihr waches Unterbewußtsein weitgehend vermieden. Bei den am Tag geborenen Pappel-Leuten könnte sich in einzelnen Fällen tiefer Friede einstellen.

Im Umgang mit Freunden hat dies besonderen Vorteil. Gemeinsame Interessen, gemeinsame Unternehmungen schaffen Harmonie und Zufriedenheit. Sind noch irgendwo kleine Ecken und Kanten vorhanden, werden sie nach dem 21. restlos abgeschliffen sein. Ihre versöhnliche Stimmung setzt zusätzliche Kraft frei, die Ihnen manchen Weg ebnen, der bisher holprig und mühsam war. Die Anerkennung Ihrer Leistungen und Ihre freundliche Verhaltensweise wird auch von vorgesetzter Stelle nicht ausbleiben. Der Chef, sonst unnahbar und höchst kritisch, zeigt sich freundlich und bereit, auch Gehaltsfragen mit Ihnen zu erörtern.

Für viele Pappel-Leute dürfte dies ein Bilderbuch-Monat werden. Die jeden Tag zu erwartenden Pluspunkte dürfen nicht übersehen werden. Es sind nämlich keine großen, überdimensionalen Freuden zu erwarten. Man sollte lernen, schon beim Lied einer Amsel froh zu sein oder einen eben erblühten sonnengelben Forsythienstrauch bewußt zu sehen. Stadtgärtner sorgen dafür, daß heute überall diese Möglichkeit gegeben ist. Versuchen Sie dann noch eine innere Verschlossenheit abzulegen, werden Ihnen überall die Türen offenstehen.

Gesprächspartner, bisher ziemlich schwierig, sind nun mühelos zu überzeugen. Dabei ist es völlig egal, ob es sich um die liebe Familie oder den Berufsbereich handelt. Bei Aussprache oder Absprache werden Sie sich durchsetzen, ohne unangenehm zu werden.

Pappel-Damen haben Mitte des Monats mit Nervosität zu rechnen, die sich bei den April-Geborenen als Launenhaftigkeit zeigen könnte. Meist äußert sich dies in wenig liebevollem Umgang mit Freunden und Bekannten. Sie werden schnell begreifen, daß diese typische Frühjahrserscheinung aus dem Umbruch der Jahreszeit resultiert, trotzdem kann das erhebliche Nachteile einbringen. Die tägliche Arbeit wird zur Last, und damit beginnt ein ganzer Rattenschwanz von Unannehmlichkeiten. Wenn Sie die kleinste Störung in Ihrem inneren Gleichgewicht spüren, muß ganz bewußt dagegen angegangen werden. Lenken Sie sich ab. Tun Sie das, was Ihnen am meisten Spaß macht, und schon wird die Sache besser.

In der zweiten Monatshälfte ist für Schwung und Auftrieb gesorgt. Viele neue Eindrücke, viele neue Menschen werden diese Märztage verschönern. Die Familie, die nächsten Freunde zeigen ein heiteres Lächeln, das Aufeinander-eingestimmt-Sein ist wohltuend. Alle kommen Ihnen auffallend liebenswürdig entgegen. Sie haben eine relativ gute Zeit.

Es ist der Energie der Pappel zuzuschreiben, die in diesem Jahr für originelle Pläne und noch originellere Lösungen sorgt. Es werden Chancen in diesen Aprilwochen gegeben, die man als spontane Überraschungen bezeichnen kann. Darunter wäre auch die einer unerwarteten Gehaltserhöhung. Es könnte sich jedoch auch um eine neue Geldquelle handeln, die sich durch außerberufliche Bemühungen ergibt.

Ein wunderbarer Ausgleich innerhalb der jetzt dominierenden kosmischen Zeichen findet statt. Obwohl für einige Pappel-Leute der Herbst die ideale Jahreszeit ist, wird nun ausnahmsweise in diesem Frühjahr eine glückliche Phase einsetzen.

Haben Sie sich im angestammten Arbeitsgebiet noch etwas mühsam durch den März gequält? Ist Ihnen die Pflichterfüllung manchmal ziemlich sauer geworden? Ging alles zu mühsam über die Runden? Das alles hat in diesen Apriltagen keine Bedeutung mehr. Es gibt neue Impulse, die dafür sorgen, daß in jedem Tag zumindest einmal die Sonne lacht.

Vieles kommt in Bewegung, über Langeweile werden Sie nicht zu klagen haben. Das Jahr 1997 ruft nun ganz entschieden dazu auf, sich selbst zum Gestalter seines Lebens zu machen.

Bietet sich eine Ortsveränderung an, sollte zunächst gründlich geprüft werden, mit welchen Leuten Sie es zu tun bekommen und ob diese einigermaßen Ihren Vorstellungen entsprechen. Lassen Sie sich also Zeit mit gravierenden Veränderungen. Sagen Sie nicht zu, bevor die zu erwartenden Verhältnisse und Umstände mit Ihren Vorstellungen und Wünschen zu koordinieren sind.

Die letzten Tage sind der Liebe und ihren Gefühlen vorbehalten. Leidenschaftlichkeit könnte aufkommen, lassen Sie diesen ungewöhnlichen Einflüssen Spielraum. Gegen tiefe Empfindungen sollten sich Pappel-Leute nie wehren, da diese Gefühle Seltenheitswert besitzen. Und was Seltenheitswert hat, ist immer als kostbar zu bezeichnen.

Es sind ereignisreiche Wochen, die jetzt auf Sie zukommen und die dem Naturell der Pappel, die den Glanz liebt und auch dem Feuer nicht abgeneigt ist, sehr entgegenkommt.

Emotionales Verhalten macht sich bemerkbar. Keine Sorge, ganz ohne eine gewisse Aufmüpfigkeit wäre das menschliche Leben eine lauwarme Suppe. Ohne Emotionen ist keine Leidenschaft denkbar, nicht in der Liebe und nicht, wenn es darum geht, eine außergewöhnliche Idee durchzusetzen.

Nützen Sie diesen Mai, um Verschiedenes, das Ihnen schon lange am Herzen liegt, durchzuführen. Was Sie jetzt in Bewegung setzen, entspricht nicht nur den kosmischen Tendenzen, sondern auch Ihrem angeborenen Lebensrhythmus. Einladungen, Besprechungen, auch finanzielle Absprachen spielen dabei keine unerhebliche Rolle. Viel Erfreuliches kann für Sie herausspringen.

Der Frühlingspunkt ist bereits überschritten, und damit hat der elementare Wert Metall, eine dominierende Energie, bereits den Weg voller Entfaltung angetreten. Nehmen Sie, liebe Pappeln, die jetzt auf Sie zukommende Zeit so wichtig, wie es ihr gebührt. Es werden Weichen gestellt, die einer höchst erfreulichen Zukunft den Weg frei machen. Jede Entwicklung, die Sie anstreben, auch wenn Freunde oder die Familie dies als unmöglich bezeichnen, ist als ausgezeichnet zu bewerten. Hinein also ins volle Menschenleben, nicht zögern, nicht zaudern, wenn reifliche Überlegung und das Vertrauen auf die eigene Tüchtigkeit Sie sicher gemacht haben.

Der kosmische Rhythmus, der nichts anderes ist als die wechselseitige Beziehung zwischen Himmel und Erde und damit die Ordnung des Universums darstellt, hat in diesen Maiwochen deutlichen Einfluß auf Ihr Leben. Es ist ein Geschenk des Himmels und sollte beachtet und ausgewertet werden.

Die Liebe, das wetterwendischste Ding unter unserem Himmel, bekommt feste Umrisse und deutliche Konturen, Pappel-Damen glänzen mit umwerfendem Charme, und manche Pappel-Männer werden zu unwiderstehlichen Liebhabern.

Maskuline und feminine Werte aus dem kosmischen Bereich schaffen eine ausgewogene Balance. Was jetzt in die Wege geleitet wird, hat Bestand und ist von Dauer, wovon die Liebe besonders profitiert. Bisher locker gehandhabte Beziehungen lassen sich festigen. Alle Pappeln, ob im Winter oder Sommer geboren, zeigen eine erstaunliche Unternehmungslust. Neue Bekanntschaften entwickeln sich zu festen Freundschaften, und interessante Einladungen holen Sie aus dem Alltagstrott. Lehnen Sie nicht ab, auch wenn ab und zu die Lust fehlt oder wenn Zweifel aufkommen, daß Sie des Guten vielleicht zuviel tun. Mit menschlichen Schwächen wird man immer konfrontiert. Was macht es schon, wenn sich eine Party zur Pleite auswächst? Erfahrungen, die man in einem solchen Fall macht, müssen sein. Man muß lernen, auch Negatives zu akzeptieren.

Am Arbeitsplatz ist mit kleinen Differenzen zu rechnen. Wo gehobelt wird, fallen Späne. Besser es wird gehobelt, als daß der Alltag sich mühsam über die Runden schleppt.

Bei Vorgängen, die die Finanzen betreffen, sollte man ein offenes Ohr und ein waches Auge haben. Lassen Sie sich jetzt keine Entscheidung aufdrängen, lassen Sie sich nicht beschwatzen.

Gönnen Sie in den letzten Tagen Ihrem physischen Befinden zusätzliche Aufmerksamkeit. Eine ausgedehnte Verschnaufpause dürfte nach belebten Tagen fällig sein. Gehen Sie kein Risiko ein. Pappel-Leute sind zwar robust, aber manches hinterläßt doch Spuren. Machen Sie sich fit für die zweite Hälfte dieses Jahres.

Zunächst sind ruhigere Tage vorgesehen. Vorsicht also, Übertreibungen irgendwelcher Art, ob in der Familie oder im Beruf bekommen keine Unterstützung von den »himmlischen Zeichen«. Halten Sie sich an die goldene Mitte bei allen Handlungen und Entscheidungen.

Regelrechte Behinderungen dürften sich in handwerklichen Berufen ergeben. Auch Verletzungen oder Unfälle sind hier nicht ausgeschlossen. Weder sollte deshalb die Laune auf den Nullpunkt sinken, noch einige Tage völlig lustlos verbracht werden. Etwas mehr Ruhe, ein bißchen mehr Vorsicht – und schon sind problematische Situationen nicht mehr zum Verzweifeln.

Sticht bei dem Thema Liebe der Hafer, wird es nicht schaden, sich darauf zu besinnen, daß der ureigenste Zug jeder Pappel die Treue ist. Treue zu sich selbst, zu den Dingen und auch zu dem Menschen, den man in sein Herz geschlossen hat. Gelegentlich aufkommende Gelüste sind Einflüssen zuzuschreiben, die allesamt nur vorübergehend Ihre Sinne in Anspruch nehmen. Wird es Ihnen dabei zu ungemütlich, schaffen Sie sich Abstand, fahren Sie übers Wochenende weg. Haben Sie Mut zum absoluten Faulenzen, und pflegen Sie Entspannung, mit anderen Worten: Lassen Sie sich einmal richtig gehen. Klar, daß damit die Liebe nicht gerade auf dem Abstellgleis landet. Wenn es denn sein muß, schauen Sie ihr ins Gesicht, lassen Sie sich mit ihr ein, sie kann Tage vergolden und Nächte verzaubern.

Pappel-Männer, soweit sie am Tag geboren sind, können der Begegnung mit einer schönen und reizvollen Evastochter unbesorgt ins Auge sehen. Gefühle statt Machomanieren kommen gut an.

Sie werden sich in Ihrer Haut endlich mal wieder so richtig wohl fühlen. Die Veränderungen, wie sie für viele von Ihnen bereit gestanden haben, sind weder bequem noch wünschenswert, auch wenn sich durchaus letzten Endes verbesserte Situationen ergeben.

Langsam pendelt sich in Ihrem Inneren wieder alles auf ein schönes Gleichgewicht ein, das Sie für die Fügung eines gütigen Schicksals in die Wiege gelegt bekamen. Nach den Wirren des Vormonats gilt Ihr Interesse verständlicherweise der Zukunft, die sich je nach der Intensität der Ereignisse in einem völlig anderen Licht zeigt. Doch der August hat zunächst etwas anderes mit Ihnen vor: »Dolce far niente« heißt die Devise! Fassen Sie dies als die Ruhe nach dem Sturm auf. Alles an und in Ihnen wird für diese Erholung dankbar sein.

Innerhalb der Verwandtschaft gibt es eine Verständigung, die Sie sich schon lange in diesem Ausmaß gewünscht haben und um die Sie sich bisher vergeblich bemühten. Vieles löst sich, Sie finden in diesem Kreis wieder das, was für Pappeln so unumgänglich notwendig ist: Friede, Frohsinn, Ungezwungenheit und Großmut.

Im Privatbereich sind etliche Dinge nicht so, wie bisher gewohnt. Da jedoch alle für Sie geltenden Zeichen eine ausgewogene Anordnung aufweisen, ist nicht zu befürchten, das Ihnen Unbehagen einbringen könnte.

Der Zeitabschnitt vom 17. bis 27. wäre besonders geeignet, sich geistigen Arbeiten zu verschreiben. Gibt es Pappel-Leute, die von ihren Ideen leben, könnte sich eine berufliche Karriere anbahnen. Trifft dies für Sie zu, so feilen und basteln Sie an neuen Erkenntnissen, an ungewohnten Gedanken, es wird nicht Ihr Nachteil sein. Nur alles, was nach stereotyper Arbeit aussieht, sollte und darf liegenblieben.

Etliche Fragezeichen dürften vorhanden sein, wenn Veränderungen im Wohnbereich angestrebt werden. Zu viele Punkte müssen berücksichtigt werden, um von heute auf morgen eine zufriedenstellende Lösung zu finden.

Es herrscht keine Funkstille, wenn es um Liebesangelegenheiten geht. Neue Bekanntschaften eröffnen neue Möglichkeiten. Da sich in einigen Fällen damit auch geschäftliche Chancen ergeben können, wird eine Entscheidung nicht leichtfallen. Allzu großes Mißtrauen ist nicht angebracht, niemals wird es sich um fragwürdige Leute handeln, die Probleme liegen woanders.

Im Elternhaus ist es jetzt ihre Sache, eine neue Vertrauensbasis zu schaffen, um Rat und Hilfe zu bekommen. Ihre kritische Einstellung, Ihre Neigung, hier alles auf die Goldwaage zu legen, wird es Ihnen nicht leicht machen, den entscheidenden Schritt zu tun. Dieser unerklärliche Hang, eine Antistellung einzunehmen, entspringt sicher nicht einer inneren Unzufriedenheit, sondern dem Bewußtsein, von sich aus alles zu geben und dafür nicht das entsprechende Echo zu finden. Es ist wieder die »Mimose«, die bei den Pappeln zum Vorschein kommt. Doch damit muß man leben. Man muß sich eben etwas einfallen lassen. Sicher nicht leicht, aber bei dem analytischen Verstand der Pappel-Leute erreichbar.

Ungeachtete Möglichkeiten im Finanzbereich und positive Ergebnisse sind zu erwarten. Etwas Mut zur Überwindung einer gewissen Scheu ist notwendig. Halten Sie sich ein angestrebtes Ziel deutlich vor Augen; wenn es nur über Geld zu erreichen ist, wird auch dies zu managen sein.

Gute Beziehungen sollte man ausnützen. Es fällt Ihnen gewiß keine Perle aus der Krone, wenn Sie einmal etwas nicht nur sich selbst zu verdanken haben. Alles, was einem großartigen Fortkommen dienlich ist, sollte dankbar angenommen werden. Bei den Damen liegt hier allerdings ein weiteres Hindernis im Wege. Bei einer Liebesaffäre werden wohl einige Überlegungen auftauchen.

Wenn dieser ganze Komplex nicht zu sehr Ihrem angeborenen Naturell zuwiderläuft, sollte auch diese aufgezeigte Möglichkeit nicht ausgeklammert werden. »Hannoi soit aui mal y pense!« ist die Devise des englischen Hosenbandordens (zu deutsch: Ein Schelm, der Arges dabei denkt).

Die Einflüsse sind ziemlich unverändert, doch etwas mehr Härte und Durchsetzungswille wird Ihre Verhaltensweise bestimmen. Der persönliche, der private Bereich und die berufliche Ebene werden dabei ihren Teil abbekommen. Mit dem Geld wird es kaum Sorgen geben. Entweder haben sich die Pappeln entsprechend ihrer Veranlagung mit den sparsam zur Verfügung stehenden Mitteln arrangiert, oder gütige Götter haben die Spendierhosen an!

Unabhängigkeitsbestrebungen erfassen im besonderen Maße die Männer der Mai-Dekade. Nehmen Sie Ihr Fingerspitzengefühl zu Hilfe, wenn es soweit kommen sollte. Bauen Sie derartige Pläne ruhig weiter aus. Sind es gravierende Veränderungen, halten Sie sich ran. Derartige Vorhaben müssen noch in diesem Jahr durchgezogen werden; das kommende Jahr wird Erfolg nur in vereinzelten Fällen ermöglichen. Die männlichen Pappeln sind darüber hinaus auch im emotionalen Bereich von einer auffälligen Tendenz beschattet. Ein merkwürdiger Besitzwille macht sich im Liebesbereich bemerkbar. Hier kommt es ganz auf den Partner an, ob die Sache gut geht. Es wird nicht lange dauern, bis Sie darüber Bescheid wissen.

Gehen Sie behutsam vor, wenn die Partnerin alles gibt, was man in einer glücklichen Zweierbeziehung erwarten kann, aber dem nun eintretenden Fall offene Abwehr entgegensetzt. Zeigt sich der Besitztrieb in grundloser Eifersucht, ist es allein Ihre Aufgabe, eine Änderung herbeizuführen.

Das korrekte Verhalten in allen Lebenslagen, daß sich bei vielen Pappeln mehr oder weniger stark zeigt, sollte ganz bewußt auf den normalen Stand gebracht werden. Der Gedanke, daß es nur widersinnige kosmische Einflüsse sind, denen man unterliegt, wird es leicht machen, sich zu wehren.

Widmen Sie sich in den letzten Wochen diesen Gedanken: Sie werden erkennen, daß auch eine kritische Phase nützlich sein kann. Was man als untragbare Härte des Schicksals angesehen hat, wird zu dem, was es tatsächlich ist, zum Auf und Ab eines Lebens, das beeinflußt ist von den unendlich vielfältigen Vorgängen um uns und in uns.

Alles wird in ein mildes Licht gerückt, sei es im Beruf, im Freundeskreis, oder in der Liebe. Alles, was Sie tun, bekommt wieder ein solides Gesicht. Man hat wieder seinen klaren Kopf, und das Umfeld funktioniert so, wie man es als angenehm empfindet. Jede vorhandene Möglichkeit wird aus einem optimistischen Blickwinkel beurteilt, und es ist sicher kein aufgepfropfter Optimismus, der bewußt zur Schau getragen wird.

Materielle Dinge haben immer noch einen großen Stellenwert, doch man ist nicht mehr darauf erpicht. Pappel-Leute leisten sich jetzt Gefühle, die sie auch offen zeigen.

Nach einer flüchtigen Übersicht kann man sagen, die Plackerei des ganzen Jahres hat sich gelohnt. Man konnte sich etablieren, und keine Pappel hat ohne das Wohlwollen verschiedener kosmischer Werte auskommen müssen.

Dieser November nun ist ganz typisch für das betonte Auftreten des Erd-Elementes. Man ruht sich schon ein wenig aus, obwohl das Jahresende noch nicht erreicht ist. Man ist zufrieden, man fühlt sich im Beruf sicher und weiß sich geborgen im Kreis der Familie. Endlich bekommt man etwas mehr Zeit, um sich einer geliebten Freizeitbeschäftigung zuzuwenden, sich auch um diese oder jene Nebensächlichkeit zu kümmern. Ohne daß Sie viel dazutun, erholen sich Ihre Nerven und Ruhe kommt in Ihre Seele. Das etwas dickere Fell, daß sich Pappeln im Verlauf vieler Wochen zulegen mußten, wird zur Dauereinrichtung.

Das sachliche Verhalten im Umgang mit dem Herzenspartner wird wärmer, inniger. Ein von Zuneigung und ausgesuchter Höflichkeit getragener Umgangston kommt nicht nur bei Ihrem Liebespartner, sondern auch im Kollegenbereich gut an. Tiefes, echtes Gefühl, wohl dosiert, ist die ideale Grundlage, um nie mehr quälenden Zweifeln ausgesetzt zu sein, irgend etwas falsch zu machen.

Noch ist das Jahr nicht zu Ende, dies zeigt sich auch deutlich bei den kosmischen Werten, die sich noch einmal mit allem, was sie an Energie zu verströmen haben, bemerkbar machen.

Sie sollten sich nicht wundern, wenn in den ersten beiden Wochen ein Berg Arbeit auf Sie wartet. Krempeln Sie die Ärmel hoch, beweisen Sie sich und anderen, daß man auch zum Jahresende noch etwas von Ihnen erwarten kann.

Erledigen Sie alles zuverlässig und mit besonderem Pflichtbewußtsein, aber enthalten Sie sich jeder Initiative. Ihre Umgebung sieht es nicht gerne, wenn Sie zu guter Letzt noch einmal mit revolutionären Ideen aufwarten. Zum jetzigen Zeitpunkt wird dies nur als Wichtigtuerei ausgelegt. Halten Sie sich an das, was man von Ihnen erwartet, so werden Sie selbst nicht überbeansprucht und Ihr Umfeld ist zufrieden. Anpassung ist ein Wort, das Bedeutung bekommen wird. Weihnachten steht vor der Tür; jeder, ob bewußt oder unbewußt, erstrebt inneren Frieden, inneren Ausgleich. Keine Pappel hat Mühe, sich dies vor Augen zu halten und demgemäß ihre Umgangsform auszurichten. Sind da und dort noch Nachwehen verschiedener Zwistigkeiten, versuchen Sie ein kleines Trostpflaster aufzulegen, das den letzten bitteren Geschmack wegnimmt.

Versöhnungsbereitschaft muß bis zur letzten Konsequenz im Familienbereich signalisiert werden. Hier kommt man mit wenig Mühe zu einem guten Ergebnis, wenn man die Neigung aller Mitglieder einkalkuliert, sich in Erwartung des Weihnachtsfestes besonders freundlich zu geben.

Warum sollte eine Zeit, die seit 2000 Jahren die Menschen versöhnlich stimmt, nicht auch im Jahre 1997 in dieser Weise genutzt werden? Der Zweck heiligt die Mittel, sagt man. Ideelle Werte auf den eigenen Vorteil umzumünzen ist keineswegs etwas Negatives. Schließlich will man damit nur das erreichen, was allen am Herzen liegt, ein gutes Einvernehmen mit allen Menschen. Nur beim Herzenspartner werden diese Überlegungen nicht notwendig sein. Er gibt Liebe, Sie empfangen Liebe, das genügt doch wohl!

Zeder 1997

9.2.–18.2. / 14.8.–23.8.

Die elementare Kraft Luft, die Leichtigkeit in der Lebensauffassung vermittelt und ständig wechselnde Tendenzen anzeigt, ist bei den Februar-Zedern nicht deutlich festzustellen. Dafür ist eine Neigung vorhanden, die sich mit Vorliebe mit geheimnisvollen und unerklärlichen Vorgängen befaßt. Es sind die Träumer unter den Zeder-Leuten, die sich zu Phantasten entwickeln können. Nur in Phasen ist dieser Trend offensichtlich, der sich meist in jugendlichen Jahren zeigt.

Die August-Dekade bekommt die Chance, sich nur für Tätigkeiten zu begeistern, die im künstlerischen Metier zu Hause sind. Eine negative Lebenseinstellung ist bei ihnen so gut wie ausgeschlossen.

Mit einmaliger Zähigkeit werden alle Erkenntnisse verteidigt, dabei werden auch Irrtümer nicht ausgenommen. Doch Irrtümer können ein tragisches Ende nehmen. Es ist also ratsam, nicht gar so sehr aktiv zu sein, sich nicht stets mit einer wahren Begeisterung ins volle Menschenleben zu stürzen und damit in Kauf zu nehmen, daß alle Warnungen unbeachtet bleiben. In derartigen Lebensabschnitten sollte ganz bewußt auf Sparflamme geschaltet werden. Nicht immer ist es eine gute Sache, sich überlegen zu fühlen und weder nach rechts noch links zu sehen.

In der Liebe scheint ein gewisses aggressives Verhalten vorherrschend zu sein. Wenn Vorzüge, die man beim Partner erwartet, überhaupt nicht vorhanden sind, ist das dem eigenen Verhalten zuzuschreiben. Es wäre sehr ratsam, sich darüber klarzuwerden, daß Zeder-Leute der zweiten Dekade nicht zu einer Gattung gehören, die immer die nackte Realität im Auge haben. Sie müssen begreifen lernen, daß der Mensch ein Geschöpf ist, das die unterschiedliche Art von Mann und Frau niemals auf einen gemeinsamen Nenner bringen kann. Da sich Zeder-Leute beider Dekaden nur zu gerne mit Gedanken beschäftigen, die über das heutige Verständnis hinausgehen, wird das nicht schwerfallen. Der Geselligkeitstrieb kommt dabei recht oft zu kurz. Man müßte über den eigenen Schatten springen, aber es ist die Frage, ob damit irgend jemandem geholfen ist.

Die vielen guten Vorsätze, sich dem Berufsleben intensiv zu widmen, können zunächst nicht durchgeführt werden. Der Beginn des neuen Jahres ist zunächst noch ziemlich ereignislos. Lassen Sie deshalb keine Unzufriedenheit aufkommen, wenn Sie gezwungen sind, die erste Woche dieses Monats fast völlig tatenlos zu bleiben. Es sind kosmische Kräfte wirksam, die ruhige Überlegung vermitteln und von temperamentvoller Initiative absolut nichts wissen wollen. Das ist kein Grund zur Beunruhigung. Genießen Sie diese paar Tage noch, das Jahr 1997 hat sicher noch etliches mit Ihnen vor, und es sieht ganz danach aus, daß einige Streß-Situationen auf Sie warten.

Vielleicht wäre es recht nützlich, wenn Sie sich im Kollegenbereich um ein gutes gegenseitiges Verständnis bemühen würden. Es gibt da sicher den einen oder anderen, den Sie nicht unbedingt als Freund bezeichnen können. Versuchen Sie, daß das anders wird, kommen Sie seiner Art ein wenig entgegen, zeigen Sie sich verständnisvoll. Jeder hat mit Schwierigkeiten zu kämpfen und hat Mühe, trotzdem ein freundliches Gesicht aufzusetzen. Sie hatten das Glück, in der zweiten Hälfte des Februars oder Mitte August geboren zu sein, und wurden mit positiven kosmischen Energien in ausreichender Menge versorgt.

Zeder-Damen, die sich im allgemeinen gern anspruchsvoll zeigen, sind gut beraten, wenn Sie sich im ersten Monat dieses Jahres etwas bescheidener geben. Niemand erwartet, daß sie Ihre angeborene Eigenart aufgeben, nur die stellaren Einflüsse sind im Moment nicht so, daß die persönlichen Eigenheiten ohne negative Resonanz bleiben.

Zeder-Männer, die zu den Genießern unter den verschiedenen Baum-Typen gehören, dürfen sich ungestraft dieser »Tugend« hingeben. Genießen Sie also nicht nur die ruhigeren Tage, sondern auch alles andere, was für Sie zu einem angenehmen Leben gehört.

Ruhe und Untätigkeit ist etwas, das einzig der Liebe Bewegung einbringt. Gedanken, Phantasien können sich entwickeln und kleine Besonderheiten, die Ihnen vielleicht einfallen, sind beim Partner oder der Partnerin willkommen.

Vieles läuft nun wie am Schnürchen. Sie haben sich durch Ihre Bemühungen im Vormonat sicher das Vertrauen der Mitarbeiter verdient, dies ist ein großer Vorteil, der sich auch bei Ihrem Allgemeinbefinden positiv auswirkt.

Sie verstehen es ganz ausgezeichnet, dort Ihren Charme einzusetzen, wo das nicht nur gut ankommt, sondern auch ausgezeichnete Ergebnisse bringt, die Ihrem beruflichen Vorwärtskommen Pluspunkte verschafft. Dieser Monat scheint sich auf den Bereich Arbeitsplatz spezialisiert zu haben. Zumindest bis zum 18. wird dies der Fall sein.

Lassen Sie die Familie und den Partner an dieser erfreulichen Entwicklung teilhaben. Damit sichern Sie sich vor allem das Interesse dieses Personenkreises, das sich dann nicht nur auf Alltägliches bezieht. Familiäre Bindungen und Partnerbeziehungen werden damit enger geknüpft, und dies ist immer noch eine unerhört wichtige Grundlage für ein ausgeglichenes Leben. Sehen Sie dies als Aufwärtstrend, der für das ganze Jahr richtungsweisend ist.

Große Chancen im Berufsleben werden noch etwas auf sich warten lassen. Doch das sichere Gefühl, das sich jetzt einstellt, daß Sie zu den Erfolgreichen zu zählen sind, macht Sie glücklich, auch wenn das große Glück noch nicht in greifbare Nähe gerückt ist.

Schon am Ende dieses Monats können Sie soweit sein, über Fehler Ihrer Mitmenschen zu lächeln. Niemand sollte annehmen, daß Ihre Gutmütigkeit einer gewissen Einfalt zuzuschreiben ist.

Bei der Freizeitbeschäftigung kommt Begeisterung auf. Sie beschäftigen sich nicht zu Unrecht mit dem Gedanken, daß daraus vielleicht sogar Geld zu machen wäre.

Die gute Tendenz dieses Februar macht sich natürlich auch im Liebesbereich bemerkbar. Sie verströmen Charme, Sie können zu jedem freundlich sein, es ist kein Wunder, daß die Liebe auch animiert wird. Sie zeigen sich als Naturtalent in Sachen Erotik und Zuneigung.

Gleich zu Beginn des Monats geben sich Zeder-Leute ungestüm, beinahe draufgängerisch. Etwas mehr Zurückhaltung wäre den Zeder-Damen zu empfehlen. Kolleginnen sind nicht begeistert, wenn Sie Ihren Charme gar zu offensichtlich ins Blickfeld rücken. Auch berufliches Wissen wird an die große Glocke gehängt. Allgemein wird vermutet, daß Sie sich damit die besondere Beachtung der Männer sichern wollen. Zeigen Sie sich genauso freundlich und mit demselben Charme bei Ihren weiblichen Mitarbeitern, damit nehmen Sie jeder bissigen Bemerkung die Spitze.

Ist der 10. vorbei, geben sich alle Zeder-Leute ungestüm, wenn eigene Interessen durchgesetzt werden wollen. Ein besonders energisches kosmisches Zeichen verursacht diese Verhaltensweise, aber auch der zunehmende Mond trägt dazu bei. Verscherzen Sie sich keine Sympathien, versuchen Sie mit allen Mitteln, diesem Einfluß aus dem Kosmos Widerstand zu leisten. Er ist nur kurzfristig wirksam, trotzdem, man kann an einem einzigen Tag soviel Porzellan zerschlagen, daß das Wegräumen der Scherben eine lange Zeit in Anspruch nimmt.

Ergibt sich im Arbeitsbereich die Möglichkeit, eine Partnerschaft einzugehen, um sich zusammen etwas Eigenes aufzubauen, so sind dafür die kosmischen Zeichen nicht ungünstig. Sind alle Pläne gut durchdacht und kein Risiko großzügig mit eingerechnet, können Sie zum jetzigen Zeitpunkt mit einem guten Gelingen rechnen. Das richtige Gespür, das aus dem Unterbewußtsein kommt, wird Ihnen einen Start in die Selbständigkeit erleichtern.

Im Privatleben können Sie mit einer guten Zeit rechnen. Ihre jetzige unbeschwerte Einstellung zu allem, was das Leben bringt, ist gerne gesehen und wird freudig akzeptiert. Die Zeder-Damen können einen weiteren Zusatzpunkt verbuchen: Ihre erotische Ausstrahlung ist bemerkenswert.

Bei einer zusätzlich guten Energieversorgung durch die kosmische Kraft Venus kann sich jetzt tatsächlich eine ideale Partnerharmonie ergeben.

In den ersten beiden Wochen geht Verschiedenes nicht wunschgemäß. Die kleinen und größeren Unannehmlichkeiten sind jedoch nicht so schwerwiegend, daß sie Ihre Arbeit negativ beeinflussen. Besinnen Sie sich auf Ihre angeborene lässige Art, derartige Zwischenfälle auf die leichte Schulter zu nehmen. Sind es nahestehende Leute, die Ihnen das Leben schwermachen, lassen Sie sie einfach links liegen, das nimmt auch dem böswilligsten Zeitgenossen den Wind aus den Segeln. Nach dem 14. beginnt eine rundum erfreuliche Zeit. Vorschläge, die von Ihnen gemacht werden, oder ungewöhnliche Ideen kommen dort gut an, wo sie Früchte tragen können. Ob es sich um Angelegenheiten im häuslichen Bereich handelt, um eine völlig neue Freizeitgestaltung oder um berufliche Verbesserungen, man zeigt sich begeistert und hat ehrliches Interesse. Negativ wird es, wenn Sie wieder einmal alles zugleich bewältigen wollen oder dem Zuhörer keine Zeit lassen, sich seine eigene Meinung zu bilden.

Nach dem 17. wechseln im Bereich Partnerschaft die kosmischen Werte in ein neues stellares Zeichen, damit können Gedanken aufkommen, die sich entweder mit einer legalen Bindung befassen oder sich mit dem Nachwuchs beschäftigen, der noch nicht da ist. Sie sehen, es beginnt eine außerordentlich solide Phase, die ihr Privatleben zu einer Oase machen kann, in der Sie sich geborgen fühlen.

Ist derartiges nicht möglich oder nicht gegeben, Gelassenheit und Beharrlichkeit wird trotzdem vermittelt. Zeder-Leute werden diesen veränderten Schicksalsablauf ziemlich deutlich wahrnehmen. Irgendwie hängt das auch mit dem Jahreszeitenablauf zusammen, der im Jahr 1997 gravierende Veränderungen mitbringt.

Von diesem April an wird der Liebesbereich aller Zeder-Geborenen in eine positive Entwicklung einbezogen. Geben Sie sich so, wie Ihr Herz, Ihre Seele, Ihr Gemüt Ihnen das eingibt, weiter ist nichts zu tun. Das Zurückhalten von Gefühlen oder mangelnde Ehrlichkeit ist eine durch eine lieblose Kindheit ausgelöste Manie. Jetzt sind Sie kein Kind mehr, die Phase der Lieblosigkeit ist zu Ende, zeigen Sie, daß Ihre Vorstellungen anders sind, als die längst unwirksam gewordenen Erziehungsmethoden verschiedener Leute.

Irgendwie kommt eine Beruhigung in Ihren Tagesablauf. Es ist jedoch keine Ruhe, die August-Zedern nervös machen könnte, von Nervosität bei den Februar-Geborenen kann sowieso keine Rede sein. Allerdings kann es sich hier um die Ruhe vor dem Sturm handeln. Die stellaren Zeichen zeigen jedenfalls eine Veränderung an, die nicht sang- und klanglos vorübergehen wird.

Es werden wohl Familiengeschichten sein, die Ihnen zu schaffen machen. Verhalten Sie sich nicht zu eigensinnig. Sie können an dieser Entwicklung absolut nichts ändern und ganz gewiß nicht mit unqualifizierten Äußerungen. Sollte es zum offenen Streit kommen, bei dem jeder nur seine eigene Meinung für die richtige hält, ergreifen Sie die Flucht! Es ist das beste was Ihnen einfallen kann. Später, wenn das Gewitter vorüber ist, wird man Ihnen für Ihre neutrale Einstellung dankbar sein. Was Sie aber nicht versäumen sollten: Starten Sie eine Versöhnungsaktion, wenn die Gemüter sich einigermaßen beruhigt haben. Eine Menge neuer oder zusätzlicher Aufgaben erwartet Sie im Arbeitsbereich. Mit den Energien aus dem kosmischen Raum, die Kraft des Saturn ist besonders erwähnenswert, wird sogar das Unmögliche möglich. Disziplin und kontinuierliches Vorgehen werden zur Gewohnheit und von Vorgesetzten dankbar begrüßt. Administrative Arbeit liegt Ihnen jetzt, damit können Sie sich eine Position sichern, die mehr Verantwortung mit sich bringt, das kann finanziell eine Verbesserung bedeuten.

Im Mitarbeiterbereich schwelen immer noch gewisse Antipathien, die Ihnen vielleicht sogar die gute Laune verderben können. Es ist dies für beide Zeder-Dekaden eine äußerst unangenehme Lage, denn wenn sie ohne Grund gereizt oder verletzt werden, reagieren sie böse oder ebenso gehässig, wie sich das Umfeld verhält. Sie müssen sich darüber klar sein, nur großzügige Einstellung und ruhige Nerven helfen Ihnen über derartige Hindernisse hinweg. Bei diesem Kraftaufwand ist es nur natürlich, daß das Privatleben ruhig verlaufen muß. Da die kosmische Energie Venus sich im soliden Bereich bewegt und Mars ebenfalls seinen Standpunkt in einem kühlen Zeichen hat, ist nicht zu befürchten, daß hier auch noch das Unterste zuoberst gekehrt wird.

Es ist immer noch viel los! Machen Sie sich mit dem Gedanken vertraut, daß sich einiges verändern wird. Die dafür verantwortlichen stellaren Kräfte sind alle zusammen maskulin gefärbt. Das heißt: Alles, was an Sie herankommt, wird dynamisch und dominierend sein. Es ist eine Protektion zu erwarten, ein überraschendes Angebot aus einem Metier, das Ihnen fremd ist. In jedem Fall ist damit eine finanzielle Verbesserung verbunden, die kaum lange auf sich warten läßt.

Es ist aber auch nicht sicher, ob sich dieser materielle Vorteil aus der beruflichen Tätigkeit ergibt, oder aus einer der vielen Möglichkeiten, Gewinne zu machen, die sich aus Lotterie oder Erbangelegenheiten ergeben.

In welcher Größenordnung die Veränderungen für Sie programmiert sind, steht hier buchstäblich »in den Sternen«. Deshalb sollte nie vergessen werden, daß Gutes, das sich überraschend einstellt, nicht immer der eigenen Tüchtigkeit zu verdanken ist. Glück ist ein Aufleuchten am eigenen Schicksalsverlauf, das seinen Ursprung nicht im menschlichen Streben hat.

Die eigene Familie, Freunde und Kameraden bei einem Freizeitsport zeigen sich als brauchbare Leute, die Ihnen neidlos die Freude gönnen und sich mit Ihnen begeistern können.

Es ist ganz selbstverständlich, daß Ihre jetzige positive Ausstrahlung das Familienleben angenehm und erholsam macht. Ihr gutes Gespür für die unausgesprochenen Wünsche Ihrer Angehörigen macht Sie freigebig und hellhörig für eventuelle seelische Kümmernisse.

Alles ist möglich, wenn sich neue Freundschaften ergeben. Sie sollten sich aber gut überlegen, wer da für Sie in Frage käme. Das Glück, das manche Zeder-Leute jetzt haben, ist ein Magnet für viele Menschen. Es muß also die Spreu vom Weizen getrennt werden, um Enttäuschungen zu vermeiden.

Berufliche Anerkennung, vielleicht auch eine Aufwärtsentwicklung werden nicht lange auf sich warten lassen. Es wird ganz allgemein mit einem bewegten Monat gerechnet werden müssen. Trubel wäre vielen von Ihnen wesentlich sympathischer. Einfühlsam wie Zeder-Damen sein können, fügen diese sich nur widerwillig in eine Rolle, die so gut wie aufgezwungen ist. Treiben es die kosmischen Kräfte gar zu bunt, wird Ihnen Durchsetzungsvermögen geradezu diktiert, und bekommt ein Rückzug überhaupt keine Chance, müssen Sie sich dieser Tendenz ganz bewußt entziehen. Ausnahmsweise können Sie damit sogar Erfolg haben, denn Ihr Baumsymbol hat, zumindest für die August-Geborenen, einen femininen Einschlag, und damit bekommen sie die echt weibliche und unschlagbare Waffe der passiven Resistenz in die Hand.

Alle Tendenzen des Julis haben schicksalhaften Charakter, das zeigt sich selbstverständlich auch im gesellschaftlichen Bereich. Man bemüht sich um Ihre Freundschaft. Sie bringen sachliche Kritik so an, daß niemand verletzt ist. Außerdem macht sich ein Führungstalent bemerkbar, das an gewissen Stellen sehr erwünscht ist. Sicher können Sie schon in absehbarer Zeit damit rechnen, an führender Stelle eingesetzt zu werden.

Es ist fast logisch, daß dies alles ein wenig zuviel ist. Bringen Sie den ungewöhnlichen Eifer mit einer inneren Ruhe unter einen Hut, dann sind Sie fein raus.

In der Liebe ist mit Zurückhaltung nicht viel zu erreichen. Sie werden sich mit dem Gedanken anfreunden müssen, daß auch hier aktives Verhalten gezeigt werden soll. Schaffen Sie das neben all den anderen Turbulenzen, werden Sie Außergewöhnliches erreichen, denn Venus wechselt am 20. das Zeichen und der Mond hat zur gleichen Zeit seine volle Strahlkraft erreicht.

Alles in allem, es wartet ein ungewöhnlicher Juli auf Sie, doch nur Spaß wird er nicht machen.

Ihr Stimmungsbarometer verträgt keine weitere Steigerung. Die positiven kosmischen Energien haben ein Einsehen und gönnen dein Zeder-Leuten, Frau wie Mann, im Februar oder August geboren, eine Verschnaufpause. Hindernisse, Schwierigkeiten oder Probleme sind trotz der kosmischen Toleranz nicht zu erwarten.

Im Privatbereich alleine ist Bewegung zu verzeichnen. Sei es, daß sich Ihr Herzblatt wieder voll und ganz nur mit Ihnen beschäftigt oder daß in Beziehungen wieder Friede einzieht, Sie werden mit diesen Dingen auf alle Fälle in Atem gehalten.

Auch der engste Verwandtenbereich nimmt Sie in Anspruch. Sicher intrigiert da jemand, mit dem Sie sich schon seit Jahr und Tag gut verstanden haben, gegen Sie. Nehmen Sie das bitte nicht tragisch. Man weiß meist nicht, was der Auslöser dieser negativen Einstellung ist. Grübeln Sie nicht nach, und vor allem vermeiden Sie jede Konfrontation mit diesem Menschen, ein Streit, eine Auseinandersetzung wäre die Folge. Erst dann entsteht en unüberbrückbares Zerwürfnis, und das wollen Sie als Zeder auf gar keinen Fall.

Ist ein faires Gespräch nicht möglich, lassen Sie die Sache auf sich beruhen, auch wenn das äußerst schwer ist. Sie erweisen sich damit selbst den größten Liebesdienst. Rechthaberei schürt nur den Unfrieden und bringt Ihr physisches und psychisches Wohlbefinden durcheinander.

Vieles gilt auch für den Berufsbereich. Hier allerdings müßte man sich behaupten und seinen festen Standpunkt verteidigen. Grenzen müssen ein für allemal festgesetzt, die eigenen Kompetenzen festgelegt werden, dann kommt eine klare Front zustande, die Ihnen die Achtung der maßgeblichen Leute sichert.

Im Liebesbereich zeigen Sie plötzlich eine Empfindlichkeit, die bei einem Partner, der nicht hundertprozentig Ihrer Mentalität entspricht, schlecht ankommt. Stellen Sie den Hebel »Eifersucht«, der ihre eingebildeten Schwierigkeiten in Gang gebracht hat, auf AUS. Nichts und niemand wird Ihnen helfen, diese Sache aus der Welt zu schaffen, nur Sie selbst können das.

Jede Woche wird mit intensiver Arbeit ausgefüllt sein. Alles spricht dafür, daß auch finanzielle Gewinne nicht ausgeklammert werden müssen.

Begraben Sie das Kriegsbeil, das noch irgendwo Unfrieden in Ihren Alltag bringt. Sorgen Sie dafür, daß Ihre Hände und vor allem Ihr Kopf frei ist für alle Aufgaben, die das Leben bereit hält. versöhnen Sie sich möglichst mit all den Menschen, die sich in Ihrer unmittelbaren Umgebung aufhalten und die Ihnen nicht gut gesinnt sind. Egal, ob es sich um ein Familienmitglied handelt oder einen Außenstehenden, mit dem Sie zu tun haben. Räumen Sie sich jeden Verdruß aus dem Weg, Sie lernen damit auch mit den Fehlern der Menschen etwas nachsichtiger zu sein.

Steht in diesen Septembertagen eine Reise in Ihrem Programm, überlegen Sie sich das nicht lange. August-Zedern sind da meist ein wenig schwerfällig, haben viele Wenn und Aber, bevor sie sich entschließen können. Diesmal ist es nicht notwendig, lange zu zögern. Eine elementare Energie, die Bewegung und Antrieb auslöst, wird eine Ortsveränderung für kurze Zeit günstig befürworten.

Das besondere Merkzeichen aller Zeder-Leute, sich gefühlsmäßig niemals zu sehr verausgaben, wird sich in der letzten Septemberwoche eine Korrektur gefallen lassen müssen. Es fällt Ihnen kein einziger Zakken aus der Krone, wenn Sie einmal mehr aus sich herausgehen, mehr Gefühl zeigen, wenn die Liebe ihre Ansprüche anmeldet. Wie soll man von Ihrer Zuneigung überzeugt sein, wenn Sie dafür keinen Finger rühren. Möglicherweise tun Sie sich auch noch bei den zärtlichen Worten schwer. Wissen Sie wirklich nicht, daß die Liebe zu fünfzig Prozent von diesen »Äußerlichkeiten« lebt.

Lassen Sie sich ruhig einmal die unmöglichsten Dinge durch den Kopf gehen, Sie können sicher sein, man hat dafür ein offenes Ohr und ein offenes Auge. Von den Gefühlen ganz zu schweigen, die damit endlich wach werden.

Gab es in den letzten Tagen des Vormonats noch einige Schwierigkeiten, so wird das von bestimmten kosmischen Werten schon in der ersten Oktoberwoche bereinigt.

Es ist nicht einmal notwendig, Initiative zu ergreifen, alles geschieht wie von selbst. Zum erstenmal in diesem Jahr bekommen Sie das Gefühl, daß Sie von einer Kraft geführt werden, die außerhalb jeder Kontrolle in Ihnen wirksam ist. Werfen Sie jeden Ballast ab, der diesen »Zustand« belasten könnte, dann erst kann sich eine Erfolgstendenz entwickeln, die sich besonders im seelischen Erleben bemerkbar macht. Eine Aufgeschlossenheit für alles was zum Bereich Kunst gehört und eine Verbundenheit zu kosmischen Vorgängen ist angesprochen. Der sogenannte sechste Sinn macht sich deutlich bemerkbar.

Zwei stellare Einflüsse, eng verbunden, könnten die Ursache sein, daß Zeder-Leute, an und für sich ziemliche Realisten, sich plötzlich für okkulte Vorgänge interessieren.

Innerhalb der Familie zeigen sich zunächst positiv zu bewertende Tendenzen. Hier ist man mit Ihnen zufrieden und zeigt sich demzufolge aufgeschlossen und mitteilsam. Trotzdem, Sie dürfen sich Kritik erlauben, wenn dazu Anlaß gegeben ist. Bringen Sie jetzt einiges in Ordnung, das sich zu Ihrem Nachteil entwickelt hat. Das Jahresende steht schon bald vor der Türe, und jeder ist für die Harmonie dankbar, die innerhalb des familiären Kreises gerade zu diesem Zeitpunkt wichtig ist. Man wird sich jedes Ihrer Worte zu Herzen nehmen und versucht wenigstens, Ihre Wünsche zu berücksichtigen. Am Liebeshimmel sind ab der zweiten Monatswoche keine Unstimmigkeiten zu erwarten. Eventuell aufkommende Eifersucht ist schnell besänftigt, wenn Sie sich nichts erlauben, was einem überempfindlichen und deshalb schnell eifersüchtigen Menschen auf die Palme bringt. Handelt es sich jedoch um einen uneinsichtigen Partner, versuchen Sie es mit Ignoranz. Die Unzufriedenheit eines Herzens ist nur zu bewältigen, wenn keine emotionalen Ausbrüche stattfinden. Nicht immer funktioniert das, es muß von Fall zu Fall überlegt werden, welcher Weg der richtige ist. So wie Ihr Unterbewußtsein sich jetzt deutlich bemerkbar macht, wird Ihnen auch in diesem Fall das Richtige schon einfallen.

Es bieten sich recht zufriedenstellende Entwicklungsmöglichkeiten an. Lediglich mit einem Kollegen könnte es Ärger geben. Unablässig versucht er – es könnte natürlich auch eine Sie sein – Steine in den Weg zu legen. Sie wissen sicher bestens Bescheid, wie so etwas abläuft. Hier eine versteckte Bosheit, dort ein Nadelstich, der weh tut. Kommt es aber massiver, ist eine handfeste Auseinandersetzung nicht auszuschließen, so bringt es gar nichts, wenn Sie sich versöhnlich zeigen. Bei diesen von purem Egoismus geprägten Charakteren ist energisches, selbstbewußtes Auftreten meist die einzig brauchbare Lösung.

Da Sie sich erfolgsmäßig im aufsteigenden Trend befinden, ist es unerläßlich, sich unter Mitarbeitern zu behaupten. Ganz besonders dann, wenn diese dem Baumsymbol Nußbaum oder Kastanie der November-Dekade angehören.

Ist der Berufssektor nicht mit derartigen Querelen belastet, könnte es auch ein Familienmitglied sein, das sich in Ihre Angelegenheiten einmischt. Hier ist das Problem leicht zu lösen. Gehen Sie diesem Menschen aus dem Weg, lassen Sie sich für eine Weile bei ihm nicht mehr sehen.

Was Ihre Arbeit betrifft, so besteht kaum ein Grund zur Klage. Sie haben alles recht gut im Griff. Kleine Schwierigkeiten, die sich immer irgendwo zeigen, wischen Sie mit links weg.

Die vierte Woche setzt dann Glanzlichter, wenn Sie einen Standpunkt bezogen haben, der Ihre privaten Anliegen nicht absolut in den Mittelpunkt stellt. So ist das mit den kosmischen Kräften, jeder Erfolg der von ihnen vorgesehen ist, wird erst durch das eigene Ich, durch die persönliche Bemühung und das eigene Einsehen ermöglicht.

Von Gefühlen, die man in einer Partnerbeziehung erwartet, werden Sie kaum viel zu spüren bekommen. Bei Zeder-Leuten der Februar-Dekade werden sie generell nur sparsam auftreten. Sicher nicht aus mangelnder Herzenswärme, sondern aus der Scheu, niemals sein Innerstes offen zu zeigen.

Das Wichtigste ist zunächst einmal, daß Sie mit den Ergebnissen des zurückliegenden Jahres einigermaßen zufrieden sind, daß Sie gut vorangekommen sind, nicht nur materiell, sondern auch ideell. Ihre Bemühungen um Anerkennung und Ansehen waren sicher nicht vergeblich.

Endlich schaffen Sie es, kleinlichen Ehrgeiz für unzweckmäßig zu halten. Ab und zu haben Zeder-Leute, besonders die der August-Dekade, die irrige Meinung, daß ein gewisses Imponiergehabe das A und O des gesellschaftlichen Lebens ist. Bemühen Sie sich bitte nicht darum, erstens können Sie es nicht, und zweitens brauchen Sie es nicht. Ihre Art, sich zu geben, ist immer so, daß Respekt wachgerufen wird, und zudem wirken Sie auch noch angenehm erfrischend.

Ihre private Situation verbessert sich in auffälliger Weise. Der Beruf gibt Ihnen jetzt nicht mehr viel, und Sie finden es ausgesprochen überflüssig, sich in diesem Bereich noch ehrgeizig bemüht zu zeigen. Die Familie freut sich darüber ganz besonders. Endlich kann man mit Ihnen wieder in Ruhe reden, Sie können zuhören und zeigen für alles Interesse.

Kein negativer Aspekt ist zu sehen, wenn das Thema Liebe angesprochen wird. Sorgen Sie, daß in diesem Bereich der langweilige, fade Alltag ausgeklammert werden kann. Lassen Sie sich etwas einfallen, daß Abwechslung in das ewige Einerlei kommt.

Lassen Sie es sich vor allem nicht ausgerechnet an den Feiertagen einfallen, anderen schöne Augen zu machen. Gelegenheit dazu haben Sie sicher, und die »himmlischen« Zeichen haben es geradezu darauf abgesehen. Eine Tendenz zum Abenteuer ist unverkennbar. Sie werden sicher genau wissen, was zu tun und zu unterlassen ist, um den Weihnachtsfrieden nicht zu stören.

Andererseits ist zu überlegen, ob ein Verzicht das Wahre ist, nur weil man der Vorstellung von Weihnachten seinen Tribut zollen will. Es ist zu hoffen, daß Sie die richtige Entscheidung treffen, bei Februar-Zedern kann man da ganz sicher sein, während die August-Geborenen es schwerer haben werden.

Kiefer 1997

19.2.–28.2. / 24.8.–2.9.

Bei beiden Dekaden hat der Begriff Glaube und Liebe einen hohen Stellenwert. Mit einem ausgeprägtem Ordnungssinn wird der Alltag auf eine leichte Art bewältigt. Die kosmische Ordnung mit dem bestens funktionierenden Lauf der Gestirne ist ein gern zitiertes Beispiel.

Jede Situation richtig einzuschätzen ist eine besondere Gabe, das Falsche vom Richtigen zu unterscheiden ist Voraussetzung für eine erfolgreiche Entwicklung im Beruf.

Sehr zu Unrecht wird diesem Baumsymbol Gefühlskälte nachgesagt, was so gut wie sicher nicht der Fall ist. Man gibt sich nur niemals mit Sentimentalitäten ab.

Es leuchtet ein, daß Kiefer-Leute häufig kritisiert werden, sie erwarten aber auch kein mitfühlendes Verständnis, und geändert wird das Verhalten deshalb ganz bestimmt nicht.

Allerdings können sie Dankbarkeit zeigen, wenn ihre Leistungen, die zum Teil übertragen sein können, anerkannt, vielleicht sogar bewundert werden. Geistiges Interesse ist hier ohne Ausnahme anzutreffen, und daß rege Aktivität entwickelt wird, wenn es die Umstände verlangen, ist selbstverständlich.

Vorsicht ist vonnöten, wenn die Gesundheit angeschlagen ist. Rechtzeitig muß dann jeder intensiven Tätigkeit ein Riegel vorgeschoben werden.

In Liebesangelegenheiten kann das betonte Unabhängigkeitsstreben niemals abgelegt werden. Nicht besonders aufgeschlossen und fast ein wenig scheu zeigt sich die Februar-Dekade, während die August-Kiefer-Damen und -Herren gerne strahlender Mittelpunkt sind. Man kann aber, seltsamerweise, in der Liebe stets der Gebende sein.

Sehen Sie sich aufmerksam um, wenn Sie einen Beruf ausüben, der irgendwie im technischen Bereich angesiedelt ist. Sonderchancen ergeben sich das ganze Jahr.

Kiefer-Leute der zweiten Dekade kommt man da und dort mit offenen Armen entgegen. Sie können sich einige Pluspunkte ausrechnen. Die März-Geborenen sind nicht weniger gut versorgt, nur bringt ihnen ein rechthaberisches Verhalten nicht die Sympathie ihrer Umwelt ein.

Das Jahr 1997 wird einige berufliche Vergünstigungen bringen. Schon dieser erste Monat deutet an, daß ein frischer Wind weht und wenig Zeit bleibt, sich zunächst mal gemütlich umzusehen.

Aufregung gibt es in der Familie. Es sind hier nicht die alltäglichen Meinungsdifferenzen, die stören, sondern das zu lebhafte, aufgeregte Verhalten aller Menschen in diesem Januar. Eine allgemeine Umbruch- und Aufbruchstimmung sorgt für Unruhe. Sehen Sie sich alles von dieser Warte aus an – und schon werden Sie sich darauf einstellen können und sich dementsprechend verhalten.

Schwierige Situationen, nervöse Unruhe, von kosmischen Kräften ausgelöst, können Kiefer-Leute immer akzeptieren. Sie haben das Gespür dafür, wenn ärgerliche Vorgänge und unerklärbare Kräften aus dem Kosmos ausgelöst werden. Das Dilemma zeigt sich in diesen Wochen auch unter Kollegen. Die bisher praktizierte Verträglichkeit weist empfindliche Lücken auf.

Nur die Liebe macht keine Schwierigkeiten. Das Barometer steht auch Schön. Gefühle zeigen macht weder den im Februar noch im September Geborenen Schwierigkeiten. Verstehen Sie die Aspekte dieses Monats richtig, so werden gewisse Turbulenzen als Anreiz empfunden und ausgewertet werden. Gelegentliche Eskapaden sind vorprogrammiert und werden mit Begeisterung akzeptiert.

Es wird keine Klagen geben. Sie haben sich relativ schnell an den neuen Trend gewöhnt. Ihr inneres Gleichgewicht hat sich schon bestens darauf eingestellt. Die Sicherheit, daß es für Sie ein ausgezeichnetes Jahr wird, gibt Ihnen ein ganz besonderes Flair. Die gute Laune, die sich daraus entwickelt, zieht Glück und Erfolg fast magisch an. Diese Februarwochen werden dafür schon kleine Beweise liefern.

Ihre Vielseitigkeit macht sich in jeder Hinsicht bezahlt. Kiefer-Damen der Februar-Dekade können mit Chancen rechnen, die großartige Veränderungen im Beruf in Aussicht stellen. Fällt eine endgültige Entscheidung schwer, lassen Sie einige Wochen vorübergehen. Schnelle Entschlüsse liegen Ihnen nicht, auch rosige Aussichten ändern daran nichts. Eine große Belastung durch Mehrarbeit oder ungewohnte Aufgaben dürfen jedoch nicht den Ausschlag geben, wenn Sie sich zu einem Nein entschließen.

Die elementare Kraft Erde, die stets für eine stabile Basis sorgt, spricht in diesen Februarwochen kein Machtwort, doch Ihr persönliches Zeichen ist damit reichlich ausgestattet. Deshalb keine Sorge: Greifen Sie zu, wenn sich eine einmalige Gelegenheit bietet.

In Partnerbeziehungen scheint die Sonne. Haben sich in einigen Fällen in der Vergangenheit Schwierigkeiten gezeigt, lassen Sie in einer Phase, die mit der Liebe nur Gutes im Sinn hat, einem Partner mehr Freiheit, seien Sie großzügig. Mit der üblichen Höflichkeit, den Alltagszärtlichkeiten ist jetzt kein Blumentopf zu gewinnen. Besonders die zweite Dekade kann umwerfend sein, wenn sie in diesen Februarwochen Ihren Charme, ihren Frohsinn spielen lassen. Dazu gibt es nicht nur Veranlassung, sondern auch jede Menge Gelegenheiten.

Der berufliche Alltag läßt Sie in der zweiten Monatshälfte ziemlich kalt. Sie sind weder an besonderen Plänen noch an besonderen Aufgaben interessiert. Keine Bedenken deshalb, dieses Jahr hat mit der Arbeit mehr im Sinn als mit der Liebe.

Kompromißbereitschaft ist nur dann notwendig, wenn Sie sich um finanzielle Mittel bemühen, die eine geschäftliche Expansion zum Ziel haben. Im Herzensbereich bemühen sich ebenfalls gute Zeichen um Ihr Wohlbefinden. Probleme wird es kaum welche geben.

Haben sich Kiefer-Männer der Herbst-Dekade zur Beendigung eines Partnerverhältnisses entschlossen, sollte die Sache nicht in den Märzwochen endgültig abgeschlossen werden. Man muß sich über Gefühle vollkommen im klaren sein und Alltagsverdrießlichkeiten nicht als unüberwindbares Hindernis sehen. Es soll tatsächlich Menschen geben, die nur deshalb von einer Beziehung in die andere schlittern, von einer Ehe in die andere stolpern.

Letztendlich muß dann doch festgestellt werden, daß es der Alltagskram ist, der mit tausend kleinen Verdrießlichkeiten aufwartet, über die so viele Leute nicht hinwegkommen, ohne dem Partner die Schuld dafür in die Schuhe zu schieben.

Bei Kiefer-Damen wird ein Partnerwechsel von dem verständlichen Wunsch begleitet, besseres Liebesverständnis, intensiveres Liebeserlebnis zu finden. Haben Sie lediglich Lust auf einen Flirt, geben Sie dieser Lust auf den kleinen Spaß nach. Er kann Ihnen den Himmel vorüber heiterer, das Herz unbeschwerter machen. Von der Lust, sich mal ein neues Kleid überzustreifen, ganz zu schweigen.

In der Familie erwartet man sich materielle Sonderzuwendungen, Ihre Anwesenheit allein macht in diesen Tagen keinen vollkommen glücklich.

Möglichkeiten, sich zu profilieren, sind genug vorhanden. Wählen Sie überlegt und greifen Sie sich das Machbare heraus. Verlockende Illusionen müssen in diesem Jahr vergessen werden. Diese Tendenz zeigt sich überall und in jedem Metier. Ein Arbeitsplatz kann ohne jedes Risiko ins Auge gefaßt werden, hier wird kein Kiefer-Geborener eine Entscheidung zu bereuen haben.

Beneidenswert, die Apriltage zeigen sich Ihnen im vorteilhaftesten Licht. Was Sie sich vornehmen, hat Hand und Fuß. Was Sie durchziehen, vermittelt Ihnen das Gefühl der Sicherheit.

Eine Art Durchbruch bahnt sich an, und eine dynamische Kraft ermöglicht Ihnen die spektakulärsten Unternehmungen. Wichtig wäre in Anbetracht der widersprüchlichen Werte aus dem Kosmos, Grenzen zu beachten. Bei noch fragwürdigen Aktionen, die ab und zu mit Brachialgewalt in Angriff genommen werden, ist äußerste Disziplin die bessere Lösung und besonders bei finanziellen Vorhaben absolut zu empfehlen!

Kiefer-Damen, energisch, zielbewußt und gerade heraus, bringen für Männerberufe eine ausgezeichnete Qualifikation mit. Es kommt bei ihnen nur auf das geschmeidige Umfeld an, um sich bis in den kleinsten Winkel eines Unternehmens zu behaupten. Den Part, der ihnen zugeteilt ist, beherrschen sie perfekt. Im öffentlichen Dienst stehende Kiefer-Leute werden in den Aprilwochen äußerst aktiv. Jeder noch so kleine Auftrag wird mit Schwung angegangen. Manchmal wird eine Taktik angewandt, die in diesen Berufen obligatorisch ist, die sich in der jetzigen Phase jedoch verändert. Wer weiß, welcher Hafer sie jetzt sticht, plötzlich möchte sie es mit völlig anderen Methoden probieren. Man schwimmt damit gegen den Strom, lassen Sie das lieber bleiben.

Nicht lange dauert dieses sonderbare Verhalten, das sich überall zeigen kann. Bald weiß man wieder, wo es lang geht, und man weiß auch, wie sehr die Kiefer-Eigenart, sich auf Biegen und Brechen zu behaupten, zum Nachteil auswachsen kann.

Künstler, unter Kiefer-Leuten nicht häufig zu finden, bekommen diesen rechthaberischen Trend positiv zu spüren. Sie können innere Auflehnung in Kreativität umsetzen.

An den übrigen Tagen dürfen Sie planen, durchführen, investieren, aktivieren, ganz, wie es Ihnen Spaß macht. Vorteilhafte Entwicklung und Pluspunkte sind vorgesehen.

Einige Kiefer-Leute bekommen die Chance, sich durch eine berufliche Veränderung eine glänzende Zukunft aufzubauen. Dieser Vorgang könnte sich auch in Verbindung mit familiären Umgruppierungen ergeben. Eine recht stabile Neuorientierung dürfte sich anbieten, die man unbedingt ins Auge fassen sollte. Die Zeichen sind allerdings für derartige Angelegenheiten so zwingend, so positiv ausgesteckt, daß es gar keiner Überlegung bedarf, man muß einfach zugreifen. Ist es für Kiefer-Damen wie ein Sprung ins kalte Wasser? Man sagt doch, Wasser sei gesund und kaltes Wasser sogar erfrischend.

Ihre seelische Verfassung ist für alle Mai-Vorgänge bestens gerüstet. Es bewegt Sie also nicht sonderlich, wenn sich in Ihrem Umfeld Leute finden, die mit Ellbogentaktik sich durchzusetzen versuchen. Ihr Wille, offensichtlich und nicht zu übersehen, schafft sich seinen Weg und ruft ganz automatisch Leute auf den Plan, die sich dabei an die Wand gedrückt vorkommen. Wundern Sie sich nicht! Klugheit und vorsichtiges Taktieren werden es schon schaffen, diese Leute nicht vor den Kopf zu stoßen. Lassen Sie ihnen noch einen kleinen Rest von Selbstbehauptung.

Unter dem Schutz verschiedener kosmischer Kräfte, die impulsives Verhalten und überstürzte Entschlüsse stets zu dämpfen wissen, wird Ihnen das schon gelingen. Protektion, die Sie in diesen Wochen erfahren, haben Sie ganz sicher nur Ihrer gebremsten, verhaltenen Dynamik zu verdanken. Behalten Sie die jetzigen Vorgänge gut im Gedächtnis. Die Lehre aus Erfahrungen, die bewußt erlebt und bewußt einverleibt werden, macht aus Kiefern ideale Geschäftspartner, Mitarbeiter und Ausbilder.

Schade wäre es, Sie würden sich bis zum letzten Ende dieses Monats nur der beruflichen Aktivität verschreiben. Es wird Ihnen in diesen 31 Tagen soviel Sympathie entgegengebracht, die Sie durch Ihr Beschäftigtsein gar nicht wahrnehmen. Sie wollen viel erreichen, aber das Herz sollte dabei nicht zu kurz kommen.

Kleine alltägliche Behinderungen sind keiner Beachtung wert. Was jetzt allein Gültigkeit hat, ist Optimismus, der Ihnen Türen öffnet. Schaffen Sie dies, wird Amor für eine ganze Weile das Regiment übernehmen. Regiment ist wohl nicht ganz das richtige Wort für diesen freudespendenden Gesellen. Er wird da und dort Lichtreflexe setzen, die zu seinen Ausnahmezuwendungen zählen. Jetzt achtlos durch die Tage zu gehen, bringt Sie um viele Möglichkeiten. Wir sind mitten im Jahr 1997, und es ist Sommer, eine Zeit die weitgehend Vorteile einräumt. Die kosmische Kraft Wasser, in Verbindung mit den einander ergänzenden männlichen und weiblichen kosmischen Werten, wird kaum etwas anderes zulassen als zufriedene Gesichter und ausgesöhnte Gemüter.

Die sachliche Einstellung der Kiefer-Leute im Zusammenhang mit Liebe hält sie leider häufig davon ab, sich in Erlebnisbereiche zu begeben, die mit Worten kaum zu schildern sind. Sicher, die Liebe ist etwas Naturbedingtes, doch menschliche Phantasie und menschliches Gefühl, über die sonst keine Geschöpfe dieser Erde verfügen, machen die Liebe zum Ereignis, zum Erlebnis vermitteln unter günstigen Voraussetzungen das Empfinden, an einem Ziel angekommen zu sein.

Die Arbeit macht in diesen Tagen wenig Kopfzerbrechen. Es ist auch kaum mit besonderen Vorkommnissen zu rechnen, sieht man von einem unerheblichen Zwischenfall ab, der wieder einmal durch Mißgunst heraufbeschworen wird. In Ihrer jetzigen Verfassung wird Ihnen das wenig anhaben. Es ist nicht Ihre Schuld, wenn Leute nicht ohne Neid an Ihrem kleinen Glück vorübergehen können.

Steht der 22. im Kalender, bringen neue Gesichtspunkte ganz andere Gedanken. Eine neue Beschäftigung, ein neues Zuhause könnten ins Gespräch kommen. Keine spontanen Entscheidungen!

Die letzte Woche serviert Extreme, die Sie in Atem halten. Das Privatleben einerseits, besondere Aufgaben im Beruf andererseits, halten Sie auf Trab.

Die Einflüsse aus dem Kosmos werden kritischer. Sie werden sich davon kaum beeindruckt zeigen. Trotzdem: Können Sie jetzt Urlaub machen, wäre es eine ideale Zeit, um sich mit Gleichmut zu wappnen, der ein stabiles Gleichgewicht garantiert. Im Alltagssreß ist dies nahezu unmöglich.

Sind Sie dann am Urlaubsort, ist es zwar nicht notwendig, dem anderen Geschlecht ostentativ aus dem Weg zu gehen, doch Vorsicht sollten Sie schon walten lassen. Es sind jetzt Kräfte am Werk, die leider nicht durch einen sanften Mond gemildert werden. Er hat, soweit es Ihre persönliche Zeichen betrifft, kein Interesse an Ihrer Person. Kein guter Ausgangspunkt für Liebesangelegenheiten.

Störfaktoren liegen, wenn Sie trotz des »dolce far niente« solche feststellen, samt und sonders im seelischen Bereich. Schwingungen, die empfindsame Kiefer-Leute irritieren, können zu unvorhergesehenen Reaktionen führen. Hält eine Zweierbeziehung dieser Belastung nicht stand – möglich ist dies durchaus –, wehren Sie sich nicht, unternehmen Sie nichts dagegen. Ein verärgertes Liebchen, ein unansprechbarer Partner lassen sich auch wieder einmal versöhnen, vorausgesetzt es liegt Ihnen etwas daran!

Bei Kiefer-Damen, im Oktober geboren und noch dazu nachts, liegt die Gefahr nahe, daß sie sich in den Sog eines männlichen Wesens begeben. Vorsicht, verlieren Sie sich nicht in eine Liebe, bei der Sie über kurz oder lang als Mittel zum Zweck benutzt werden! Sich selbst in den Mittelpunkt zu stellen ist für diesen Juli oberstes Gebot. Lassen Sie sich niemals nach einem fremden Willen zurechtbiegen. Dressurakte sind auch in einem First-Class-Zirkus eine mehr als fragwürdige Angelegenheit und bei manchen Menschen eine Prozedur, die alle glücklichen Veranlagungen kaputtmachen.

Abgesehen davon, etwas derartiges kann niemals mit dem Wort Liebe in Verbindung gebracht werden!

Nicht ganz friedlich dieser Hochsommer-Monat. Überall kriselt es: im Beruf und in den Liebesbeziehungen. Es ist Sache des einzelnen, sich über die individuellen Geburtsdaten rechtzeitig einen Überblick zu verschaffen. Unerfreuliches kann sowohl von Mitarbeitern als auch vom Partner kommen.

Keine Panik, verehrte Kiefer-Leute! Vor allem keine gezielten Gegenmaßnahmen, die alles nur verschlimmern. Nach dem 12. lichtet sich der kurzfristig verdüsterte Himmel, an dem ein überlastiges männliches kosmisches Zeichen zusammen mit dem Elementarwert Wasser die Hauptschuld getragen haben.

Nach dem 18. kann beinahe alles Unangenehme vergessen werden. Neue Bekanntschaften, neue Eindrücke, die Sie ganz bewußt suchen sollten, werden Ihnen dies erleichtern. In ausgelassener unbeschwerter Gesellschaft fühlen Sie sich am wohlsten. Was Sie bedrückte und was nicht zu Ihrem Wohlbefinden beigetragen hat, wird hier schnell vergessen. Nur einige introvertierte August-Kiefer-Leute, die sich im Getümmel des gesellschaftlichen Lebens nicht wohl fühlen, machen hier eine Ausnahme. Ein besonderer Mondaspekt ist für ihren Ausnahmezustand verantwortlich. Er versetzt sie in eine nachdenkliche Stimmung, die für ihre Weiterentwicklung einen nicht unbedeutenden Stellenwert einnimmt. Geistige Berufe profitieren davon. Einiges wird in den Bereich des Möglichen gerückt, das sie sich in diesem Ausmaß kaum erhofft haben.

Die Zeit vom 21. bis 28. dürften die besten Tage dieses Monats werden. Selbst für nahestehende Familienmitglieder könnte da noch ein Stückchen Glück abfallen. Hektik kommt erst in den letzten Tagen auf. Gewöhnen Sie sich schon jetzt an das Auf und Ab der kommenden Herbstzeit. Versuchen Sie auszugleichen, wo es möglich ist.

Kontinuierlich vorzugehen ist ein ausgezeichnetes Rezept, um den Kopf nicht zu verlieren, die Nerven zu behalten. Außerdem behagt das Ihrem gemäßigten Temperament.

Ihre kluge und wohlüberlegte Einstellung zu schicksalhaften Vorgängen, die vom eigenen Ich nicht zu lenken sind, macht Sie geduldiger und fügsamer, als dies sonst von Kiefer-Leuten praktiziert wird. Sie kommen zur Ruhe, Sie lernen sich ins Unabänderliche fügen. Wenn da auch manch bitteres Kräutlein dabei ist, das man nur widerwillig schluckt, Sie werden bald spüren, daß Nerven und körperliches Wohlbefinden dabei nur gewinnen.

Der beginnende Herbst setzt seine typischen Zeichen im seelischen Bereich aller Kiefer-Leute. Nachdenkliche Tage, besinnliche Stunden helfen Ihnen, materielle Einbußen besser zu verkraften.

Nach diesem recht eigenartigen Introitus für diesen September schaffen dann Einfallsreichtum und klares Urteilsvermögen Chancen in den verschiedensten Arbeitsbereichen. Den Löwenanteil an Pluspunkten können sich Berufe im Medienbereich ausrechnen. Für Künstler kann es auch eine erfolgreiche Zeit werden, die den ganzen Herbst über anhalten dürfte. Kein Versuch wird umsonst sein, keine Bemühungen im Sand verlaufen, um etwas völlig Neues auf die Beine zu stellen.

Vielversprechende Gelegenheiten tun sich auf. Ein Anfang könnte gemacht werden, um auch die Öffentlichkeit für die eigenen Arbeiten zu interessieren. Sie wissen nun genau, was und wie Sie etwas wollen, und bringen dies auch richtig hin. So wird nichts umsonst getan sein.

Für alle anderen Berufszweige hat es wenig Sinn, sich am Arbeitsplatz zu vergraben. Ein energiegeladener Ehrgeiz bringt nur Verluste an Ihren Reserven, weiter nichts. Was Sie jetzt mit Erfolg durchziehen können, sind Kontakte, die gepflegt werden wollen. Ohne die Begegnung mit liebenswerten und klugen Menschen fühlen sich Kiefer-Leute wie ein Fisch auf dem Trockenen.

Interesse auch an Nebensächlichkeiten könnten einen unerklärbaren Hang zum unkontrollierten Tun steuern. Sie spüren sich ganz deutlich, daß Kräfte am Werk sind, die Ihnen nichts Übles wollen, aber doch Ihr inneres Gleichgewicht durcheinanderbringen.

Der schicksalsträchtige Trend wird bestimmend für Ihr Betätigungsfeld und zum Inhalt Ihres Wünschens und Wollens. Kein Monat dieses Jahres kann Ihnen so viele Beispiele schicksalhafter Vorgänge liefern wie dieser Oktober. Ihre Gedanken haben sich bereits auf den Alltag eingestellt, vielleicht sind auch schon Pläne gemacht worden, sich einer bestimmten Sache besonders anzunehmen, doch Ihre Gedanken bewegen sich trotz dieser Vorsätze in Richtung Partnerschaft, Freundschaft, Familie.

Sie zeigen eine nie gekannte Großzügigkeit, die allen Personen aus Ihrem Lebenskreis Rechte und Freiheiten einräumt, die sie für sich selbst kaum ernstlich in Anspruch nehmen. Partnerschaften, ob Lebensgemeinschaft oder Ehe, haben für Sie jetzt nur eine Bedeutung: die Untrennbarkeit dieser Verbindung. Ihre eigene Aura wird dadurch keineswegs geschmälert. Sie empfinden sich zusammen mit dem Partner als Doppelgestirn, das den gegenseitigen Anspruch auf Souveränität voll anerkennt.

Toleranz ist auch in Freundschaften angesagt. Gefühle bekommen hier allerdings keinen Tiefgang, trotzdem fühlt man sich in dieser Gemeinschaft wohl und ist zu mancherlei ausgefallenen Unternehmungen aufgelegt. Humor entwickelt ich, von dem man nie genug haben kann. Kiefern der Februar-Dekade werden sich dabei besonders angeregt fühlen. Sie sind zwar meist optimistisch, aber bis zum Humor ist der Weg weit. Im Zusammenhang mit Kindern könnte ein eigenartiger Besitzanspruch störend empfunden werden. Egal, ob es nun Kiefer-Mütter oder -Väter sind, es zeigt sich ungewohntes eifersüchtiges Verhalten, das ein heilloses Durcheinander stiftet, obwohl man sich im Grunde des Herzens aufrichtig zugetan ist. Rivalität, bei der Kinder zum Zankapfel werden, entspringt sicher einem Liebesempfinden und ist trotzdem nicht zu verantworten. Eine Gegnerschaft ist wohl das letzte, was durch eine überhitzte oder zu ichbezogene Liebe heraufbeschworen werden sollte.

Erfolge werden nicht mehr angestrebt, Kiefer-Leute vertrauen in diesen Tagen auf ein freundliches Schicksal. Die Ursache zu dieser Einstellung ist sicher bei den Vorgängen des Oktobers zu suchen. Es leuchtet ein, daß sich das Gefühl, durch eigenes Wollen nicht viel auszurichten, eingenistet hat.

Kein Vorgang, wo er sich auch ereignet, wird mit Energie angeheizt. Alles entwickelt sich langsam, bedächtig. Sicher kann nicht von Entschlußlosigkeit gesprochen werden, doch ein klein wenig am Rande zeigt sich diese Tendenz.

August-Kiefer-Leute überlassen sich jetzt nur zu gerne eigenwilligen Träumen und blühenden Phantasien. Realitätsbezogene Vorgänge werden als nebensächlich oder unwichtig abgetan. Es gibt allerdings einige unter ihnen, die mit einem gut funktionierenden Unterbewußtsein ausgestattet sind und sich damit Vorteile ausrechnen; doch sie werden in der Minderzahl sein.

August-Kiefer-Männer haben sich eine nüchterne Denkweise bewahrt. Sie wissen, daß Werte und Kräfte aus dem kosmischen Bereich das Leben in eine bestimmte Richtung lenken können, aber Sie wissen auch, daß eigenes Bemühen und eigener Wille eine schicksalsbestimmende Wirkung haben.

Erst nach dem 12., wenn der kosmische Wert Metall ein Machtwort spricht, wird die allgemeine Lethargie dorthin verbannt, wo sie hingehört: zum Abfall! Konfliktsituationen, heraufbeschworen durch Gleichgültigkeit, sind kaum mehr zu erwarten. Interessen werden langsam wieder wach. Am Arbeitsplatz wird dies nicht nur angenehm empfunden, man bekommt endlich wieder einen Eindruck von Ihrem Können, das Ihnen noch immer die besondere Aufmerksamkeit von Vorgesetzten eingetragen hat. Schöpferische Impulse haben ebenfalls Aufwind.

Kiefer-Leute beider Dekaden sind endlich »aus dem Schneider«. Dieses Jahr hat Ihnen manche Tücken gezeigt, Sie haben alles ohne nennenswerten Schaden überstanden.

Der Dezember wird von den Strömungen intensiver kosmischer Energien nicht mehr besonders in Aufruhr gebracht. Sie sind unter den Baumsymbolen eine der wenigen Ausnahmen, die mit Gelassenheit auf die bevorstehenden Feiertage eingestimmt werden. Betrieb kommt nur dort auf, wo Freunde, Bekannte und Angehörige sich um Ihre Gesellschaft geradezu bemühen. Kiefer-Geborene, die meist mit der Zurückhaltung der Mitmenschen konfrontiert sind, werden mit Erstaunen diese offen demonstrierte Sympathie zur Kenntnis nehmen.

Geben Sie sich so, wie Sie sind, keiner erwartet von Ihnen mehr als Natürlichkeit und ein unkonventionelles Verhalten. Der Trend, sich einen Lebensstil anzueignen, der mit hoher geistiger Kapazität unterlegt, ansonsten aber von Lässigkeit und spielerischer Sicherheit getragen ist, entspricht dem Zeitgeist. Kein Problem für Sie.

Kiefer-Damen erinnern sich in der jetzigen Phase gerne der Erlebnisse und Ergebnisse des Oktobers. Wichtige Entscheidungen im persönlichen Bereich werden erwogen, das Für und Wider überlegt. Denken Sie an eine ernsthafte Bindung? Haben Sie sich gar unsterblich verliebt? Eine endgültige Entscheidung ist für diesen Monat kaum zu erwarten, doch näher befassen können Sie sich damit. Eile ist nicht notwendig. Der Anfang kann so wunderschön sein, das sollte für die vier Dezemberwochen ausreichen. Im kommenden Jahr, wenn bestimmte Zeichen nicht mehr ihre nervösen Finger im Spiel haben, wird es leichter sein, sich völlig klar zu werden.

Bis dahin können Sie sich ja mal Gedanken darüber machen, daß das von Ihnen geliebte Wesen auch einmal unrasiert, ungewaschen und in Hausschlappen vor Ihnen steht. Können Sie dies – ernstlich überlegt und nicht als humoristische Einlage gedacht – akzeptieren, ist ein guter Rat kaum mehr notwendig.

Trauerweide 1997

1.3.–10.3. / 3.9.–12.9.

Eine passive Haltung, soweit sie das Abwarten, das Geduldhaben betrifft, ist das Bemerkenswerteste an der März-Dekade. Der Eindruck, daß eine innere Unsicherheit vorhanden sein könnte, ist irreführend. Irgendein Talent hat jeder mit dem Baumsymbol Trauerweide. Häufig fehlt leider die Energie, um die eine oder andere Begabung zum Erfolg zu führen.

Im Alltag können die Gutmütigkeit, die Duldsamkeit wie ein Klotz am Bein sein. Macht man damit schlechte Erfahrungen, wird alles unternommen, um aus der selbstverschuldeten Sackgasse herauszufinden.

Besondere Vorlieben für eine schöpferische Tätigkeit werden leider nur in der Freizeit gepflegt, damit sind wenig Chancen gegeben, wirklich Großes zu leisten, das auch finanziellen Nutzen einbringt.

Wird eine disziplinierte und kontinuierliche Entwicklung ermöglicht, kann Beachtenswertes geschaffen werden. Fehlt das harte Durchsetzungsvermögen, ist auch ein sorgfältig geplantes und organisiertes Studium keine Garantie.

Die September-Dekade ist es, die den kühlen Verstand über alles setzt. Logik und analytisches Gedankengebäude steht vor jedem Handeln, wenn das 40. Lebensjahr überschritten ist.

In Partnerbeziehungen zeigen sich beide Dekaden liebenswürdig und charmant, doch ohne das damit so oft verbundene aufdringliche Gehabe. Wirklich frei sind sie in ihren Entscheidungen nicht, wenn nur das Herz sprechen soll. Eine betont soziale Einstellung ist dabei immer im Wege. Die März-Dekade hat etwas zuviel davon abbekommen. Hingebend und aufopfernd zu sein ist eine wunderbare Sache, in unserer Zeit wird sie kaum gewürdigt.

Schon im ersten Monatsdrittel zeigen sich ausgesprochen gute Tendenzen für alles, was mit schriftlicher Arbeit im Zusammenhang steht. Berufe, die hier verankert sind, können mit einer großen Zeit rechnen.

Aber auch alles andere wie schriftliche Abmachungen, wichtige Briefe, können erledigt werden und dürfen mit einer Beantwortung rechnen.

Eine Reise oder ein Wochenende könnten vorgefaßte Pläne durcheinander bringen. Versuchen Sie unter allen Umständen, zumindest die wichtigen Termine einzuhalten. Trotzdem sollte alles akzeptiert werden, was mit einer kurzfristigen Ortsveränderung zusammenhängt. Sie steht unter erfolgversprechenden Zeichen.

Finanzielle Probleme müssen nicht überbewertet werden. Hier arbeitet die Zeit für Sie, es liegt also keine Veranlassung vor, nervös zu werden.

Ihre Neigung, in der Familie eine dominierende Rolle zu spielen, sollte nicht gar so offensichtlich gezeigt werden. Rücksicht würde sich gleich zu Anfang des Jahres besonders gut machen.

Nach dem 18. stehen kreative Trauerweiden unter den Fittichen der Glücksgöttin Fortuna. Ihre Phantasie bekommt jede Menge Impulse und arbeitet sozusagen auf Hochtouren. Für eine Neuorientierung in Herzensangelegenheiten sind sicher Möglichkeiten vorhanden. Es hatte ab und zu Ärger mit dem Partner gegeben, suchen Sie die Schuld nicht immer nur bei ihm. Eine etwas friedlichere Haltung kann die Basis des Zusammenlebens verbessern und aktiviert Harmonie.

Die wirksamen Tendenzen versprechen an sich eine schöne Zeit für alles was mit Liebe im Zusammenhang steht. Sie sollten bereit sein, Ihren Beitrag zu leisten, denn auf dem Tablett wird Ihnen Liebe und die gesamten Begleiterscheinungen nicht serviert.

Ergeben sich grundlegende Veränderungen, so sind diese positiv zu bewerten. Am Monatsende, so um den 25. sollte in jedem Bereich eine etwas geruhsamere Gangart eingeschlagen werden. Das Jahr 1997 wird Ihnen noch viel Energie abverlangen, teilen Sie sich Ihre Kräfte und Reserven also ein.

Für Pluspunkte ist während des ganzen Monats gesorgt. Damit sind die Trauerweide-Damen besonders angesprochen.

Allerdings können in den ersten Tagen des Februars Unstimmigkeiten auftreten. Der Partner »funktioniert« nicht ganz so, wie Sie es gerne hätten. Da Trauerweiden keinem Flirt abgeneigt sind, verursacht das im Moment überhaupt kein Unbehagen. Ohne unangenehme Folgen befürchten zu müssen, können Sie sich Zuspruch und Trost in fremden Gefilden holen.

In der dritten Woche kann sich eine überraschende Wende zum Guten ergeben. Vieles, was Kummer machte, löst sich in Wohlgefallen auf. Nur im Finanzbereich wird nicht alles so verlaufen, wie Sie es erwartet haben.

Schon zu Beginn der vierten Woche hat sich dann die Sonne wieder einen guten Platz erkämpft. Gute Laune ist angesagt, gute Nachrichten ebenfalls.

Die Trauerweide-Herren sind überall Hahn im Korbe, eine Rolle, die Seltenheitswert haben dürfte.

Ein besonders ausgefallener Plan, mit dem Sie sich schon seit geraumer Weile beschäftigen, kann jetzt in die Tat umgesetzt werden. Sogar besondere Wunschvorstellungen lassen sich realisieren.

Es könnte einen Menschen in Ihrem nächsten Umfeld geben, der Ihnen im Grunde seines Herzens mehr zugetan ist als er zeigen will oder zeigen kann. Sehen Sie sich einmal um, Sie sollten ihm Mut machen.

Beruflich zeigen sich zum Monatsende Differenzen. Hat man zu wenig Aufmerksamkeit an Ihrer Person gezeigt oder Ihre Arbeit nicht gebührend anerkannt? Sehen Sie nicht gar so schwarz, an höherer Stelle weiß man sicher, was man an Ihnen hat.

In der letzten Monatswoche zeigt man dafür im privaten Bereich um so mehr Interesse an allem, was Ihre Person betrifft. Leben Sie in dieser letzten Woche des Februars einmal so richtig einfach in den Tag hinein. Genießen Sie, was Ihnen geboten wird, freundliche Worte und Komplimente sind sicher zu erwarten.

Eine höchst ungute Stimmung, die möglicherweise aufkommt, sollte nicht überbewertet werden. Es sieht alles viel schlimmer aus, als es tatsächlich ist. Auch wenn jemand eine üble Sache gegen Sie angezettelt hat, lassen Sie sich nicht aus der Fassung bringen. Bewahren Sie Ihr gutes inneres Gleichgewicht, damit stehen Sie immer auf der Gewinnerseite. Vor allem besteht keine Ursache, sich in diesem Zusammenhang Sorgen für die Zukunft zu machen. Für viele, die das Schutz-Symbol Trauerweide haben, wäre es jetzt wichtig, Alltagsaufgaben absolut korrekt zu erledigen. Leisten Sie sich keine Nachlässigkeiten, insbesondere müssen Terminangelegenheiten sorgfältigst erledigt werden. Eine unangenehme oder schwierige Unterredung wird nicht einfacher, wenn man sie hinauszögert.

Zur Mitte des Monats könnte sich eine erfreuliche Verbesserung der Finanzlage ergeben. Auch eine besonders günstige Tendenz beginnt zur selben Zeit sich am Arbeitsplatz zu entwickeln. Geschieht dies nur im Zeitlupentempo, so bekommen Sie trotzdem Oberwasser und dürfen mit Unterstützung Ihrer Interessen rechnen. Von einer gänzlich unerwarteten Seite zeigt man sich bereit, Ihnen unter die Arme zu greifen. Materiell oder ideell, beides ist Ihnen willkommen.

Muten Sie Ihren Kraftreserven nicht zuviel zu. Denken Sie daran, daß die Batterie einer Trauerweide, wenn der physische Bereich angesprochen ist, nicht über unbegrenzte Reserven verfügt, soweit der Monat März und Mai zur Sprache kommt.

Im Privatleben geht es ab Mitte des Monats schon recht deutlich aufwärts. Nach der dritten Woche haben Sie dann wieder die volle Sympathie eines Menschen zu verbuchen, an dem Ihnen sehr viel gelegen ist und dessen Zuneigung in den letzten Tagen und Wochen sehr zu wünschen übrig ließ. Vielleicht wollen Sie zu oft eine Bestätigung von Gefühlen, die man für Sie empfindet? Auch der beste Partner hat mal Tage und Stunden, in denen er mit schlechter Laune zu kämpfen hat und mit Mühe Lebensfreude offen zeigen kann.

Von finanziellen Erfolgen kann in den ersten Tagen des Aprils noch keine Rede sein. Wichtig ist zunächst für eine gute Atmosphäre am Arbeitsplatz zu sorgen, ist diese wichtigste Basis fest und solide fundiert, wird sich alles andere beinahe wie von selbst ergeben.

Zumindest kann vieles möglich werden, was bis vor wenigen Wochen fast unmöglich schien. Neue, interessante Verbindungen lassen sich knüpfen und alte können ausgebaut werden. Großes Lob vom Chef und von ein paar Mitarbeitern hebt Ihre Arbeitslaune. Manch ein Kollege rechnet sich Chancen aus, im Kielwasser Ihrer Bemühungen mitschwimmen zu können. Fällt damit eine Zusatzaufgabe an, schaffen Trauerweide-Leute das jetzt mit links.

In der Monatsmitte sind auch Möglichkeiten, bei den verschiedensten Glücksspielen Gewinne zu machen, vorhanden. Immer noch nicht ganz ausgestanden ist eine Behördensache. Stellen Sie sich ganz entschieden darauf ein, daß auch in diesem Fall nichts so heiß gegessen wird, wie es gekocht ist.

In der Familie ist das Verhalten nicht ganz nach Ihrem Geschmack. Nörgeln hat keinen Sinn, und hier allen Menschen deshalb die kalte Schulter zu zeigen, bringt nichts. Sie verderben sich damit nur noch den letzten Rest Ihrer guten Laune, und daß sich einige Leute aus diesem Bereich sich gegen Sie verschwören, ist die logische Folge.

Eine vertrauliche Mitteilung behalten Sie hoffentlich für sich. Doch diesen Rat braucht man Trauerweide-Leuten eigentlich nicht zu geben. Anvertraute Geheimnisse oder Intimes ruhen tief verborgen in ihrem Innern. Nicht umsonst sind sie wie ein Fels in der Brandung fürs Leben programmiert.

In der Liebe bekommen Sie zeitweilig eine ganze Menge netter Dinge gesagt. Romantik verzaubert Ihnen die Tage im April, wenn sich die Gelegenheit ergibt, Tage und Nächte mit einem geliebten Menschen zu verbringen. Sie können kaum etwas falsch machen. Gute Gelegenheiten würden sich ergeben, wenn eine Liebesbeziehung mit geschäftlichen Interessen zusammengebracht werden kann.

Falls Sie etwas völlig Neues ins Auge gefaßt haben, bitte Vorsicht. Es würde sich in erster Linie bitter rächen, wenn Sie dabei mit Gefühlen lässig umgehen. Verwechseln Sie jetzt auch nicht Sympathie mit Liebe. Ihr Privatleben erfährt trotzdem einen Aufschwung, und interessante, wenn nicht sogar aufregende Erlebnisse sind angezeigt. Dabei kann es sich durchaus um den angetrauten oder vertrauten Partner handeln, auch um eine lässig gehandhabte Bekanntschaft.

Gute Tage sind zu erwarten, wenn Sie schriftliche Aufgaben zu erledigen haben. Eine Arbeit, mit der Sie bisher einige Schwierigkeiten hatten, erweist sich überraschenderweise als völlig unkompliziert. Künstlerische Berufe sind ebenfalls mit positiven Tendenzen versorgt. Ausgezeichnete, völlig neuartige Ideen können mit einem guten Echo rechnen.

Eine kurze Ortsveränderung, vielleicht nur eine Wochenendreise, kann Trauerweide-Damen bevorstehen. In diesem Zusammenhang ist vor unkontrollierten Geldausgaben zu warnen. Finanziell gesehen ist nämlich immer noch Sand im Getriebe.

Zum 17. beginnt eine relativ glückliche Phase. Ein Herzenswunsch könnte in Erfüllung gehen. Wieder muß hier gemahnt werden: Verstekken Sie Ihre Gefühle nicht, zeigen Sie ganz offen, was Sie empfinden, wie es in Ihrem Herzen aussieht. Sie können mit Verständnis und Entgegenkommen rechnen.

Sind Ihre Geldmittel knapp, so helfen Sie mit Freuden mit freundlichen Worten und aufrichtiger Anteilnahme, Probleme zu lösen. Auch das kann über materielle Sorgen hinweghelfen.

Keine Unsicherheit wird es geben, wenn von Liebe die Rede ist. Nehmen Sie jedoch nicht jede Gelegenheit wahr, die sich bietet. Trennen Sie vor allem die Spreu vom Weizen! Man kann sich das Leben recht schön einrichten, wenn man im privaten Bereich – und besonders wenn es um Liebe geht – nicht spontan gleich immer das Nächstliegende und bequemst Erreichbare wählt.

Besondere Aufmerksamkeit sollte dem gesundheitlichen Befinden gewidmet werden. Gönnen Sie sich, falls nötig, eine gründliche Erholungspause. Ein Kurzurlaub würde wohl das meiste bringen. Ist das nicht möglich, so schalten Sie jeden Abend gezielt ab. Nur die Beschäftigung mit Dingen, die Sie seelisch und geistig aufbauen, können helfen. Ist die innere Harmonie, das innere Gleichgewicht, wieder hergestellt, wird vieles in Ordnung kommen. Ruhe, Stille und Besinnung sind seit altersher ein probates Mittel, um mit sich selbst ins reine zu kommen.

Sehr wichtig wäre, sich in diesen Juniwochen nicht auf finanzielle Risiken einzulassen. Auch wenn man Ihnen manches in rosigsten Farben anpreist, schlagen Sie es aus, bevor Sie sich mit einem unguten Gefühl auf eine Sache einlassen. Holen sie sich fachmännischen Rat!

Eine Idee, die mit einer beruflichen Verbesserung oder Veränderung zu tun hat, wird sich nicht schnell realisieren lassen. Haben Sie Geduld, und versuchen Sie keinesfalls krampfhaft, etwas mit Gewalt zu erzwingen.

In diesen etwas kritischen Wochen wäre es ratsam, sich intensiv um den Partner zu kümmern. Große Unbekümmertheit und das sichere Gefühl, ihn an der Seite zu wissen, verursacht eine Überheblichkeit, die der Liebe nur Schaden zufügt. Bemühen Sie sich also, zeigen Sie ganz offen, daß Ihnen viel an dieser Liebe liegt, und eine harmonische Atmosphäre wird Früchte tragen, die süß sind und nicht nur den gewöhnlichen Appetit zufriedenstellen.

Damit entwickelt sich auch ein Zusammengehörigkeitsgefühl, das Sie als Heimat für Ihre Seele empfinden.

Gegen Ende dieser Junitage können Sie sich, durch gute Tendenzen begünstigt, von einer besonders angenehmen, erfreulichen Seite zeigen. Noch lange werden die Erfahrungen dieser Junitage in Ihnen nachklingen.

In der Familie ist nicht einmal Kompromißbereitschaft notwendig, um mit den Angehörigen auf einen Nenner zu kommen.

Bei den Hindernissen, die in den ersten Wochen noch recht unangenehm sind, geht es um eine Angelegenheit, die sicher schon eine lange Zeit zurückliegt. Es ist auch jetzt nicht notwendig, daß Sie sich die Ruhe nehmen lassen. Bereits in der zweiten Woche vergehen die Sorgen, die Sie sich deshalb machen.

Neue berufliche Aufgaben und damit im Zusammenhang stehende neue Bekanntschaften sind so interessant, daß Sie die Vorkommnisse zu Beginn des Monats völlig gleichgültig lassen. Neues, das jetzt auf Sie zukommt, verspricht nicht nur Geld, sondern auch Spaß. Geschenkt wird Ihnen dabei allerdings nichts. Es heißt schon ordentlich zupacken, auch geistig werden Sie damit gefordert sein.

Im privaten Bereich entspannt sich die Lage, nicht nur weil Ihre innere Ausgeglichenheit wieder da ist, sondern weil es kaum einen Menschen in Ihrem nächsten Umfeld gibt, der sich unangenehm verhält.

Dort, wo Sie früher den Wald vor lauter Bäumen nicht gesehen haben, zeichnet sich nun ein festumrissenes Bild ab. Sie wissen jedenfalls ganz sicher, wo ihr Platz ist, wohin sie gehören. Sie werden so akzeptiert, wie Sie sind.

Für so manchen Trauerweide-Mann ist ein Wochenende angesagt, das andere Möglichkeiten bringt, als das bisher Gewohnte. Manche suchen sogar alte Bekannte auf und knüpfen eine brüchig gewordene Freundschaft neu.

Ab dem 22. stellt sich vielleicht so etwas wie Hochstimmung ein. Was Sie jetzt anfangen, was Sie jetzt erneut in die Hand nehmen, gelingt gleich beim ersten Versuch. Diese Zeit wäre auch günstig für Verträge, auch Glücksspiele können sich erfolgreich zeigen.

Vermeiden Sie kein Gespräch, das Ihre Einstellung in Sachen Liebe und Treue zum Thema hat. Sie müssen sich darüber klar werden, daß für Trauerweide-Damen wie -Herren ein »warmer Stall« das A und O des persönlichen Wohlbefindens ist. Ist das bisher mangels Gelegenheit oder Angebot nicht möglich gewesen, kann sich das ändern. An Möglichkeiten, dementsprechende Menschen kennenzulernen, wird es nicht fehlen.

Der Hauptakzent dürfte auf dem Begriff Liebe liegen, wenn diese Hochsommerwochen unter die Lupe genommen werden. Es kann also ein recht erfreulicher Monat werden, Superergebnisse sind jedoch nicht zu erwarten. Aber wohltemperierte Tage sind auch nicht zu verachten und können diesen Monat angenehm gestalten.

Aufmerksamkeiten, vielleicht auch eine ausgesuchte Höflichkeit gegenüber den Vorgesetzten und den Mitarbeitern werden Ihnen Sympathien sichern, die für eine ganze Weile anhalten werden. Vieles wird sich schneller entwickeln, wenn Sie sich in dieser Weise bemühen.

Haben Sie ein festes Ziel im Auge, steuern Sie nicht ungeniert und geradewegs darauf zu. Hören Sie sich um, auch die Meinung und Ansichten anderer Leute sind im Zusammenleben wichtig. Mit demonstrativem Auftreten wird absolut nichts erreicht.

Gibt es im Zusammenhang mit einer Wohnungsangelegenheit gewisse Schwierigkeiten, verbieten Sie sich jede Einmischung. Hier sollten allein Ihre Vorstellungen gültig sein. Versuchen verschiedene Leute, Ihnen ihre Freundschaft schmackhaft zu machen, lassen Sie sich damit Zeit. Erst wenn Sie die Hände vom Alltagskram frei haben, können Sie sich hier zu einem Entschluß bewegen lassen. Auch wenn es Liebe sein sollte, die man Ihnen anbietet, ist kluge Überlegung besser als beherztes, unüberlegtes Zugreifen. Erst nach der ersten Augusthälfte wird das Leben farbiger und lustvoller. Keinesfalls wird es sich ergeben, daß Sie einer zerronnenen Illusion nachtrauern, die Sie sich in so manchen Stunden des Alleinseins gemacht haben. Die Liebe hat Sie, verehrte Trauerweide-Damen und -Herren, keineswegs vergessen. Ergibt es sich, daß Sie eine interessante Begegnung haben, wäre eine Beziehung, die sich allerdings nur allmählich anbahnt, recht erfolgversprechend. Doch auch in gut funktionierenden Verbindungen kann es einen Grund geben, der einen neuen Liebesfrühling verspricht. Die guten Einflüsse aus dem Kosmos sind auf jeden Fall vielversprechend. Doch die guten Einflüsse allein schaffen es nicht, es muß auch von Ihnen persönlich etwas Positives kommen. Es handelt sich zum jetzigen Zeitpunkt um rein äußerliche Dinge, wie z. B. kleine Aufmerksamkeiten, die kleine Wunder vollbringen können.

In den kommenden Wochen muß jedes Risiko vermieden werden. Zurückhaltung ist also in jedem Lebensbereich gefragt.

Zunächst ist ein unsympathischer Zeitgenosse ständig bemüht, Ihnen Schwierigkeiten zu machen, auch wenn Sie sicher sind, im Recht zu sein. Beweisen Sie, daß Sie der Klügere sind.

Berufliche Verhandlungen, die von Bedeutung sind, sollten nach Möglichkeit verschoben werden. Die Luft ist, den kosmischen Energien entsprechend, mit Nervosität aufgeladen, da ist oft nur ein kleiner Funke schuld am schönsten Streitgespräch.

Für diese gespannte Atmosphäre werden Sie in der Familie reichlich verwöhnt. Diese Tendenz ist allerdings erst nach dem 12. wirksam. Bis zu diesem Zeitpunkt heißt es also, Geduld haben. Auch wenn Sie in dieser kurzen Zwischenphase traurig sind, es muß Ihnen genügen zu wissen, daß schon bald Abhilfe geschaffen wird. Trauerweide-Männer sind davon sowieso nicht gar zu sehr betroffen, sie sind ab und zu recht gerne allein und unbelastet von dem Alltagskram, zu dem bei ihnen ab und zu auch die Sympathie anderer Leute gehört.

Reisen, Wochenendunternehmungen haben mit guten Tendenzen zu rechnen. Sie dürfen allerdings nicht beruflichen Interessen gelten. Haben Sie Erholung, Ausspannung und Ruhe eingeplant, können Sie fahren, wohin Sie wollen.

Gegen den 22. sind dann berufliche Anspannungen und Aktivitäten wieder im Kommen. Wird Ihnen ein Sonderangebot gemacht, vielleicht eine Arbeit außerhalb Ihres Berufes, sehen Sie sich die Sache genauer an. Vielleicht ergibt sich damit eine deutliche Verbesserung Ihrer bisherigen Lebensqualität.

Unter den Verwandten gibt es einen älteren Menschen, der es darauf abgesehen hat, Ihnen gewisse Vorschriften zu machen. Hoffentlich verursacht dies keinen Ärger. Sie wissen doch, jeder hat seine schwachen Seiten, und ältere Leute, die ein einsames Leben führen müssen, sind damit oft konfrontiert.

Die Liebe macht Ihnen momentan sicher nicht nur Freude. Sind Sie zu anspruchsvoll? In dieser Beziehung hat es ein Partner nicht immer leicht mit Ihnen.

Die besondere Aufmerksamkeit sollte jetzt Ihrer Gesundheit gehören. Unbedingt notwendig ist, daß Sie sich nicht zusätzliche Arbeit aufbürden. Auch wenn Ihr Ehrgeiz Sie zu erhöhter Leistung animiert, lassen Sie Ihre Vernunft zu Worte kommen. Sie wissen doch, Trauerweiden bestimmter Jahrgänge müssen mit ihren Reserven haushalten. In Ihrem Beruf, in Ihrer Existenz sind Sie doch sicher fest fundiert, es ist wirklich nicht einzusehen, daß Sie sich zusätzlich noch abrackern.

Gute Nachrichten sind von einer Dienststelle zu erwarten, auch eine Behörde hat sich zu einem positiven Bescheid durchgerungen. Selbst bisher sich langsam entwickelnde Beschlüsse erfahren eine dringend notwendige Bewegung. Damit sind eventuell auch finanzielle Pluspunkte zu erwarten, oder Sie sparen sich damit jeder Menge Ausgaben.

Neue Kontakte, die sich ergeben, wo immer Sie sich zeigen, können für Ihr weiteres Leben von Bedeutung sein.

Haben Sie Sorgen, die sich ergeben, wenn Sie das Schicksal eines nahestehenden Menschen betrachten, Sie können an seiner Situation nicht viel ändern. Vielleicht will er sich auch nicht helfen lassen!

Haben Sie insgeheim einen brennenden Wunsch, den Sie sich bisher aus finanzieller Sicht nicht erfüllen konnten, nun liegt das im Bereich des Möglichen! Trauerweide-Leute brauchen ab und zu außerhalb der Norm liegende Akzente. Sie sind Balsam für die Seele. Auch ein Kunstgenuß im Bereich der Musik erfüllt diesen Zweck.

In Liebesbindungen sollte nichts erzwungen werden. Große, leidenschaftliche Gefühlswallungen sind von der Gegenseite nicht zu erwarten, ganz abgesehen davon, daß es damit auch bei Ihnen nicht weit her sein dürfte.

Eine gewisse Enttäuschung über zu wenig Zärtlichkeit darf nicht der Anlaß zu einer ekelhaften Laune sein. Messen Sie hier einer momentanen Flaute nicht gar soviel Bedeutung bei. Wenn die Liebe sich in gewissen Grenzen bewegt, hat das seinen Grund, und häufig sind es die Energien aus dem Universum, denen nichts einfällt.

Ein störungsfreier Ablauf dieser Novemberwochen dürfte sicher sein. Lediglich Spontanhandlungen müssen ausgeklammert werden. Keine Geschäfte, keine Aufträge, die nicht schon abgesprochen sind.

Eine fruchtbare Arbeitsphase ist schon in der ersten Woche zu erkennen. Besondere finanzielle Vorteile sind zunächst aber nicht zu erwarten. Bis zum 14. oder 15. müssen Sie sich damit auf alle Fälle gedulden.

Beschäftigen Sie sich gedanklich mit einem Arbeitsplatzwechsel zum Jahresende, behalten Sie Ihre diesbezüglichen Pläne für sich. Kollegen sind selten so verschwiegen, daß die Sache nicht publik wird. Auch könnte man versuchen, Ihnen etwas auszureden. So wie Ihre Chancen jetzt stehen, wäre das genau das Verkehrte.

Von einer Behördenangelegenheit, die eventuell einen Strafbescheid beinhaltet, lassen Sie sich auf keinen Fall die Ruhe nehmen. Vielleicht sind die Kastanien gar nicht so heiß, die Sie hier aus dem Feuer holen müssen.

Eine neue Bekanntschaft, ein neuer Kontakt könnten sich als das »kleine Glück« entpuppen. Jedenfalls zeigt man ein ungewöhnliches Interesse an Ihnen und Ihren Ausführungen.

Die wirklich großen Pluspunkte aber zeigen sich in diesem November im Bereich der Liebe und Ihrer Begleitmannschaft: den Gefühlen und der Erotik. Es können sich Dinge ereignen, die Sie bisher kaum geräumt haben. Auch ein Verdruß in einer längst abgeschriebenen, leidenschaftlichen Beziehung könnte erfolgreich sein. Doch nicht nur das, auch die Menschen des weiteren Umfelds meinen es ganz offensichtlich gut mit Ihnen. Man sucht geradezu Ihre Gesellschaft. Die guten Zeichen, die jetzt über Ihnen stehen, sind deutlich in allem, was geschieht, zu spüren. Sie haben jetzt wirklich Gelegenheit, Ihr Leben in den Griff zu bekommen, dann können Sie tatsächlich Herr über Ihr Leben sein. Kaum irgend jemand oder irgend etwas wird Ihnen noch ernstlich Sorgen machen können. Die Erkenntnis, daß ein menschliches Wesen ein Geschöpf ist, das aus nichts alles machen kann, wird nicht lange auf sich warten lassen.

Verschiedene Arbeiten, die Sie bisher immer wieder zurückgestellt haben, lassen sich mühelos bewältigen. Ihr Selbstbewußtsein erfährt eine recht beachtliche Steigerung, und eventuelle neue Ideen bringen Ihnen nicht nur Anerkennung, sondern auch die Überzeugung ein, daß Sie genau den richtigen Weg eingeschlagen haben. Es ist lediglich darauf zu achten, daß Sie sich mit Ihren Kräften nicht verausgaben. Warnsignale ihrer physischen Kondition dürfen nicht überhört werden. Ruhe und Gelassenheit sind trotz Ihres Eifers recht wichtige Begriffe. An unbequeme Nebensächlichkeiten darf nicht ein einziger Gedanke verschwendet werden. Sie können sich jedoch ausnahmsweise einen gutgemeinten Rat, der von einem Freund oder von einem Kollegen kommt, ruhig gefallen lassen.

Eine besondere Gruppierung verschiedener kosmischer Kräfte sorgt zusätzlich zu den angenehmen Einflüssen, die für den Beruf Gültigkeit haben, sowie für ein gewandtes und geschicktes Verhalten im Familienbereich. Doch nicht nur bei den Alltäglichkeiten zeigt sich dies in äußerst angenehmer Form, auch Ihre persönlichen Ansichten ändern sich. Ein gewisser Eigensinn, der Trauerweide-Leute leider manchmal die Abneigung nahestehender Leute einbringt, wird sozusagen endgültig abgelegt. Eine stellare Energie bewirkt dies Wunder, das sich ergibt, ohne jede gewollte Initiative. Damit wird ein ganz persönlicher Glückswert tätig, der manch eine Situation heraufbeschwört, die Ihnen gut gefallen wird und Ihnen gut bekommt.

Unterziehen Sie Ihr Verhalten im Umgang mit neuen Bekannten einer genauen Kontrolle. Es kann manche Begegnung stattfinden, die Ihr Selbstbewußtsein erheblich steigert. Optimismus macht sich breit, der Sie geradezu herausfordert, Neues zu unternehmen. Ob der Bereich Beruf oder das private Leben damit einen Aufwärtstrend erfährt, ist nicht zu sagen, allein die Tatsache, daß sich etwas bewegt, das positive Ergebnisse zeigen kann, ist Glück genug.

Gefühle werden allerdings davon kaum berührt. Verschiedene kosmische Kräfte, die so etwas vermitteln können, sind zur Zeit für Trauerweide-Leute nicht tätig. Freude an der Kunst wird Ihnen vieles ersetzen, was Ihnen durch ein unterkühltes Gefühlsleben versagt wird.

Linde 1997

11.3.–20.3. / 13.9.–22.9.

Verspielt, ab und zu auch nachlässig und das Geschehen dem lieben Gott überlassend, finden beide Dekaden auf eine Art zu Ihrem Aufgabenbereich, die mit »somnambul« die richtige Bezeichnung hätte.

Gleich neben einer großartigen, natürlichen Begabung können sich Eigenheiten zeigen, die eine tiefe Gläubigkeit und ergebene Verbundenheit mit dem auferlegten Schicksal aufweisen.

Haben Linde-Leute die Chance, sich in einem Umfeld zu entwickeln, das Niveau aufweist, ist Außergewöhnliches zu erwarten. Es sind dann Leistungen möglich, die in dieser Größe kaum ein anderes Baumsymbol aufzuweisen hat.

Härten sind in einem Charakterbild der Linde-Leute kaum zu finden. Man weiß genau, wo Grenzen gezogen werden müssen. Damit erübrigt sich ein demonstrativ energisches Verhalten, weil jeder im Umfeld weiß, was erwünscht ist und was unter keinen Umständen akzeptiert werden kann.

Ein auffallend großes Kontingent stellt der Arzt- und Richterberuf unter dem Zeichen der Linde.

In Partnerbeziehungen wird Zuneigung, Verständnis und ein harmonisches Miteinander meist nur auf diplomatischem Wege erreicht. Gemeinsamkeit ist das Ziel aller Wünsche. Wozu auch das Leben im Alleingang bewältigen, wenn Freud und Leid geteilt werden können! Stets strebt man zum Du, aber man flirtet auch gerne. Treue und Zuverlässigkeit sind ein muß, das vom Partner erwartet wird, und man ist gerne bereit, das auch selbst zu geben.

Eine Enttäuschung, die schon im Vorjahr einige schlaflose Nächte bereitete, ist noch immer nicht restlos überwunden. Versuchen Sie diese Angelegenheiten nicht mehr gar so wichtig zu nehmen. Suchen Sie sich ganz bewußt davon abzulenken. Es ist dies sicher leichter gesagt als getan, doch einen anderen oder besseren Rat gibt es nicht. Beschäftigen Sie sich zu lange damit, werden Sie empfindlich und sind stets schnell gekränkt. Dies kann auch die Ursache sein, daß Sie ungerecht werden. Kurzum, Sie assoziieren das miese Verhalten eines einzigen Menschen mit Ihrer gesamten Umwelt. Linde-Leute, im März geboren, werden immer, wenn es privaten Ärger gibt, zu kämpfen haben, bei den September-Geborenen spielt sich so etwas weniger dramatisch ab.

Mitte des Monats können Ihnen Nachbarn oder Mitarbeiter das Leben schwer machen, doch dies ist wirklich eine rasche vorübergehende Phase, denn schon nach dem 10. ändern sich verschiedene magnetische Energien aus dem Universum, und Schwierigkeiten verschwinden, ohne daß Sie sich ernstlich um eine angenehmere Atmosphäre in diesem Personenkreis bemühen.

Ein Familienangehöriger könnte sich übrigens ganz intensiv um Sie bemühen. Lassen Sie sich einen guten Rat gefallen! Er hat den besseren Durchblick und ist, wie es scheint, emotionell nicht so aufgeladen wie Sie.

Die letzten Monatstage sehen übrigens viel erfreulicher aus. Im Beruf und im Privatleben ist Sonnenschein angesagt. Zudem ergeben sich Möglichkeiten, mit der Liebe auf freundschaftlichem Fuß zu stehen.

Auch eine neue Bekanntschaft ist angesagt. Wenn Sie darauf Wert legen, könnte auch Liebe dabei interessant werden. Zum Monatsende sind Sie wieder recht zufrieden mit sich und Ihrer Wirkung auf das andere Geschlecht.

Es wäre aber Ihr eigener Vorteil, nicht sofort Himmel und Hölle in Bewegung zu setzen, um zum sogenannten Ziel zu kommen. Es verdirbt Ihnen mit Sicherheit das Schönste, und das ist in der Liebe immer noch die Erwartung und das »Premierenfieber«.

Große Rosinen sind nicht zu erwarten. Doch kleine Pluspunkte, die auch Freude machen, sind sicher. Linde-Geborene, die Öffentlichkeitsarbeit leisten, haben die Chance, beruflich ein gutes Stück voranzukommen. Nur die Kunstschaffenden haben auch diese positiven Einflüsse aus dem Kosmos für sich zu verbuchen. Nach dem 7. beginnt der Mond die Phantasie anzuheizen, das ist unter den jetzt gegebenen Konstellationen der einschlägigen Gestirne immer günstig, wenn künstlerische Ideen verwirklicht werden wollen.

Nach dem 14. sind anderen Linde-Geborenen auch keine Stiefkinder mehr, die von den guten Aspekten total vergessen wurden. Sie können sich Freunde machen, wenn Sie endlich etwas mehr aus sich herausgehen. Tun Sie also genau das, was Ihnen der Augenblick eingibt.

Wissen Sie in einer finanziellen Angelegenheit nicht weiter, schieben Sie dieses Problem ausnahmsweise mal auf die lange Bank. Will man von Ihnen ein Darlehen, wollen Sie sich einen Wunsch erfüllen, der zuviel Geld kostet, das alles und vieles andere mehr muß niemals sofort sein. Warten Sie mit allem noch eine Weile und die Groschen, die Ihnen jetzt fehlen, werden dann bestimmt in Ihrer Börse sein. Es ist für Linde-Leute ein gutes Jahr in Aussicht, dazu gehört auf alle Fälle ein materieller Zuwachs.

Wichtig für diesen Februar ist, daß Sie sich keine vorschnellen, unüberlegten Handlungen einfallen lassen. Damit schaffen Sie sich, noch bevor das Jahr so richtig beginnt, schon das Aus.

Steht der 17. im Kalender, wird Ihnen auch noch die Arbeit lästig. Bequemlichkeit können Sie sich nicht leisten, und von Unzuverlässigkeit darf gar keine Rede sein. Bleiben Sie also schön brav und fleißig. Sie können sicher damit rechnen, daß die Zeit so schneller vorübergeht.

Um ein wenig frischen Wind in das Berufsleben zu bringen, wäre anzuraten, daß Sie sich mit Kollegen ein bißchen näher befassen. Schnell werden Sie mitbekommen, daß jeder auf seine Art mit knüppeldicken Schwierigkeiten kämpfen muß. Verschiedentlich werden Sie feststellen können, daß Sie noch relativ gut bei den Alltagsproblemen weggekommen sind.

Versuchen Sie in diesen Wochen kein einziges Problem, und ist es noch so klein, alleine zu bewältigen. Linde-Geborene bewegen sich auf den Bereich zu, der Ihren Geburtstag im März beinhaltet, oder haben die ersten kühlen Septembertage als Geburtstermin. In beiden Fällen ist etwas Vorsicht angesagt. Zunächst darf im Privatbereich nicht jedes Wort auf die Goldwaage gelegt werden. Sie sind im Moment viel zu schnell beleidigt, und Ihr Verhalten ist dementsprechend abweisend. Es liegt an Ihnen, in diesen Wochen eine langweilig gewordene Partnerbeziehung wieder in Schwung zu bringen. Zeigen Sie Initiative. Unfreundlichkeiten sollten dabei ganz ausgeklammert werden. Sorgen Sie für Frühlingswetter im Bereich Liebe. Sehen Sie sich um, draußen vor dem Fenster ist sicher schon etliches zu sehen, das ihn ankündigt. Keine Partnerbindung ist in diesem März total unbelastet. Es geht zwar nicht gerade schlecht, aber so manche Linde-Dame erwartet jetzt einfach mehr. Langweilige Alltagsgespräche sind ganz bestimmt nicht erwünscht. Ein bißchen mehr Gefühl, ein bißchen mehr Zärtlichkeit wären gut, aber von nichts kommt nichts. Sie müssen also damit den Anfang machen.

In einer neuen Liebesbeziehung wäre allerdings etwas mehr Temperament vorteilhaft. Nun, Linde-Leute haben davon schon ein kleines Quantum mitbekommen, allzuviel ist es nicht. Doch einen Partner aus südamerikanischen Ländern werden Sie sich nicht ausgesucht haben, bei dem es ohne »Feuer« nicht geht. Doch auch ein Bürger aus unseren gemäßigten Zonen legt ab und zu Wert auf das Besondere!

Gibt es keinen Herzenspartner, beschäftigen Sie sich mit sich selbst. Es gibt da immer eine ganze Menge zu tun. Bewußte Ernährungsweise, intensive Körperpflege, das alles kann unerhörte Vorteile bringen und bekommt ihrem Aussehen ganz ausgezeichnet. Es muß nicht immer ein Mann sein, der Sie bewundert, Sie selbst sollten sich in erster Linie gefallen. Jeden Tag lesen Sie in den Zeitungen, was alles für die Schönheit getan werden sollte. Suchen Sie sich das für Sie Passende heraus. So gerüstet und »renoviert« gehen Sie dann auch mit neuem Schwung an Ihre Arbeit. Sie werden feststellen, es ist lediglich ihr eigener Motor, der Sie in jeder Hinsicht auf volle Touren bringt.

Die vielen Bemühungen, die Ihnen bisher abverlangt wurden, waren doch nicht so ganz umsonst, wie Sie vielleicht angenommen haben. Das Glücksrad dreht sich zu Ihrem Vorteil. Die kosmischen Werte, die häufig ausschlaggebend sind, werden sich zu Ihren Gunsten entscheiden. Sie alle bemühen sich in auffallender Weise um Ihr berufliches Weiterkommen. Manches passiert, ohne daß Sie sich darum bemühen. Mit dabei ist eventuell auch eine finanzielle Verbesserung, die nicht unbedingt mit Ihrer Arbeit im Zusammenhang steht. Sie können sich manchen Wunsch erfüllen, doch auf welche Weise Sie den Mammon auch verwerten, alles, was Sie damit anfangen, sorgt für Rückhalt oder für Freude.

Zu empfehlen wäre, daß das »kleine Glück«, das Sie jetzt erleben können, nicht an die große Glocke hängen. Leider zerreden so viele Leute positive Erlebnisse und merken dabei gar nicht, daß all das Schöne den Bach hinunterrinnt.

Dieser relativ gute April, den Linde-Leute erleben, färbt sowieso auf Ihre nähere und weitere Umgebung ab. Sie sind angenehm im Umgang mit beinahe allen Leuten, demzufolge sucht man ihre Gesellschaft. Besonders die Familie verhält sich ungewöhnlich aufgeschlossen. Einzelne Familienmitglieder sind sicher hingebungsvoll um Sie bemüht. Es wird nichts geben, was Ihnen die gute Laune verderben könnte. Behalten Sie diese Tage gut im Gedächtnis. Es wird wieder weniger angenehme Tage geben, dann werden Sie auf die Reserven, die Sie jetzt angelegt haben, zurückgreifen können.

Nach dem 17., wenn die Liebe vom Kosmos protegiert wird und der gute alte Mond sein volles Licht hat, werden sogar »uralte« Beziehungen wieder mit Erotik aufgeheizt. Alle diejenigen, die vielleicht ein Alleinsein allem anderen vorgezogen haben, werden eines Besseren belehrt. Was nichts anderes heißt als: Irgend jemand würde sich glücklich schätzen, es mit Ihnen zu versuchen.

Ganz normale Freundschaften bekommen diesen Trend ebenfalls zu spüren. Man versteht sich wieder ganz ausgezeichnet und hat viel Spaß miteinander.

Will man Ihnen Schwierigkeiten machen? Setzt man Sie unter Druck? Irgend jemand hat es anscheinend darauf abgesehen, Ihnen jetzt das Leben schwerzumachen. Es sind die Tage vom 6. bis 13. Mai, die sich kritisch zeigen. Ob das im privaten oder beruflichen Bereich ist, setzen Sie sich mit diesen Schwierigkeiten ganz offen auseinander. Diplomatisches Verhalten wäre das Verkehrteste. Auf einen groben Klotz gehört ein grober Keil. Mit versöhnenden Worten ist nichts zu erreichen. Bald schon ist der ganze Spuk vorüber. Wie das geschieht, ist aus den kosmischen Werten selbstverständlich nicht ersichtlich. Wichtig ist nur, daß Ihre seelische Ruhe wieder einigermaßen hergestellt wird. Noch ist Mars und mit ihm verschiedene andere Werte nicht aus dem Wirkungsbereich der disharmonischen Strömungen verschwunden, doch Ihr Glaube, Ihr Mut haben so viele Kräfte mobil gemacht, daß es untragbare Störungen nicht geben wird.

Der schönste Trost kommt übrigens aus Ihrer Familie. Man zeigt recht deutlich, daß man besorgt ist, und versucht mit allerlei netten Aufmerksamkeiten diese nicht ganz leichten Tage etwas freundlicher zu gestalten.

Wer aber unter den Linde-Leuten ein verständnisvolles Liebchen hat, wird auch hier mit Zuspruch versehen.

Sicher ist mit den unbequemen Tagen auch im Liebesbereich kein großes Erleben angesagt, doch die Ruhe, um die man sich sichtlich bemüht, tut Ihnen auch recht gut. Das harmonische Miteinander hilft über vieles hinweg. Vergessen Sie nicht, daß Fürsorge und Zuspruch nicht selbstverständlich sind.

Ein gemeinsames Wochenende könnte nicht nur die verbleibenden Reste des erlittenen Ärgers wegräumen, es wäre ein Dankeschön für den verständigen Partner, der auch in diesen kritischen Tagen zu Ihnen gehalten hat.

Kurz vor Monatsende läuft dann alles wieder im gewohnten Gang. Auch die Pflicht und die Arbeit sind für Linde-Leute kein notwendiges Übel mehr, sondern etwas, das Geld einbringt, mit dem man sich das Leben ganz nett einrichten kann.

Schöner Sonnenschein, nicht nur in der Natur, sondern auch in Ihrem Leben. Man zeigt sich freundlich und versucht sich mit Ihnen gut zu verstehen. Eine Verbesserung der Lebensqualität zeichnet sich bereits in den ersten Junitagen ab. Nicht nur das Umfeld bemüht sich um Sie, auch Vorgesetzte gönnen Ihnen ein freundliches, vielleicht sogar anerkennendes Wort.

Am liebsten wäre Linde-Leuten natürlich eine etwas anspruchsvollere Aufgabe, damit hat es aber noch Zeit. Es kann aber auch sein, daß Sie von der guten Meinung, die man plötzlich von Ihnen gewonnen hat, nichts, oder nicht viel erfahren. Doch die verbesserte Arbeitsatmosphäre ist sicher zu spüren, und Sie bekommen, ohne recht zu wissen, warum, eine andere Einstellung zu den Menschen, mit denen Sie den Arbeitstag verbringen. Es ist dies eine Entwicklung, die Sie überrascht und Ihre besondere Aufmerksamkeit erfordert. Ein besonderes Fingerspitzengefühl ist festzustellen, wenn es dabei um Leute geht, die Ihnen nicht liegen.

Sie können jetzt auch an Freundschaft denken, wenn sich das mit Kollegen ergeben würde. Selbstsicher gehen Sie vor, daß dabei die für Lindedamen immer geltenden Grenzen eingehalten werden, ist selbstverständlich.

Auch in diesen positiven Junitagen wachsen Lindebäume nicht in den Himmel. Sie werden das bald zu spüren bekommen, wenn in der Familie jemand mit einem besonderen Anliegen auf Sie zukommt. So wie die Dinge stehen, werden Sie wahrscheinlich eine Absage erteilen. Es tut nichts, wenn man sich dann beleidigt zeigt. Sagt nicht auch das Schicksal recht oft nein?

In Partnerbeziehungen ist Kameradschaft angesagt. Sie werden mit den Problemen konfrontiert, die ihm oder ihr Kopfzerbrechen machen. Da bleibt für die Liebe wenig Zeit und wahrscheinlich sogar noch weniger Lust.

In den letzten Junitagen beginnt das Arbeitstempo sich rasant zu beschleunigen. Dem optimalen Einsatz ist Ihr physisches Befinden durchaus gewachsen.

Bei einigen Linde-Leuten, die im Frühjahr geboren wurden, können sich kleinere Unannehmlichkeiten zeigen. Es ist mit einer Verstimmung zu rechnen, die den Freundeskreis tangiert. Jemand ist plötzlich und ohne triftigen Grund gegen sie eingenommen, und das zeigt man auch noch recht deutlich. Lassen Sie sich nicht provozieren. Es ist keine Staatsaktion, die sich jemand einfallen läßt, sondern höchstwahrscheinlich eine der üblichen menschlichen Unzulänglichkeiten. Also bitte keine Aufregung, das ist die Sache bestimmt nicht wert.

Zur Monatsmitte gelingt Ihnen ein beruflicher Pluspunkt. Sie sind mit sich selbst recht zufrieden. Ob es bei den Mitarbeitern gut ankommt, ist allerdings nicht so sicher. Verhalten Sie sich trotzdem, so wie man es bisher von Ihnen gewohnt war. Das hilft am besten über kleinlichen Neid hinweg.

Am zweiten Wochenende fühlen sich ausnahmslos alle Linde-Leute wohl und zu vielen netten Sachen aufgelegt. Ihre Laune könnte nicht besser sein. Vielversprechende Bekanntschaften bahnen sich an. Hie und da könnte sich sogar eine Liebesbeziehung ergeben. Die Werte aus dem Universum sind dafür bestens.

Eine große Überwindung kostet Sie jetzt die Pflege Ihres Wohlbefindens. Es ist aber zwingend notwendig, noch vor dem August gezielt etwas für die eigene Gesundheit zu tun.

Nach dem 22. macht sich eine Stagnation in fast jedem Bereich bemerkbar. Sie sollten eigentlich froh sein, daß das ohne Ihr Dazutun geschieht. Häufig werden Menschen gezwungen, sich besonderer Aktivität zu entziehen. Linde-Leuten fällt das nicht immer leicht, denn Sie gehören in der Überzahl zu den Realisten und können unbewußte Regungen und Einflüsse nur schwer akzeptieren. Sie sollten jetzt aber unbedingt auf die ruhige, stille Tour umschalten. Auch wenn es nicht erwünscht ist, daß die Seele zu Wort kommt, es ergeben sich damit etliche Vorteile, die Sie zu einem bestimmten Zeitpunkt gut brauchen können. Innere Ausgeglichenheit und ein wohltemperiertes Klima in jedem Lebensbereich ist immer ein Vorteil.

Am Monatsanfang ist gleich ein besonderer Glücksmoment zu erwarten. Ein längst geplantes Vorhaben läßt sich ohne Schwierigkeiten durchführen. Es läuft alles besser, als Sie erwarten konnten. In welcher Form sich dies ergibt, in welchem Bereich sich das abspielt, ist hier nicht zu ermitteln. Fest steht lediglich, daß sich die kosmische Energie Jupiter in auffälliger Weise um Linde-Leute bemüht.

Vor übereilten Entschlüssen ist jedoch zu warnen, wenn Sie eine Ortsveränderung planen, die sich nicht nur vorübergehend ergibt. Einschneidende Veränderungen sind für diesen August nicht positiv zu bewerten. Gibt es jedoch zwingende Gründe, sich darauf einzulassen, steht das über jedem kosmischen Befehl. Linde-Leute, besonders wenn sie im September geboren sind, haben bei allem, was eine einschneidende Veränderung verlangt, genug logisches Denken und reales Empfinden zur Verfügung, daß auch riskante Dinge gewagt werden können.

Ein Bescheid, der finanzielle Angelegenheiten betrifft, sollte dreimal, statt einmal gelesen werden. Ist es ein sogenannter »dicker Hund«, lassen Sie etliche Tage vergehen, bevor Sie sich die Sache zu Herzen gehen lassen. Machen Sie keine Fehler, und wenn Sie sich nicht absolut klar sind, lassen Sie sich von einem in derartigen Dingen erfahrenen Menschen beraten.

Mit einem Kollegen, der immer noch nicht ganz mit Ihnen harmoniert, sollten Sie endlich ins reine kommen. Es wird nicht zu vermeiden sein, daß Sie ihn mit seinen Fehlern und Schwächen akzeptieren. Der Berufsalltag kann zur Qual werden, wenn Sie gezwungen sind, mit ihm zu arbeiten und die berufliche und menschliche Verständigung ist miserabel.

Die Linde-Damen beider Dekaden könnten im Bereich Liebe das große Los gezogen haben. Wünschen Sie sich Romantik, wird das kein unerfüllter Wunsch bleiben. Doch bitte: Legen Sie einem Menschen, den Sie zum Herzenspartner gewählt haben, keine Fesseln an. Persönliche Freiheit ist etwas, das jeder für sich in Anspruch nehmen kann.

Im Privatbereich, genauer im Liebesbereich bekommen Sie das Signal: freie Fahrt. Sie können Menschen überzeugen, finden genau die richtigen Worte, und jeder wird Ihnen interessiert zuhören, vorausgesetzt natürlich, Sie legen Wert darauf.

Veränderungen werden durch die verschiedensten kosmischen Werte möglich. Vom 2. bis zum 16. September ist dafür die Zeit am günstigsten.

Bemühen Sie sich nicht, eine alte Beziehung mit allen zur Verfügung stehenden Mitteln aufrechtzuerhalten. Soll etwas endgültig vorbei sein, hilft kein Wehklagen und keine massive Drohung. Aktivieren Sie Ihr Selbstvertrauen, und sehen Sie sich andere Menschen genauer als sonst an. Es gibt genug Männer und Frauen, die genau wie Sie sich einen verständigen Partner sehnlichst erwarten. Außerdem ist das Wort Schicksal hier mitbestimmend. Funktioniert das nur einigermaßen so, wie Sie es gerne hätten, hat das lange Alleinsein keine Chance. Mal ganz abgesehen davon, daß das für eine Weile ganz nützlich sein kann. Man muß nur den richtigen Dreh finden, um mit sich selbst etwas anfangen zu können.

Eine Menge neuer Eindrücke wartet Mitte September auf Sie. Eine nette Party da, ein Theaterbesuch dort, und sogar im Kreis von Kollegen sind lustige, ausgelassene Stunden zu erwarten. Ganz private Kümmernisse sind da schnell vergessen.

Auch die Familie zeigt sich angenehm. Zeigen Sie sich verständnisvoll, wenn der eine oder andere mit seinem Kummer zu Ihnen kommt. Besonders ältere Menschen im familiären Bereich sind froh, jemanden zu haben, der Ihnen zumindest eine Weile, zuhört.

Im Beruf versucht man möglicherweise, Ihnen Arbeiten zuzuschieben, für die Sie nicht zuständig sind. Verhalten Sie sich zunächst nicht unbedingt abweisend, nimmt das jedoch ein Ausmaß an, das, gelinde gesagt, in eine Zumutung ausartet, machen Sie Ihren Standpunkt klar und deutlich. Am Ende dieses Monats müssen ein paar Tage ganz dem eigenen Wohlbefinden, dem guten Aussehen gehören. Schlafen, bewußt nur leicht Verträgliches essen und spazieren gehen, das sind drei Dinge, die jeder machen kann und jedem nützen.

Die beste Zeit werden Partnerbeziehungen in diesen Oktoberwochen erleben. Das Wichtigste dürfte sich im eigenen seelischen Erleben zutragen. Linde-Damen lernen nämlich einzusehen, daß romantische Vorstellungen gar nichts bringen. Über einen kurzen Zeitraum hinweg mag das ja ganz angenehm sein und wird auch vom Partner gut aufgenommen. Doch auf Dauer taugen sie nichts. Es ist auch die Möglichkeit gegeben, daß sich der eine oder andere schlaue Zeitgenosse sich Ihre »verträumte« Phase zunutze macht und sich seine Vorteile dabei ausrechnet.

In der Familie ist kaum mit Mißverständnissen zu rechnen. Nur einiges in Ihrer Verhaltensweise wird nicht akzeptiert. Doch Sie werden das gewohnt sein, außerdem haben Linde-Leute die Möglichkeit, sich eine Elefantenhaut zuzulegen, an der alles abprallt, was nicht ins eigene Programm paßt.

Im übrigen suchen Sie ohne jede besondere Absicht den Umgang mit Leuten, die auf Ihrer Linie liegen. Sehr vorteilhaft erweist sich dies im Bereich der Mitarbeiter. Abgesehen davon, daß es niemandem einfällt, Sie mit Schwierigkeiten zu konfrontieren. Die allgemein sich gut entwickelnde Tendenz, mit jedem Menschen auf gutem Fuß zu stehen, ist nach der 2. Woche unübersehbar. Ehrgeiz bei der Arbeit wie auch zu Hause bringt Verschiedenes ein, das Ihre Laune, Ihre Stimmung hebt.

Den Linde-Damen beider Dekaden zeigt sich diese gute Tendenz in Erlebnissen besonderer Art. Neue Bekanntschaften sind möglich. Zeigen Sie sich ungeniert von Ihrer charmantesten Seite, und nehmen Sie nicht alles für bare Münze, was man Ihnen erzählt. Sie müssen in diesem Oktober das Leben von der heiteren Seite nehmen und den tierischen Ernst total vergessen.

Gibt es Leute, die sich geradezu in Ihr Leben drängen, halten Sie sich von diesen Zeitgenossen meilenweit entfernt. Es ist in keinem Fall eine befriedigende Lösung zu erwarten, wenn ein Zueinanderfinden bewußt geplant und vielleicht auch noch mit materiellen Interessen in Zusammenhang stehen. Ein besonderer kosmisches Aspekt begünstigt lediglich in den letzten Tagen des Oktobers geschäftliche Vorhaben.

Ein guter Monat, um dem Jahr 1997 dankbar zu sein. Beruflich und geschäftlich vielleicht nicht übertrieben ergiebig, aber gesellschaftlich können sich Pluspunkte zeigen. Was Sie in dieser Richtung jetzt noch in die Wege leiten, bekommt Methode und bringt gut fundierte und deshalb dauerhafte Erfolge.

Übertriebener Eifer ist nicht gefragt. Es ist eine für Linde-Leute typische Erscheinung, daß immer dann, wenn Tendenzen abflauen, mit Gewalt versucht wird, dem Schicksal entgegenzusteuern.

Ist die erste Hälfte des Novembers vorüber, kann es zu einer Zeitspanne kommen, die den Herbst-Linde-Leuten eine ereignisreiche Phase beschert. Insbesonders ist das Thema Liebe stark gefragt. Werden Sie sich stets ganz alleine schlüssig, was zu tun oder zu lassen ist. Niemand kann bei diesen persönlichen Dingen einen objektiven Rat geben. Freunde oder die Familie beurteilen alles nach den eigenen Vorstellungen, was ganz selbstverständlich ist. Doch Ihren eigenen Gedankengängen, die in Liebesbeziehungen individuell wie sonst nirgends sind entspricht das kaum einmal.

Für die Linde-Damen beider Dekaden kann die zweite Hälfte des Novembers noch ereignisreicher werden als für die Männer. Viele kosmische Strömungen haben betont femininen Charakter. Damit ist ein diesbezüglicher Trend vorgegeben. Die persönliche Beliebtheit wird intensiviert, und manches wird intuitiv erfaßt. Die Worte, die Ihnen Pluspunkte einbringen, kommen Ihnen wie von selbst über die Lippen. Diese Besonderheit kommt auch bei Vorgesetzten ausgezeichnet an. Kein Wunder, daß Sie gut gelaunt sind und diese gute Stimmung auch anderen vermitteln können.

Sie können nun ausnahmsweise einmal alles tun, was Ihnen Spaß macht. Sie wissen, daß Ihr Ich eine kleine Welt für sich ist. Nichts, was dem Nachbarn wehtut oder guttut, sollte für Sie interessant sein. Sie kamen alleine auf diese Welt und werden alleine einmal diese Welt verlassen. Ist es nicht ein deutliches Zeichen, daß das Hauptinteresse immer der eigenen Person gehören sollte? Sicher befürwortet das nicht die Eitelkeit, aber ganz sicher die bewußte Pflege der geistigen und seelischen Persönlichkeit.

Es zeigt sich eine deutliche Aufwärtsbewegung, obwohl der letzte Monat im Jahr einen Abschluß signalisieren sollte, der vor allem das Interesse im geschäftlichen Bereich abflauen läßt. Sie bemühen sich in auffallender Weise um Ihre berufliche Karriere oder zumindest um zufriedene Gesichter bei Ihren Vorgesetzten. Damit sichern Sie sich schon für das kommende Jahr eine Aufmerksamkeit, die Ihnen manchen Vorteil einbringen wird.

Probleme mit Kollegen, die zum Teil mit Meinungsverschiedenheiten in Zusammenhang gebracht werden können, lösen sich auf. Wer will sich schon mit einem Menschen anlegen, der die offensichtliche Protektion aus der Chefetage hat.

Private Bekanntschaften sind Ihnen kaum mehr wichtig, zumindest diejenigen, welche nicht immer harmonisch waren. Distanzieren Sie sich nicht ganz, Linde-Leute der ersten Dekade machen leicht den Fehler, das Kind mit dem Bad auszuschütten. Schön verteilt sollte Ihre Einstellung zu privaten und beruflichen Interessen sein. Großzügigkeit heißt das Zauberwort, das hier wie dort gute Voraussetzungen schafft, die für ein Leben wichtig sein können.

Übrigens sind Linde-Leute ganz ohne Freundschaften recht unglückliche Leute. Denken Sie daran, wenn beruflicher Ehrgeiz wieder einmal alles andere unwichtig macht.

Doch nicht während des ganzen Dezembers bleibt das so. Die geschäftige Betriebsamkeit kommt schnell in ein ruhigeres Fahrwasser, wenn Hinz und Kunz nur noch von den Feiertagen reden und wer was zum Weihnachtsfest erwartet.

Nachdem Sie ein ereignisreiches Jahr hinter sich haben, wäre es auch für Sie an der Zeit, der eigenen Person besondere Aufmerksamkeit zu schenken. Ausspannen, Nichtstun, auch die Freizeit nicht immer mit voller Aktion ausfüllen, ist das, was Sie über die Feiertage tun sollten. Damit finden Sie automatisch dazu, sich um Ihre Angehörigen so zu bemühen, daß nur zufriedene Gesichter zu sehen sind. Mit dieser Einstellung werden Sie bald auch den einzig richtigen Kontakt zum Thema Liebe bekommen. Wann sollen sich auch Gefühle einstellen, wenn nicht zu den Feiertagen und am Jahresende?

Haselnuß 1997

22.3.–31.3. / 24.9.–3.10.

Eine besondere Tendenz ist für die März-Geborenen festzustellen, die nicht nur rastlosen Ehrgeiz aufweist, sondern in ganz besonderem Ausmaß Stärke und Energie. Ein häufiger Wechsel von Aufschwung und passivem Verhalten ist angezeigt, der persönliche Nimbus wird damit in keiner Weise geschmälert.

Großes Aufheben wird nie gemacht, weder von den zeitweilig sehr mutigen Einsätzen, noch von den Erfolgen, die damit möglich werden. Es sind ausgesprochene Tatmenschen, die eines dieser Daten für Ihren Geburtstag zugewiesen bekamen.

Unabhängigkeit und persönliche Freiheit gehört für die März-Dekade zur Grundausrüstung. Selbstbeherrschung, nicht immer in Aktion, muß immer wieder, und zwar bis ins hohe Alter, geübt werden, natürlich gewachsen, angeboren ist sie nicht. Es gibt unter den Vertretern der ersten Dekade Leute, die sich als Nomaden am wohlsten fühlen. Eigenartigerweise gibt es auch Fanatiker, die sich im eigenen Heim als Könige fühlen und an Wochenenden keinen Fuß vor die Tür setzen. In beiden Fällen wird deutlich, daß die eigene Person für sie das Maß aller Dinge ist.

Was ein Haselnuß-Geborener empfindet, was von ihm in die Tat umgesetzt wird, stets verfügt er über eine immense Energie, die ihm selten richtig zum Bewußtsein kommt. Die Herbst-Dekade ist nicht so besessen vom Vorwärtsstreben, doch durchsetzen wird sich auch sie, allerdings mit etwas mehr Überlegung und gezieltem Planen.

In der Liebe haben beide Dekaden eine Chance, die helle, freundliche Seite ihres Wesens zur Entfaltung zu bringen. Kunst, Kultur, Eleganz und Anmut, das sind alles recht bekannte Begriffe für Haselnuß-Leute.

Der Mond, seinem besonderen Einfluß entsprechend, ist den Haselnuß-Leuten stets ein willkommener Begleiter. Schon in den ersten Januartagen können Sie mit ihm rechnen. Harmonie und Wohlbehagen zeigt sich im Umgang mit nahestehenden Menschen.

Nicht so großartig ist die erste Hälfte des Monats für den Beruf. Sie sind zu nachdenklich und machen sich Sorgen um Ereignisse, die Sie eigentlich in keiner Weise berühren. Sie sollten wissen, daß Sorgen noch niemals eine Situation verändert haben und schon gar nicht, wenn es um Dinge geht, die Ihr Leben in keiner Weise tangieren.

Nach dem 16. sind Sie von diesen unnützen Stimmungen befreit. Es ist also kein Grund vorhanden, die Flügel hängenzulassen. Nach diesem 16. bekommen Sie wieder Gelegenheit, sich äußerst aktiv am Arbeitsplatz zu zeigen. Neue Ideen, die Sie schon längere Zeit insgeheim beschäftigen, lassen sich vielleicht jetzt realisieren. Sicher sind es keine umwälzenden Neuerungen, doch irgendwie können damit etliche Akzente gesetzt werden.

Ein Mitarbeiter, mit dem Sie bisher ab und zu Schwierigkeiten hatten, wird endlich vernünftig und sieht ein, daß mit Ihnen ein gutes Auskommen möglich ist. Man ist ganz allgemein recht freundlich zu Ihnen, manch einer bietet ihnen sogar seine Freundschaft an. Sicher nicht direkt, aber sein Verhalten zeigt das ganz deutlich.

Sie sehen, es sieht nach einer recht erfreulichen Aufwärtsbewegung im Januar-Programm der Haselnuß-Leute aus. Im Zuge dieser Entwicklung können Sie sich wieder ganz auf Ihre Intuition verlassen, die Sie meist seiner magnetischen Energie, der auf diese Weise für Haselnuß-Leute bemüht ist.

Eine Entscheidung, die man privat von Ihnen erwartet, sollte nicht auf einen späteren Zeitpunkt verschoben werden. Auch wenn einschneidende Veränderungen im Moment recht unerwünscht sind, bringen Sie so etwas trotzdem schon im Januar hinter sich.

In diesen Wochen sind die kosmischen Kräfte darum bemüht, Ihnen manches in Gold zu verwandeln. Immer noch ist es die Mondphase in Ihrem Geburtszeitraum, die sich milde und irgendwie sogar bereichernd zeigt. Zugleich sorgt sie dafür, daß diese Tendenz nicht in puren Materialismus ausartet. Bemühen Sie sich trotzdem, einen hundertprozentigen Einsatz im beruflichen Bereich zu zeigen. Eine lässige Einstellung bringt Ihnen nicht nur eine unangenehme Bemerkung eines Vorgesetzten ein, sie wird auch Ihre Stimmung keineswegs verbessern.

Mitte Februar kommt aus der Familie jemand auf Sie zu, der Ihre finanzielle Hilfe erwartet. Man stellt Ansprüche, man erwartet etliches von Ihnen. Ihre Möglichkeiten sind dem zwar sicher gewachsen, doch wenn Sie sich zu schnell bereit zeigen, könnte das zur ständigen Einrichtung werden. Also klug sein und sich nicht wie ein Weihnachtsmann zeigen, der ohne jede Überlegung zu allem ja und amen sagt und großzügig Geschenke verteilt.

Die großzügige Mondphase verlegt Ihren Einfluß nach dem 18. in den Bereich der persönlichen Beziehung. Ergibt sich etwas Außergewöhnliches, greifen Sie zu. Auch wenn damit ein Wechsel in der Beziehung oder im Wohnbereich verbunden ist, sollten Sie nicht nein sagen. Die Haselnuß-Damen der Herbst-Dekade sind damit besonders angesprochen. Mit Sicherheit ist auch beim Wohnungswechsel ein männliches Wesen der Initiator, doch die Durchführung, meine Damen, bleibt Ihnen überlassen. Halten Sie, egal, um was es geht, Ihre finanziellen Mittel zusammen. Wer großzügige Vorschläge macht, sollte auch bei der Durchführung großzügig sein. Nehmen Sie ganz ungeniert alles an, was angeboten wird.

Ihre finanziellen Mittel sind sowieso durch Ausgaben, die Ihren Kleiderschrank neu füllen, stark in Anspruch genommen. Doch auch hier sollte mit Überlegung und genauem Kalkulieren vorgegangen werden. 1997 ist ein Jahr, das sorgsame Einteilung bei den Geldmitteln erfordert.

Im Liebesleben zeigt sich der Februar ziemlich zugeknöpft. Das heißt, alles andere, was Ihr Leben ausmacht, hat Vorrang.

Es wird kaum Unangenehmes geben. Niemand ist ekelhaft zu Ihnen, niemand versucht ihnen dies oder jenes auszureden. Auch beruflich zeigt sich nichts, was Ihnen zuwider sein könnte. Obwohl diese Tendenz bei manch anderen Geburtsdaten durchaus möglich ist.

Man begegnet Ihnen mit ausgesuchter Höflichkeit und nimmt sogar Rücksicht auf Ihre verschiedenen Schwächen. Sogar Ihre Fehler nimmt man in Kauf. Bitte zeigen Sie schon aus diesem Grunde Charme. Die Damen und Herren im Mitarbeiterbereich erwarten kollegiale Zusammenarbeit. Lassen Sie aber jede zwischenmenschliche Annäherung völlig außer Betracht. Ein Zwischenspiel mit Flirt oder Sex steht für Sie im März außerhalb jeder Debatte. Die Prognose würde heißen: Sie verbrennt sich die Finger dabei. Es sind deutlich negative kosmische Kräfte im Einsatz, die gegen derartige Bemühungen eingestellt sind.

Haben Sie aber eine Liebesromanze im Kopf, die sich nicht ausschalten läßt, gibt es einen besseren Weg dafür, als sie bei der betrieblichen Zusammenarbeit zu suchen.

Höchste Aktivität ist im Freizeitbereich angesagt. Eine Sportart werden Sie sicher betreiben, die Ihnen Spaß macht und die Ihnen Erfolgserlebnisse vermittelt. Es ist jetzt sogar möglich, sich damit Lorbeeren zu holen, die Sie ermutigen könnten ins Profilager zu wechseln.

Auch eine Beschäftigung im künstlerischen Metier ist möglich, wenn dafür Talent vorhanden ist. Eine Entwicklung zur meisterlichen Arbeit ist möglich, auch wieder durch den »Alleskönner« Mond. Es muß auch gesagt werden, daß er wesentlich mehr Einfluß auf das Leben auf Erden hat, als allgemein angenommen wird. Er verlangt ab und zu aber leider orientalischen Fatalismus, der in unseren Breiten und unserem Zeitalter recht wenig zu melden hat. Nur hin und wieder, wenn man mit dem Schicksal nur schwer zurechtkommt, ist er äußerst nützlich.

Es wird sich wenig ereignen, das aufregend oder interessant zu werden verspricht. Vieles geht Ihnen sicher durch den Kopf, aber realisiert kann kaum etwas werden. Eigenartig ist, daß sogar Hoffnungen, Wünsche und Erwartungen bei den Haselnuß-Leuten auf Eis liegen. Es ist dies sicher keine unerfreuliche Geste der Gestirne, das Gegenteil dürfte der Fall sein. Unsere schnellebige Zeit bringt soviel Streß und Hektik in das menschliche Leben, daß eine Phase des Sichgehenlassens guttut.

Etwas Bewegung kommt auf, wenn Ende der zweiten Monatswoche Ihr Privatleben gewisse Rechte anmeldet. Da ist zunächst das Zusammensein mit Kollegen, das eine angenehme und ungewohnte Abwechslung bringt. Hier ist man auch einem Umtrunk außerhalb der Arbeitszeit nicht abgeneigt. Es sieht ganz so aus, als käme im Mitarbeiterbereich ein gutes Zusammengehörigkeitsgefühl auf.

Zweifellos schafft diese Harmonie zwischen Menschen mehr Produktivität als neidvolles Beobachten Mißtrauen. In Krisentagen, die nie auszuschließen sind, bringt sie einen Zusammenhalt, der mit Gold nicht zu bezahlen ist.

Alle Haselnuß-Damen werden nun die Schatten des Vormonats sicher lossein. Lassen Sie sich jetzt auch den Glauben an eine baldige Besserung in Liebesbeziehungen nicht nehmen. Wir haben erst April, es liegt die schöne Zeit, die Mai und Juni bringt, vor Ihnen, da wird vieles möglich, was sich bisher nur langsam und zögernd entwickelt. Zeigen Sie also ein heiteres Gesicht, wenn Sie mit Ihrem Herzallerliebsten zusammen sind. Zeigen Sie offen, daß Sie daran interessiert sind, daß Liebe und offene Zuneigung Ihnen das Wichtigste sind. Auch wenn es Ihrer Empfindlichkeit wehtut, wenn die Reaktion nicht sofort so ist, wie Sie sich das erwartet haben, lassen Sie sich alle Tricks einfallen, die in der Liebe erlaubt sind, um die Situation zu retten.

In der vierten Monatswoche macht vielleicht die Familie Ärger. Bleiben Sie ruhig, am besten ist es, Sie machen sich rar und zeigen sich für eine Weile nicht. Damit entgehen Sie jedem nervtötenden Gemecker.

Die Familie wird in diesem schönen Monat Mai Ihre Aufmerksamkeit für sich beanspruchen. In den ersten Tagen ist Ihnen das sicher nicht angenehm, denn erstens werden Sie die Unduldsamkeit, die Sie empfinden, kaum zeigen dürfen. Sie sollten wissen, daß gerade hier im weiteren Verlauf des Monats recht vergnügliche Tage zu erwarten sind. Es wäre also Ihr eigener Vorteil, wenn Sie schon jetzt freundlich sind.

Geben Sie sich locker, auch wenn zunächst da und dort ein gereiztes Wort fällt. Vieles ist gar nicht so persönlich gemeint, meist ist es nur der Alltag mit seinen auf die Nerven gehenden Begleiterscheinungen, der Menschen so ungeduldig macht.

Legen Sie also bitte jeden pessimistisch gefärbten Gedanken ab. Man mag Sie und wird es Ihnen schon bald beweisen. Die weiblichen Haselnuß-Leute, wenn sie im Oktober geboren sind, haben jetzt den Vorteil, daß vieles prinzipiell nicht tragisch genommen wird. Sie sind ausgeglichen und jederzeit in der Lage, mit einem Lachen, einem Scherzwort unliebsame Stimmungen einfach zu ignorieren.

Im gewohnten Umgang mit Freunden, Sportkollegen und sonstigen Bekannten läuft alles recht gut. Sind die ersten beiden Wochen vorüber, kommt Frühlingsstimmung auf. Scheint die Sonne warm, bekommt der Frühling endlich eine Chance, sich in seiner ganzen Schönheit zu zeigen, gefällt Ihnen das Leben gleich wieder besser. Auch Ihre Leistung im Arbeitsbereich zeigt eine positive Tendenz, das fällt auf und bringt Ihnen Sympathien ein.

Alle Spannungen lassen ab dem 17. nach. Sie haben keine Mühe, sich so zu geben, wie man es von Ihnen erwartet. Heiter, zu manchem Spaß aufgelegt und großzügig, wenn Fehler von Kollegen übersehen werden müssen.

Auch im Herzensbereich läßt sich manches ankurbeln. Es wird Ihnen eigentlich alles leichtfallen, sogar das Ja, wenn ein Partner Sonderwünsche hat. Auch Außergewöhnliches wird akzeptiert.

Sie können Fortschritte machen. Ihr Verhalten wird durch die guten Einflüsse aus dem Bereich der Sterne entgegenkommend und Umweltbewußt. »Umwelt« ist hier die Familie, der Partner, Freunde und Mitarbeiter. Die schönen Seiten eines Menschenlebens zeigen sich mit jedem Tag im Juni mehr. Kritische Situationen, denen Sie ausgesetzt sind, bekommen Sie bestens in den Griff.

Nicht alle Leute, mit denen Sie zusammenkommen oder zusammen arbeiten müssen, sind so wie Sie positiv programmiert. Sie müssen sich sicher da und dort einen Widerspruch gefallen lassen. Sehen Sie solchen Tatsachen ins Gesicht, denken Sie sich dabei, was Sie wollen, aber sagen Sie kein einziges unschönes Wort, das Ihnen auf der Zunge liegt. Schlecht gelaunte, fade Leute gibt es immer und überall, das ist kein Grund, um ebenfalls Trübsal zu blasen oder ausfällig zu werden.

Beim Geld läuft alles relativ glatt. Eine gute Tendenz ist angesagt, wenn der 20. Juni vorüber ist. Sondereinkünfte aus Quellen, die außerhalb des gewohnten Arbeitsbereiches liegen, sind möglich.

Bei Freunden kommen Sie besonders gut an, und auch der Herzallerliebste macht keine Schwierigkeiten. Froh und heiter ist der Trend der letzten Juniwoche. Die Menschen, mit denen Sie Tag für Tag zusammen sind, fühlen sich sichtlich wohl in Ihrer Nähe und lassen sich von Ihrer guten Laune anstecken.

Überlegungen rein materieller Art könnten in den letzten Junitagen wichtig werden. Entziehen Sie sich keiner Diskussion, auch wenn Sie gar keine Lust darauf haben. Vielleicht ist es nämlich notwendig, daß Sie Ihre persönliche Meinung gegen tausend Widerstände durchsetzen müssen.

Der »siebte Himmel« ist in alten Partnerbeziehungen nicht zu erwarten. Es ist Ihnen, ehrlich gesagt, auch gar nicht danach. Trotzdem, höflich, freundlich, vielleicht sogar liebenswürdig, sollten Haselnuß-Damen und -Herren auch dann sein, wenn die Atmosphäre lauwarm ist. In einigen Fällen sieht es sogar nach Kälte aus. Zum beginnenden Sommer sollte schon etwas Wärme aufkommen.

Durchaus realisierbar wäre jetzt ein Plan, sich auf eigene Füße zu stellen. Sie haben jede Menge Selbstbewußtsein, das überall gut ankommt, und Ihre berufliche Qualifikation dürfte ebenfalls ausreichend sein. Ihren diesbezüglichen Bemühungen wird wohl kaum eine Tür verschlossen bleiben. Die kaufmännischen Talente sind bei beiden Dekaden so gut wie angeboren. Von den Herbst-Geborenen könnte man sogar behaupten, sie sind die geborenen Kaufleute.

Achten Sie gut auf jede Chance und jeden Vorteil, der sich ergibt. So ganz mühelos wird das Selbständigmachen nicht ablaufen. Eisern seine Ziele verfolgen und den Arbeitstag schon am frühen Morgen beginnen ist nur einer von den vielen Punkten, die ins Programm gehören.

Aber auch eine anderweitige berufliche Veränderung könnte sich ergeben. Machen Sie sich die Mühe, das Für und Wider sorgfältig zu prüfen. Ein spontaner Entschluß sollte vollkommen ausgeschlossen sein. Das Jahr 1997 ist dafür generell nicht geeignet, in keinem Bereich und in erster Linie nicht im beruflichen.

Scheiden alle bisher aufgeführten Möglichkeiten aus, gibt es andere gesellschaftliche Vorteile. Das kann ein günstiger größerer Einkauf sein, ein gutes Ergebnis einer Absprache usw.

Nicht ohne Mißtrauen beobachten einige Leute Ihre jetzige Aktivität. Zu viele Gegensätze in der Lebensauffassung, in der charakterlichen Veranlagung lassen es eben nicht zu, daß jeder mit Ihnen einverstanden sein kann. Versuchen Sie derartige Unterschiede durch innere Gelassenheit zu bewältigen. Vor allem darf es nicht zu persönlichen Differenzen kommen, die auch Haselnuß-Leuten an die Nieren gehen, obwohl man sie zu den stets »Gefaßten« zählen kann.

Was sonst noch auf Sie zukommt, ist nicht negativ zu bewerten. Ihre jetzige Einstellung, alles ist machbar, macht von vornherein gutes Wetter für sämtliche Vorgänge dieses Monats.

Im Bereich Liebe zeigt sich dieser relativ angenehme und erfolgversprechende Juli sicher angenehm. Dem Partner zuhören, ihn nicht mit den eigenen Sorgen belasten, ist jetzt ein Beweis, daß Sie auch hier zum richtigen Rezept gefunden haben.

Es wird ein heißer Monat, nicht nur bei den Wettertemperaturen, auch in Ihrem Leben. Ob Sie sich an einem sonnigen Strand erholen oder auf Berge steigen oder ob Sie am Arbeitsplatz Ihrer täglichen Pflicht nachgehen, bleibt sich gleich. Die Rolle, die Ihnen dieser August auferlegt, ist äußerst anspruchsvoll. Lebhafte Vorgänge und ein ebensolches Auf und Ab sind vorgesehen. Etwas weniger Trubel wäre Haselnuß-Leuten sicher sympathischer, doch wie so oft, machen die universellen Strömungen ihre Rechnung, ohne zu fragen ob das auch genehm ist.

Ihr nächstes Umfeld ist Gott sei Dank nicht darauf aus, Streß, Hektik oder gar Aufregungen zu verursachen. Hier weiß man, wie Ihnen der Alltag erleichtert werden kann. Das große Feld Freundschaft, das im stellaren Werturteil einen großen Platz einnimmt, ist bestens versorgt. Es wird Leute geben, die um einen engeren Kontakt mit Ihnen bemüht sind. Das eröffnet tausend Möglichkeiten, sich für eine ganze Weile, vielleicht sogar für ein ganzes Leben, eine sichere Basis zu schaffen. Der Weg zu einer großen Liebe wäre dabei wohl das Wertvollste, was Ihnen dabei geschehen kann.

Die dritte und mehr noch die vierte Woche sind in dieser Hinsicht äußerst gut zu bewerten. Bringen Sie alles, was Sie vorhaben, in dieser Zeitspanne unter Dach und Fach. Sie können sich zwar nicht das Blaue vom Himmel herunterholen, aber es ist jedenfalls ausreichend, um sich zufrieden zu fühlen.

Zurückhaltung ist in diesen Augustwochen nicht gefragt, wenn es darum geht, sich mit Liebe pur einzudecken. Was Sie jetzt anstreben, ist Ihrem Naturell genau entsprechend. Sie dürfen ruhig einmal alle Hebel in Bewegung setzen, wenn es um die Befriedigung Ihrer persönlichsten Wünsche geht. März-Haselnuß-Leute haben meist Bedenken, wenn nur das eigene Ich zu Wort kommt. In diesem Monat ist das ganz anders. Sie werden sehen, wie vorzüglich das funktionieren kann.

Endlich kommt ein wenig Ruhe in Ihr Leben. Sie werden sich das nach diesem bewegten August sehnlichst wünschen. Ihre Freunde oder auch die eigene Familie haben sich eng mit Ihnen verbunden, deshalb ist es ganz selbstverständlich, daß Sie das Einzelgängerwesen mit dem besonders die März-Geborenen belastet waren, aufgeben. Dieser September hilft in dieser Richtung weiter. Damit werden Neigungen offenbar, die Ihnen selbst bisher völlig unbekannt waren. Sie mausern sich zum geselligen Menschen, wenn auch die Herbst-Haselnüsse das schon so ab und zu erfahren haben, sie können glänzende Unterhalter sein.

Zuviel sollten Sie sich allerdings nicht strapazieren. Auch intensives Vergnügen kostet Kraft, deshalb bitte nicht jeden Abend mit lieben Leuten zusammensitzen. Es ist heute zwar absolut unüblich, aber der Schlaf vor Mitternacht ist, seit Großmutterszeiten, äußerst wertvoll, daran hat sich nichts geändert.

Echte Schwierigkeiten gibt es kaum. Ihre menschliche Entwicklung macht ausgezeichnete Fortschritte. Mit dazu beigetragen hat sicher auch Ihr neu erwachter Wissensdurst, und es ist nicht nur die Tageszeitung, an der Sie Interesse haben. Wichtig wird für Sie plötzlich, wie erfolgreiche und überragende Menschen gelebt haben. Daß auch diese sich mit einem nicht leichten Schicksal abfinden mußten, vermittelt eine Erkenntnis, die für Ihr eigenes Leben unerhört wertvoll sein kann.

Ohne Liebe wird es auch diesen Monat nicht gehen. Erwarten Sie aber nichts Überragendes. Jedenfalls können Sie sicher sein, daß einige Septembertage damit gut versorgt sein werden. Steht ein bestimmtes Anliegen immer noch auf der Warteliste, warten Sie den nächsten oder übernächsten Monat ab. Es wird sich schon mal etwas ergeben, das als Happyend bezeichnet werden könnte.

Aktivieren Sie Ihren Optimismus, er bereichert nicht nur Ihr geistiges, sondern auch Ihr seelisches Erleben und Empfinden.

Mit besonderen Ereignissen ist kaum zu rechnen. Auch Ihre übergroße Energie läßt etwas nach. Trotzdem werden Sie von den guten Strömungen aus dem Universum nicht stiefmütterlich behandelt. Fällt intensive Arbeit an, werden Sie allerdings zu kämpfen haben, denn übermäßiger Fleiß ist kaum angesagt. Genießen Sie ohne Gewissensbisse diese ruhige Phase, sie wird nicht lange anhalten. Bis zum Jahresende ist noch genug Zeit und Gelegenheit, um Können und Wissen unter Beweis zu stellen.

Pflegen Sie, bis es soweit ist, den Umgang mit Menschen, die Ihnen nicht so besonders liegen, die sich aber bisher immer bemüht haben, Kontakt mit Ihnen zu bekommen. Gespräche, die sich zufällig ergeben, sind geeignet, daß Sie Ihre Meinung ändern. Der oder die eine oder andere ist vielleicht interessanter, als Sie bisher angenommen haben. Die Tendenz der gleichmäßig verteilten Sympathien bietet eine Gelegenheit, sich auch da zu engagieren, wo Sie bisher völlig gleichgültig waren.

Bei Kunstschaffenden ist dieser Trend geeignet, schöpferische Impulse zu wecken. Hat es bisher nicht so recht geklappt mit der künstlerischen Intuition, jetzt werden Sie nicht mehr zu klagen haben, daß Ideen, Vorstellungen und Träume ausbleiben. Selbstverständlich ist damit ein Erfolg verbunden. Nicht nur, weil die stellaren Einflüsse dies wollen, sondern weil Ihr künstlerischer Eifer das geradezu erzwingt.

Haselnuß-Leute, wenn sie beruflich in Bereichen der Wissensvermittlung beschäftigt sind, haben nach dem 14. außergewöhnliche Pluspunkte zu erwarten. Die Tendenz steht auf Beruhigung, aber auch Veränderung im positiven Sinn.

Privat bekommen beide Dekaden, ob im Frühjahr oder Herbst geboren, unerwartete Chancen zugespielt. Sagen Sie nicht nein, auch wenn es nicht das ist, was Sie sich erhofft haben. Auch ein bescheidener Erfolg hilft der Seele. Zumindest bekommt damit das Selbstbewußtsein und der persönliche Mut zusätzlichen Kraftzuwachs. Es wäre schade, würden Sie keine Notiz von einem bescheidenen Erfolgserlebnis nehmen, nur weil es sich in einem zu kleinen Rahmen bewegt.

Eine ganze Anzahl von freundlichen kosmischen Kräften bemüht sich für Sie, den November angenehm zu machen. Jetzt, gegen das Jahresende, zeigt sich der Himmel strahlend, genauso, wie Sie es sich schon eine lange Weile gewünscht haben.

Ein eigenartiger Zufall spielt dabei keine kleine Rolle. Irgendwie ist der Wink des Schicksals deutlich festzustellen. Es können die unterschiedlichsten Dinge sein, die sich ereignen und die Sie rundum zufrieden machen. Fest steht, daß es sich um Geschehnisse im Berufsbereich handelt.

Freundliche Aspekte sind auch im Privatleben zu erwarten. Gibt es bei Finanzfragen noch einen kleinen Ärger, sind das nicht weiter ernstzunehmende Allerweltsangelegenheiten, die kaum der Rede wert sind.

Bei älteren Jahrgängen kann sich in Partnerverbindungen eine höchst erfreuliche Harmonie entwickeln. Die stellare Kraft Venus macht es möglich. Sie ist es, die immer etwas in Bewegung setzt, wenn sich etwas ergibt, das nach Liebe aussieht.

Hat Ihr Zufallsglück einige Ihrer nächsten Mitmenschen aufmerksam gemacht, ist es ratsam, zurückhaltend zu sein. Nicht alles wird neidlos akzeptiert. Spucken Sie also bitte keine großen Töne, wenn sich das Glück eine Besonderheit für Sie hat einfallen lassen. Überlassen Sie das anderen.

Eventuell kann sich sogar ein Partner nicht darüber so freuen, wie das eigentlich zu erwarten wäre. Jetzt zeigt es sich, was diese Liebe wirklich ist und wie wertvoll vor allem der Partner für Sie ist. Es wird sich schnell herausstellen, ob man lediglich Tisch und Bett miteinander teilt und »sonst gar nichts«.

Sie werden sicher richtig entscheiden, wenn ein derartiges Fehlverhalten vorliegt.

Sehr amüsant und unterhaltend wird der Freizeitbereich sein. Hier ist Dynamik und Entschlossenheit angebracht. Manches läßt sich neu organisieren, und Sie sind wirklich glücklich, daß Sie hier voll in Anspruch genommen werden. Es ist ein wunderbares Ventil, bei dem Sie Ihre Energie nutzbringend verwerten können.

Sie haben es geschafft. Das Jahr geht angenehm zu Ende. Das Element Wasser, das immer Bewegung in alle Vorgänge bringt, bekommt fünf stellare Zeichen, sich intensiv um die Belange zu bemühen, die für Haselnuß-Leute, ob Mann oder Frau, eine ausschlaggebende Bedeutung haben.

Außergewöhnliche Vorhaben im beruflichen Bereich sind zu erwarten, wenn sich diese auch erst im kommenden Jahr realisieren lassen. Froh werden sie darüber auch jetzt schon. Sie sind auch mit den übrigen Geschehnissen recht zufrieden.

Im Kreis Ihrer Familie sind Sie nicht nur gerne gesehen und willkommen, auch Ihre Freunde sind begeistert, wenn Sie Ihre diversen Späße machen. Niemand hat etwas dagegen, wenn Sie jetzt sogar auf die Pauke hauen. Man weiß, daß Sie allen Grund dazu haben.

Knistern wird es, wenn die Liebe zum Thema wird und bei Ihnen einfällt, wie ein Vogelschwarm ins Kornfeld. Ihre Phantasie und Ihr Gespür sind auf Ungewöhnliches eingestellt, und Sie werden sicher nicht enttäuscht.

Auch der häusliche Friede ist Mittelpunkt Ihrer Wünsche. Sicher trägt das kommende Weihnachtsfest viel dazu bei. Es ist trotz Computer und Bildschirm immer noch eine Zeit, die Ruhe und Besinnlichkeit erwartet und auch bekommt. Eigentlich ist es ja nicht das Fest des Weihnachtsbaumes, sondern das Fest der Natur, die sich zur Wintersonnenwende aufmacht, zu einer neun Zeit des Werdens und Blühens. Vielleicht ist es sogar das intuitiv erfaßte Naturgeschehen, das die Menschen in diesen Tagen so friedlich werden läßt.

Wie dem auch sei, Sie, verehrte Haselnuß-Leute, haben gute Tage zu erwarten, denn nicht nur das Befreitsein von der Berufsarbeit ist schön, auch daß es in ihrem Umfeld keinen Ärger gibt, trägt dazu bei, daß sie sich glücklich fühlen. Nehmen Sie dies mit in das neue Jahr, dann wird es einen guten Anfang haben.

Eberesche 1997

1.4.–10.4. / 4.10.–13.10.

Alle Möglichkeiten werden genau überprüft und nur vom eigenen Standpunkt aus beurteilt. Dabei ist nicht zu vermeiden, daß die Beurteilung einer Sachlage oder einer in Aussicht stehenden Änderung bisheriger Gepflogenheiten in eine völlig falsche Richtung gerät. Leider will man häufig nur das sehen, was man sehen will. Das Problem liegt einzig und allein nur im vorschnellen und ungestümen Verhalten, sozusagen eine Geschwindigkeitsüberschreitung im geistig-seelischen Verhalten. Die wahre Ursache ist in einer Energieanhäufung, die kosmisch bedingt ist, zu suchen. Es wird immer wieder viel Mühe kosten, dem angeborenen Naturell Zügel anzulegen.

Freunde oder Familienmitglieder, die besänftigend wirken können, sind erst ab einem Alter erwünscht, das kühle Vernunft entwickeln kann.

In jugendlichem Alter haben im Zeichen der Eberesche Geborene gar kein Verständnis für ein betuliches Verhalten. Mit Anforderungen, die an Ruhe und Besonnenheit appellieren, sind sie einfach überfordert.

Wird das Thema Liebe erörtert, zeigt sich deutlich der weiche Kern in dieser kämpferischen Seele. Der weiche Kern schließt jedoch nicht aus, daß echte Leidenschaftlichkeit ein Feuer entfachen kann, das einen Partner total begeistert. Am glücklichsten sind beide Dekaden, wenn sie mit der Liebe auch noch eine Beschützerrolle übernehmen können.

Sie werden auf neue Möglichkeiten aufmerksam gemacht, die Sie bisher übersehen haben und die Sie deshalb nicht berücksichtigen konnten. Eine Entwicklung läßt sich einleiten, die geeignet ist, einen Jahreserfolg einzubringen. Machen Sie sich unverzüglich daran, Chancen, die sich bieten, auszuwerten. Zusätzlich sollten Sie sich im Umgang mit Kollegen geschickt, das heißt diplomatisch zeigen. Mit neuen Gegebenheiten können Sie sich nur dann konzentriert beschäftigen, wenn innerhalb Ihrer Arbeitsgemeinschaft Friede herrscht. Arbeitet einer gegen den anderen oder macht sich Neid bemerkbar, ist es Ebereschen ganz unmöglich, ein umfangreiches Vorhaben durchzuziehen. Sorgen Sie deshalb für ein erträgliches Zusammenarbeiten; sicher wird das gerne angenommen.

Machen Sie sich keine Illusionen, wenn es zu einem Wettstreit kommt, der ausgetragen wird, wenn Ihre Bevorzugung durch einen Vorgesetzten deutlich wird. In einem solchen Fall dürfen Sie jede Rücksicht vergessen. Auch können Sie kein Verständnis erwarten, wenn man bemerkt, daß Sie sich eifrig bemühen, einen besseren Posten anzupeilen.

Sie werden das Nachsehen haben, wenn Sie nicht geschickt vorgehen. Zum einen nimmt man Ihnen übel, daß Sie sich die besseren Kastanien aus dem Feuer holen, zum anderen wird man giftig, wenn die eigenen Felle anfangen davonzuschwimmen, während Sie diese Felle schon längst in Ihren Händen haben. Behalten Sie alle Ihre Pläne schön für sich, und halten Sie Ihre Zunge im Zaum.

Im Privatleben erwartet Sie Verträglichkeit, das Hickhack eines unangenehmen Alltags ist nicht zu sehen. Eberesche-Leute haben damit kaum viel im Sinn. Ein gutes inneres Gleichgewicht und eine liebende Zuneigung, die man schnell empfindet wenn es keine offenen Feindseligkeiten gibt, versetzen sie in die Lage, Fehler anderer zu übersehen.

Im Beruf gibt es jede Menge Gelegenheit, sich mit Arbeitskollegen zusammenzutun. Jedem kann dies Vorteile bringen. Geht diese Initiative von Ihnen aus, haben Sie auch noch die Befriedigung, Besonderes geleistet zu haben.

Gerade Ebereschen haben ab und zu Probleme mit der Isolation, in der sie sich zwar wohl fühlen, die aber im heutigen Leben, das den Trend zum Singel-Dasein auch noch fördert, fast nur Nachteile einbringt. Es genügt, wenn sie sich abends vor den Fernseher setzen und das sogenannte Leben oder Abenteuer an sich vorbeirauschen lassen. Der helle Tag ist wirklich dazu geschaffen, das Leben selbst zu erleben, sich am Leben zu beteiligen!

Vorsicht, wenn um die Mitte des Monats von Angehörigen zuviel von Ihnen erwartet wird. Ihr psychisches Wohlbefinden ist erst langsam dabei, sich zu stabilisieren.

Schwierigkeiten im Partnerbereich sind kaum möglich. Lösen Sie sich aus einer gewissen Starre, die nichts anderes sein dürfte als eine Ermüdung von Gefühlen. Schauen Sie sich andere Leute an, niemand ist davon ausgenommen. Suchen Sie Abwechslung bei Treffs mit netten Bekannten. Vielleicht ergibt sich auch ein kleiner Flirt, wenn auch kaum irgend etwas Besonderes erwartet werden kann. So gewinnen Sie Abstand von der Drehleier der eigenen Gedanken, die meist die Ursache jeden Übels sind, wenn es um die Liebe geht. Bekommen Sie Ihr Leben in den Griff, dann werden Sie Herr über sich selbst sein. Kaum jemand wird Ihnen dann ernstlich Sorgen, Kummer, Ärger und Verdruß machen können.

Die Erkenntnis, daß menschliche Wesen Geschöpfe sind, die alles aus sich machen können, wenn es dafür vorgesehen ist, wird Ihnen die Augen für ferne Horizonte öffnen.

Sie können ausgeglichene Tage erwarten. Weder mit Leuten im Privatbereich, noch mit Arbeitskollegen sind Differenzen in Sicht. Was zu bedenken wäre, ist, daß Sie möglicherweise zu sehr in Abhängigkeit von Leuten geraten, die Ihnen sympathisch sind. Eberesche-Leute haben es ab und zu gerne, umsorgt zu werden. Sind es jedoch Charaktere, die sich zu intensiv um sie bemühen, sie total vereinnahmt, ist das in diesem Jahr nicht von Vorteil. In manchen Fällen könnte sogar von einem Verhängnis gesprochen werden. Lassen Sie sich Zuneigung gefallen, aber die Rolle eines umhätschelten Kindes ist zu Ihrem Nachteil.

Behördensachen sind jetzt vielleicht das einzige, was Ihnen echten Verdruß machen könnte. Zeigen Sie Ihren Ärger nicht in einem groben Brief, auch wenn es schwerfällt, sich über ein typisch bürokratisches Verhalten nicht grün und blau zu ärgern.

Vergessen Sie das alles für ein paar Tage, lassen Sie ein wenig Gras darüber wachsen, von heute auf morgen ist in amtlichen Dienststellen kaum jemals etwas entschieden worden. Wie wäre es in diesem Monat einmal mit einem Theater- oder Konzertbesuch? Suchen Sie sich etwas aus, das Spaß macht, wo entweder das Lachen nicht zu kurz kommt oder der reine Genuß an melodischen Tönen besänftigend wirkt.

Da im kommenden Monat starke Unabhängigkeitsbestrebungen aufkommen, ist es ratsam, sich mit seinem Partner besonders gut zu vertragen. Er oder sie wird nämlich viel gute Laune benötigen, um dafür Verständnis aufzubringen, Ihnen gewisse Rechte einräumen zu müssen, die über die Grenze des Erträglichen hinausgehen könnten.

Kommt von vielen Seiten Negatives auf Sie zu, lassen Sie der schlechten Laune keine Chance. Wappnen Sie sich mit Kaltschnäuzigkeit, und achten Sie nur ja nicht auf die vielen Wenn und Aber, die man bei allem, was Sie jetzt tun, parat hat. Eberesche-Damen bekommen bald alle Trümpfe in die Hand, wenn Sie sich gegen einen massiven Widerstand durchsetzen müssen.

Im häuslichen Bereich, in der engeren Familiengemeinschaft, lösen sich Widerwärtigkeiten schnell auf, wenn Sie versuchen, mit doppeltem Charme jedem einzelnen Komplimente zu machen. Auch wenn Ihnen im Inneren gar nicht danach ist, macht nichts. Sie wollen ein einigermaßen erträgliches Auskommen haben, da ist wirklich jedes Mittel erlaubt; natürlich muß es fair zugehen. Glauben Sie, andere machen es nicht so, wenn Friede und ein gutes Miteinander angestrebt wird?

Gut sieht es am Arbeitsplatz aus. Die Sympathie eines Vorgesetzten wird Ihnen recht guttun. Überprüfen Sie jeden Vorschlag, der Ihnen gemacht wird, es kann sein, daß da ein finanzieller Pluspunkt für Sie herausschaut. Richten Sie sich in diesem Bereich jetzt nach materiellen Gesichtspunkten, dieser April nimmt Ihnen nichts übel. Im Gegenteil, er unterstützt jedes Vorgehen, daß das eigene Wohlergehen im Auge hat. Seit langem ist man an Ihre rücksichtsvolle Nachgiebigkeit gewöhnt. Sprechen Sie jetzt eine deutlichere Sprache, die jedem klarmacht, daß mit Ihnen nicht gut Kirschen essen ist, wenn der Widerstand zu groß wird. Privat sind Sie von der Richtigkeit Ihres Tuns überzeugt. Ein liebender Partner wird seine Freude daran haben. Ewig und immer nur Samtpfötchen in der Liebe, die durch gelegentliches Feuer erst den richtigen Geschmack bekommen, ist ihr nicht zuträglich. Mit Ihrem wunderbar ausgeloteten inneren Gleichgewicht werden Sie das richtige Maß schon finden.

Es läuft zufriedenstellend, um nicht zu sagen, fast nach Wunsch. Berufliche und private Interessen halten sich die Waage. Nur die Familie spurt nicht so ganz, wie Sie es gerne sähen. Dies beruht hauptsächlich darauf, daß Sie sich in diesem Kreis nicht besonders wohl fühlen. Die Beziehung zu den meisten Familienmitgliedern ist im Moment alles andere als erfreulich. Es liegt dafür kaum ein schwerwiegender Grund vor. Ihre Einstellung, Ihre Gefühle, Ihre Zuneigung für den Familienbereich haben in diesem Monat keine Unterstützung aus dem kosmischen Bereich zu erwarten. Störeinflüsse sind leider nicht zu umgehen, man kann nur versuchen, das Beste daraus zu machen. Wichtig ist in erster Linie, jedem Streit, jeder Meinungsverschiedenheit bewußt aus dem Wege zu gehen. Daß auch Ihr körperliches Wohlbefinden nicht optimal ist, liegt auf der Hand.

Die Aussichten im Beruf sind konstant gleichbleibend und als ordentlich zu bezeichnen. Das Betriebsklima ist erträglich, und Sie finden Verständnis. Man arbeitet gerne mit Ihnen zusammen und findet ab und zu auch ein Scherzwort, das eventuelle Spannungen, die entstehen wollen, nicht aufkommen läßt. Unstimmigkeiten mit der Betriebsführung, vor Wochen noch an der Tagesordnung, sind nicht zu erwarten. Hier ist endlich Toleranz angesagt.

Ein starkes kosmisches Element in der letzten Monatswoche macht Sie gar zum Wortführer im Freundeskreis, auch bei Kollegen könnte dies in einzelnen Fällen möglich sein. Vorsicht, bleiben Sie auf dem Teppich, wenn es darum geht, die eigenen Ideen und Ansichten als die allein gültigen zu bezeichnen! Jede unrealistische Vorstellung, sich langsam aber sicher in den Mittelpunkt zu spielen, endet mit einem Fiasko. Man überläßt Ihnen gerne gewisse Ansprüche, doch alles hat seine Grenzen.

Der Geschäftsbereich entwickelt sich nach Ihren Vorstellungen. Besondere Aktivität ist zwar anstrengend, aber die Mühe wird sich lohnen. Lassen Sie sich etwas Sensationelles durch den Kopf gehen. Bisher waren Ihre Chancen nicht allzugroß. Vielleicht lag es nur daran, daß die zündende Idee gefehlt hat. Der Juni zeigt hier eine deutliche Aufwärtsentwicklung. Die Bedingungen für freie Berufe sind so erfreulich, daß es in dem einen oder anderen Fall sogar empfehlenswert wäre, sich von dem bisherigen Job zu trennen und neue Wege zu gehen. Vieles kommt in Gang, und kosmisch bedingte Einflüsse, darunter das Element Metall, versprechen Gutes.

Mit Problemen, die Sie wochenlang geplagt und beschäftigt haben, werden Sie kaum noch konfrontiert. Sicher ist es notwendig, Verschiedenes energisch in die Hand zu nehmen, denn ganz alleine übernehmen die kosmischen Energien nicht die Arbeit für Sie.

Ein kleiner Verdruß mit Angehörigen kann schnell vergessen werden. Die Tendenz dieses Monats ist für beinahe alle Baumsymbole ziemlich angenehm, man ist zuversichtlich und kompromißbereit.

Wenn Sie die Zeichen der Zeit verstehen und richtig erfassen, kommt vieles ins Lot. Ihre persönliche Meinung, die Sie bisher ziemlich deutlich und meist ziemlich heftig als die einzig richtige bezeichnet haben, nehmen Sie auf ein erträgliches Maß zurück. Leben und leben lassen, könnte als Motto über diesem Tag stehen. Streit und Meinungsverschiedenheiten sind auch im Liebesbereich nicht zu befürchten. Das Vertrauen, das dem Partner entgegengebracht wird, ist ein gutes Fundament, das jetzt gefunden wird, wenn Gespür für seelische, gefühlsbedingte Impulse vorhanden ist. Haben Sie sich eine neue Liebe zugelegt oder haben Sie eine solche im Sinn, sind Sie auf gutem Wege. Die Bedingungen dafür sind positiv. Sie haben eine gute Ausgangsposition.

Ergeben sich berufliche Chancen, dann sind spontane Entscheidungen gut zu überlegen. Was in diesen Julitagen nach einem Risiko aussieht oder als gewagter Einsatz zu bezeichnen wäre, muß in einem großen Bogen umgangen werden. Einer näheren Betrachtung sollte alles unterzogen werden, vieles sollte zu einem späteren Zeitpunkt angegangen werden.

Es ist ein Juli, der günstige kosmische Einflüsse bringt, der Ihnen auch dort Möglichkeiten einräumt, wo Sie bisher nicht mal im Traum daran gedacht haben, Ihre Talente einzusehen.

Eine Partnerschaft wird Ihnen angeboten, die neben vielen privaten Vorzügen auch ausgezeichnete Verdienstmöglichkeiten einbringen kann. Es ergeben sich Möglichkeiten, die normalerweise als abenteuerlich bezeichnet werden müßten. Doppelte Vorsicht ist das einzig Richtige, wenn mit Gefühlen in Verbindung mit materiellen Interessen operiert wird. Es geht allerdings in Ordnung, wenn die Initiative von männlicher Seite kommt. Ist es eine Frau, die den Eberesche-Männern in ähnlicher Weise eine Offerte macht, wäre es gut, reserviert zu sein. Probleme ergeben sich damit ganz sicher, wenn sich das alles in einem Berufsbereich abspielt, der Ihnen bisher fremd war. Das Wichtigste ist, daß Sie sich einen großen Spielraum vorbehalten. Ein neues Arbeitsgebiet und zugleich eine neue private Bindung, sind zwei gänzlich neue Aufgaben, die nicht leicht zu bewältigen sind. Zumindest dürfen Sie nicht vom Fachwissen eines anderen abhängig werden.

Zukunftsträchtige Juliwochen sind es, wenn zur reiflichen Überlegung, über die Eberesche-Leute in großem Maße verfügen, Selbstbewußtsein und Standhaftigkeit hinzukommen. Sollte sich die Liebe außerhalb all dieser Vorgänge melden, gibt es tausend Möglichkeiten. Einem Partner, der schon lange an Ihrer Seite ist, müssen Sie ganz bewußt die Chance geben, daß er seine eigene Persönlichkeit zur Geltung bringen und sich auf seine auf ihn zugeschnittene, spezielle Art weiterentwickeln kann.

Besonders klug müssen Sie sein, wenn es die Familie wieder einmal besser weiß und jeden Einwand Ihrerseits als unerheblich oder lächerlich bezeichnet. Auseinandersetzungen darf es jetzt nicht geben. Ihre Meinung gilt Ihrer Person und der zur Sparsamkeit aufgerufenen Planung Ihres Urlaubs, das ist Ihr gutes Recht und muß gebilligt werden. Sind finanzielle Überlegungen, die mit Ihren Urlaubsplänen akut werden, nicht zu umgehen, sparen Sie sich kostspielige Reisen. Drängt das Liebchen oder die Familie, vielleicht sogar der Mann Ihres Herzens, sagen Sie ganz einfach nein, auch wenn es lange Gesichter gibt.

Es stehen Ihnen jetzt so viele Türen offen, Sie werden respektiert, es gibt nichts, was Ärger macht, damit haben Sie Chancen noch und noch. Sind es auch nicht materielle Gewinne, die ideellen zählen genauso, auch wenn sie sich nicht in der Geldbörse realisieren.

Eberesche-Männer der ersten Dekade bekommen Möglichkeiten, sich mit neuen Bekannten zusammenzutun. Es wird aber nicht jede neue Freundschaft das bringen, was Sie sich davon erwarten. Eine Enttäuschung darf Sie nicht aus der Fassung bringen, nicht jeder kann so sein, wie Sie es sich vorstellen. Im Grunde genommen verderben viele Köche den Brei. Geben Sie sich also mit einem oder zwei Freunden zufrieden, so wissen Sie genau, was sie erwartet.

Für Ihr Berufsleben ist es kaum wichtig, wie Ihre Freunde geartet sind, und da es jetzt das Berufsleben ist, das mit Sonderleistungen aufwartet, wird das ganze Freundschaftsproblem gegenstandslos. Es könnte natürlich sein, daß Sie jetzt im Urlaub sind, nichtsdestotrotz werden Extras zu erwarten sein, die Ihnen der Arbeitsplatz nicht bieten kann.

Es wird eine Jahreszeit, die endlich das wiedergutmacht, was die Monate zuvor nicht gebracht haben. Es wird vieles genau nach Ihrem Geschmack eingerichtet und zubereitet. Lassen Sie sich also nicht abhalten, alles Menschenmögliche auszuprobieren, egal ob in der Liebe, im Beruf, in der Freizeit, wo immer Sie eben zu tun haben.

Gute Bedingungen für Ihre privaten Unternehmungen werden gratis geliefert. Gott sei Dank sind die kosmischen Kräfte nicht bestechlich, auch nicht unerbittlich, soweit es diesen September betrifft. Streben Sie Anerkennung an oder einen Sondererfolg, Sie werden nicht umsonst darauf warten. Sogar Ihre Kollegen haben öfter als sonst ein freundliches Wort für Sie übrig.

Ihr Lebensmut wird äußerst stabil und hat mit den Nachwirkungen aus dem weniger guten ersten Halbjahr nicht mehr zu kämpfen. Ihre bezaubernde Art, mit Menschen umzugehen, macht Sie sicher und zuversichtlich, damit sind glückliche Zufälle gewissermaßen vorprogrammiert.

Hatten Sie schon seit langer Zeit den Wunsch, einen eigenen kleinen Betrieb zu haben, die Chancen etwas Derartiges durchzuziehen stehen nicht übel. Da so etwas nicht ohne finanziellen Rückhalt geht, wird, um die Sache perfekt zu machen, auch dafür in irgendeiner Weise gesorgt. Haben Sie aber bereits eine Position mit besonderen Aufgaben, so werden Sie erleben, daß Ihr zähes Ringen um Anerkennung endlich belohnt wird. Man ist auf Sie aufmerksam geworden, man ist bereit, Ihnen Schwierigkeiten aus dem Weg zu räumen. Endlich sehen Sie ein, daß ein schicksalhaftes Geschehen niemals völlig ausgeklammert werden kann, daß aber die Einstellung und Verhaltensweise jedes einzelnen Zusatz- oder Minuspunkte einbringen kann. Dunkle Tage, helle Tage wechseln, so wie unsere Erde ständig in Bewegung ist.

Mit traumwandlerischer Sicherheit bewegen Sie sich dort, wo Liebe erwartet und gegeben wird. Sie verstehen es ganz ausgezeichnet, sich im besten Licht zu zeigen, genau den richtigen Ton zu treffen, der bestens ankommt. Beim Partner, aber auch dort, wo Sie sich eine Partnerschaft erwarten, stehen Ihre Aktien höchst erfreulich.

Eberesche-Damen sind geradezu begeistert, daß es jetzt einige Männer gibt, die sehr aufmerksam zu ihnen sind, einige davon sind sogar zum Verlieben charmant. Ihre Gefühlsskala ist recht umfangreich. Vom romantischen Traum zu zweit bis zum Kerzenlicht bei einem gemeinsamen festlichen Abendessen, alles ist sehr willkommen. Bleiben Sie aber auf dem Boden der Realität, wenn sich nicht ein Sonderfall für Sie ergibt. Enttäuschte Hoffnungen tun weh. Dies ist in gewissem Maße zu vermeiden, wenn die Erwartungen nicht gar so hoch geschraubt werden. Mit einem derartigen Fall können Eberesche-Männer ebenso konfrontiert werden, wie die Damen.

Sondieren Sie sorgfältig die Stimmung bei dem Menschen, für den Sie Liebe empfinden. Die etwas komplizierte Lage bei allem, was in Sachen Liebe unternommen wird, ist nicht von langer Dauer. Schon ab dem 20. ist der ganze Zauber vorbei. Vernünftige Gedanken, normale Reaktionen machen Sie wieder zu dem Menschen, den man kennt.

Fleiß und logisches Denken bringen wieder Ordnung in Ihr Leben. Mit Freunden ist wieder ein Kontakt hergestellt, der bisher immer so gute Dienste geleistet hat. Nützen Sie die letzten Tage des Oktobers, um Ihre Gedanken auf berufliche Aufgaben zu konzentrieren.

Sehen Sie sich Ihre beruflichen Aktivitäten an, Sie werden feststellen, daß alles gutgeht, daß Sie sich sogar Gedanken machen können, wo es etwas zu verbessern gäbe. Es ist Ihnen auch sonnenklar, daß die Beziehung zu den Vorgesetzten eine Verbesserung vertragen könnte. Spannungen müssen von unten nach oben abgebaut werden, das heißt, erst sind Sie dran, sich liebenswürdig und interessiert zu zeigen. Erwarten Sie etwa vom Chef, daß er sich um das freundliche Betragen seiner Leute bemüht? Machen Sie nicht den Fehler, nur weil der Chef einen besseren Posten hat, das Recht für sich in Anspruch zu nehmen, abweisend zu sein, mit schlechter Laune die ganze Umgebung madig zu machen. Weiß man denn, ob der Obere nicht schlimmere Probleme mit seinem Privatleben hat als Sie? Oder was es sonst an unerfreulichen Dingen so alles gibt, die hoch und niedrig, arm und reich gleichermaßen treffen. Wollen Sie wirklich weiterkommen, wollen Sie im Betrieb mit Ihren Qualitäten überzeugen, füllen Sie die Lücken, die Ihr Wissen aufweist, und lesen Sie ab und zu, was sich in der Welt Neues getan hat. Auch das Leben anderer Leute ist nicht immer nur Zuckerschlecken, deshalb ist es ein hervorragendes Rezept, sich darüber zu informieren, um mit dem eigenen Schicksal zufrieden zu sein.

Partnerschaften sind den Eberesche-Leuten jetzt nicht so wichtig. Finanzielle Sorgen halten sie auf Trab. Der kommende Dezember mit seinen Festen und obligatorischen Geschenken sollte schon jetzt einkalkuliert werden, wenn Sie sich persönliche Wünsche unbedingt erfüllen wollen.

Eine gute Lösung wäre, sich mal selbst üppig zu beschenken und im übrigen gewisse Sparmaßnahmen gelten zu lassen!

Ein Verlust in der ersten Monatshälfte ist für einzelne Eberesche-Leute möglich, er wird sich jedoch nicht so katastrophal auswirken, wie es zunächst den Anschein hat. Es handelt sich mit Sicherheit um eine Sache, einen materiellen Wert, nur in ganz vereinzelten Fällen um eine Freundschaft, die in die Brüche geht.

Eberesche-Leute der April-Dekade können zwar todunglücklich sein, wenn sie etwas Liebgewordenes plötzlich vermissen müssen, doch in kurzer Zeit stellt sich wieder Optimismus ein, es steht ja das Weihnachtsfest vor der Türe und dann wird vieles wieder gut werden.

Ihr Selbstbewußtsein leidet jedenfalls nicht, auch wenn es unangenehme Dinge waren, die Sie verkraften mußten. Es ist eine Ihrer stärksten angeborenen Eigenschaften, mit jeder Situation umgehen zu können. So wird es auch in diesem Dezember sein. Im Berufsbereich wird Ihnen bestätigt, daß Sie eine Stütze für den Betrieb sind, und demzufolge können Sie eine weihnachtliche Sonderzuwendung erwarten. Mit Freundlichkeit und liebenswertem Charme bekommen Sie jetzt mühelos das, wofür andere zeitlebens die Ellbogen gebrauchen.

Eberesche-Damen können etwas Außergewöhnliches erwarten. Es findet sich in besonders gelagerten Fällen ein Gönner, der später, wenn ihre ehrgeizigen Pläne ausgereift sind, mit materieller Hilfe zur Verfügung steht.

Das Monatsende zeigt schon einen erfreulichen Übergang zum kommenden Jahr, das für alle Eberesche-Leute unter dem hervorragenden Schutz besonderer kosmischer Einflüsse steht.

Ahorn 1997

11.4.–20.4. / 14.10.–23.10.

Die Grundveranlagung hat Harmonie und eine besondere Liebe zur Kunst aufzuweisen. Doch hier hat das Element Luft mit Harmonie, wie sie im allgemeinen Sinn verstanden wird, wesentlich mehr anzubieten.

Ein Führungsanspruch steht meist in Verbindung mit einem umfassenden sozialen Empfinden, ist aber zu stark ausgeprägt, um über bestimmte persönliche Vorstellungen von Recht und Gerechtigkeit hinwegzugehen.

Es ist besonders die Herbst-Dekade, die sich die seltsamsten Umwege ausdenkt, um die Menschen des nächsten Umfeldes nicht vor den Kopf zu stoßen. Der Weg des geringsten Widerstandes ist für sie stets der richtige. Man will es schließlich mit niemandem verderben. Das wirklich Erstrebenswerte ist in erster Linie immer das gute Auskommen und Verständnis mit Leuten der nächsten Umgebung. Es gibt viele Leute im Umfeld dieses Baumsymbols, die das beglückt wahrnehmen und sich in ihrer Gesellschaft pudelwohl fühlt.

April-Geborene haben es nicht ganz so leicht. Rücksicht und Einfühlungsvermögen sind zwei Begriffe, die in einigen Situationen Fremdwörter sind. Am richtigen Ort und zur richtigen Zeit werden sie jedoch ohne Vorbehalt auch von diesen Energiebündeln akzeptiert. Die Liebe ist für Ahorn-Frau und -Mann, wenn im April geboren, stets in Begleitung einer stürmischen Art. Die Herbst-Geborenen erreichen mit ihrem diplomatischen Geschick sicher ebensoviel. Die angeborene Vitalität muß sich im Bereich Liebe Abstriche gefallen lassen. Keine Sorge, es ist immer noch genug davon vorhanden.

Es sind Pluspunkte im Herzensbereich zu erwarten, auch wenn manche Leute, im Bereich des Ahorn geboren, der Meinung sind, Gefühle haben bei ihnen Seltenheitswert. Ihre Einstellung zu den Mitmenschen wird großzügiger, jetzt sind sie sogar zu Kompromissen bereit. Zunächst ist es die eigene Familie, die auffallend freundlich ist. Hier werden Sie mit seelischer, aber auch materieller Zuwendung versorgt. Ärgernisse, vor wenigen Wochen eine noch fast tägliche Begleiterscheinung, sind auf einzelne wenige Fälle zusammengeschrumpft.

Im Berufsbereich geschehen die erfreulichen Dinge zunächst nur andeutungsweise. Doch wer Augen hat zum Sehen und Ohren zum Hören, versteht die Zeichen gut, und die Möglichkeiten, welche interessant und auch gewinnbringend sind, werden schon bald realisiert werden können.

Sehr gut ist auch, daß schon der erste Monat des Jahres 1997 dafür sorgt, daß Ihnen in bezug auf ein verträgliches Familienleben ein Licht aufgeht. Hier ist nämlich die Basis, die es Ahorn-Leuten leichter macht, im Beruf wirklich etwas zu leisten.

Am Arbeitsplatz entwickelt sich eine rege Betriebsamkeit, und das Erfreulichste dabei ist, daß das ganz ohne Hektik und Streßsituationen möglich ist. Die Beziehung zum beruflichen Umfeld ist ganz ausgezeichnet. Ergeben sich unerfreuliche Vorgänge, wird das in keiner Weise mit Ihrer Person in Verbindung gebracht.

Die für diesen Januar vorgesehenen kosmischen Werte haben, so wie es jetzt aussieht, nur Gutes im Sinn. Ihre Beziehung zu allem was das Thema Liebe betrifft, könnte etwas intensiver, gemütvoller sein. Ahorn-Leute, im April geboren, sind schon an und für sich trockene Liebhaber oder Liebhaberinnen. Sie sind gut beraten, wenn sie sich zumindest eine angenehmere Ausdrucksweise zulegen würden. Oder sich zumindest den Anflug eines Lächelns gestatten würden.

Mit den im Oktober Geborenen ist das ganz anders. Ihnen kommt nicht immer der abgedroschene Alltagsumgangston über die Lippen.

Es gibt erfreuliche Aspekte, die unerfreulichen halten sich in Grenzen. Ihre zur Versöhnung geneigte Einstellung wird damit ohne jede Anstrengung fertig.

In diesem Monat sollten Sie sich baldmöglichst mit dem Gedanken anfreunden, daß sich eine berufliche Veränderung ergeben könnte. Bitte keine Sorge, es wird sich nichts zu Ihrem Nachteil entwickeln. Trotzdem, Sie sind keineswegs begeistert und gehen jeder Diskussion, die sich damit befaßt, ganz bewußt aus dem Weg.

Neben diesen rein beruflichen Problemen, ist Ausdauer gefragt, die schon jetzt gezeigt werden muß. Ihr persönliches Befinden ist bei diesen Vorgängen äußerst wichtig. Es wird in Liebesbeziehungen nämlich recht strapaziös werden. Sind Sie etwa mit einem äußerst reizbaren Wesen liiert, oder gehen die Interessen kilometerweit auseinander? Keine Panik, das Kriegsbeil wird nicht ausgegraben, doch so einige unfreundliche Worte werden schon zu hören sein. Was in aller Welt haben Sie sich einfallen lassen, daß hier beinahe alles lästig und unbequem wird? Sie sind sich keiner Schuld bewußt? Nun, es können auch kosmische Zeichen sein, Störungen aus dem Universum, die derartiges heraufbeschwören. Sicher nicht nur bei Ihnen alleine, auch der Partner ist davon »heimgesucht«. Das ergibt natürlich keinen harmonischen Zusammenklang.

Suchen Sie nicht nach Entschuldigungen, ein schlechtes Gewissen ist das letzte, was Sie belasten sollte. Sie haben sich keine »Todsünde« geleistet. Sie sind nach wie vor derselbe angenehme Mensch, nur die sogenannten »Umstände« sind ekelhaft. Lassen Sie Zeit darübergehen!

Alles andere, was sich in diesem Februar noch ergibt, ist sicher erfreulicher. Vieles wird Ihnen einfallen, um sich wohl zu fühlen. Von einem einzigen Menschen hängt Ihre gute Laune sicher nicht ab. Nichts ist es, wenn Sie sich mit einem Flirt trösten würden. Alle Vorgänge, die im Bereich Liebe zu erwarten sind, haben denselben Trend: Es klappt nicht!

Das Jahr 1997, das eigentlich eine verträgliche Zeit verspricht, zeigt so langsam, daß es diesem Ruf folgt. Insbesondere wird sich dies ab März für Ahorn-Leute zeigen. Langsam stellt sich nämlich ein wunderbares seelisches Gleichgewicht wieder ein, das vor allem den angeschlagenen Partnerbeziehungen guttut?

Angenehmes tut sich auch im beruflichen Metier. Hier sind es in erster Linie die Bemühungen, um durch Eifer und ehrliches Interesse die Aufmerksamkeit von Vorgesetzten zu wecken. Gefühlsbedingtes Verhalten zu den Kollegen ist kaum zu erwarten. Vielleicht gelingt es Ihnen durch geschicktes diplomatisches Verhalten diese notwendigen Kontakte etwas angenehmer zu gestalten. Der Trend zeigt nämlich, daß die bisherige Art der Zusammenarbeit nicht mehr gültig ist.

In bestimmten Fällen ist es aber unbedingt erforderlich, sich dem Zwang gewisser kosmischer Energien zu beugen. Eine recht schwierige Situation, die sich nur bei einigen Ahorn-Leuten zeigt. Jede Nervosität ist im Moment Gift für Sie. Halten Sie sich heraus, wenn sich so etwas zeigt. Wozu Nerven strapazieren, wozu dieses oder jenes mit Gewalt zu ändern suchen? Sie haben durch Ihre Geburt im Zeichen des Ahorn, der für März und Oktober festgefügte Bedingungen mitbekam, eine Lebenseinstellung mitbekommen, die als erfreulich bezeichnet werden kann und die auch durch gelegentliche Gewitterstimmungen nichts einbüßt.

Im Liebesleben, in Liebesbeziehungen sind kleinere Veränderungen nicht ausgeschlossen. Verbieten Sie sich jede Einmischung von dritter Seite. Sie allein kennen Ihre Gefühle, Sie allein die Intensität Ihrer Zuneigung. Es kann niemand einen Rat geben, wenn es um die Aufrechterhaltung einer Beziehung geht. Haben Sie das Pech, einmal tatsächlich nicht das richtige getan zu haben, ist das kein schreckliches Unglück. Jeder Fehler läßt sich gutmachen.

Jetzt, zum Frühlingsanfang, sollten Sie Ihr körperliches Wohlbefinden in die bestmögliche Verfassung bringen. Fühlen Sie sich wohl in Ihrer eigenen Haut, gelingt alles müheloser.

Ihre sehr direkte Art, mit Mitarbeitern umzugehen, sollte ganz schnell wieder abgelegt werden. Sie können sich ruhig etwas leutseliger geben. Niemand in der Chefetage wird das negativ beurteilen. Müssen Sie aber aufgestaute Emotionen loswerden, tun Sie es dort, wo sich kein Mensch darüber aufregt. Das Klügste, was Sie in dieser Situation machen können: Verschaffen Sie sich Bewegung, gehen Sie hinaus an die frische Luft, auch abends, wenn Sie müde sind. Beim Einsatz Ihrer eigenen Kräfte, da können Sie bis an die Grenzen gehen.

Es ist immer die körperliche Betätigung, die es ermöglicht, Frust abzubauen. Laufen, schwimmen, turnen muß sein, wenn die sitzende Beschäftigung Sie zappelig macht, Ihre Geduld auf dem Nullpunkt angekommen ist. Auch wenn morgens die Zeit dafür zu knapp ist, ein paar Minuten vor dem offenen Fenster tief geatmet und ein paar Dehn- und Streckübungen, dafür muß ganz einfach Zeit sein. Und abends, wenn der Fernseher lockt und Ihr Körper schon wieder nichts anderes tut, als faul und bequem im Sessel zu sitzen, ist es dringend notwendig, sich zumindest eine halbe Stunde wirklich zu bewegen. Einmal in der Woche würde genügen, wenn Sie sich aufmachen, um schwimmen zu gehen oder sonst irgend etwas zu unternehmen, das Sie in Atem hält. Versorgen Sie Ihren Körper mit dem, was er dringend braucht, um einigermaßen in Form zu bleiben und seine ihm vorgeschriebenen Funktionen auch noch bewältigen kann. Da Seele und Körper immer eine Einheit sind, löst sich mit den verspannten Muskeln auch der Zorn, die Unzufriedenheit, die schlechte Laune. Mit der Puste, die Sie aus sich herauspumpen, geht auch der alltägliche Ärger weg. Probieren geht über Studieren, verehrte Ahorn-Leute, es muß nur die Bequemlichkeit abgelegt werden, und das ist nicht schwer, wenn damit für das eigene ich etwas höchst nützliches und Sinnvolles erreicht werden kann. Ein starkes Bedürfnis, sich den schönen Dingen des Lebens zuzuwenden, wird nach dem 20. so stark werden, daß Sie sich eifrig nach allem umsehen, was Spaß und Vergnügen macht. Erfüllen Sie sich auch geheime Wünsche und beruhigen Sie dabei Ihr schlechtes Gewissen. Sie dürfen sich ungeniert in den Mittelpunkt spielen, wer das mißbilligt, muß links liegengelassen werden.

Ihr Lebensrhythmus wird gelassener. Ihre Laune ist konstant. Nur kleine und kleinste Unannehmlichkeiten, die im Alltagsrummel nie ganz zu vermeiden sind, werden kaum ausbleiben, aber das bringt Sie mit Sicherheit nicht aus der Ruhe.

Die allgemeine Lage und das rätselhafte Verhalten der kosmischen Energien, die noch im April höchst unbequem waren, scheinen sich zu beruhigen. Mit dem stressigen Alltag kommen Ahorn-Leute beider Dekaden immer zurecht.

Recht bald schon in diesem Mai macht sich das Herz bemerkbar. Die Beziehungen zwischen Frau und Mann werden zusehends inniger, ganz so, wie es für einen Mai eben zu erwarten ist. Sind Ihre Wünsche und Ansprüche nicht zu unbescheiden, werden Sie nicht umsonst warten. Ein Aufeinanderabgestimmtsein und liebgewordene Gemeinsamkeit garantieren geradezu ein Programm, das völlig zufriedenstellt. Es sind besonders die Ahorn-Damen der Oktober-Dekade, die sich ganz intensiv bemühen.

Doch für alle Ahorn-Leute gilt: Halten Sie Ihre Gefühle nicht unter Verschluß. Wozu ist es denn Mai? Die Natur zeigt sich im schönsten Kleid des Jahres, zeigen Sie das schönste Kleid Ihrer Seele. Auch wenn sie nicht singen kann wie der Vogel im Baum und auch das Blühen nicht möglich ist, sie hat tausend Möglichkeiten zu zeigen, daß Wärme, Gefühle, ganz einfach Liebe in ihr ist.

Ist am 22. dann Vollmond, werden Sie sich nicht besonders bemühen müssen, die lieben, guten, zärtlichen Worte kommen sicher ganz automatisch über Ihre Lippen. Sie glauben es nicht? Der gute alte Mond hat mehr Möglichkeiten, das Leben der Natur, die Menschen mit eingeschlossen, in seine magnetischen Kräfte einzubeziehen, als sich das die nüchterne und allzu realistische Denkweise der Leute vorstellen kann. Nicht lange hat er Einfluß in diesem Ausmaß, ab 28. ist Schluß damit. es heißt dann wieder fleißig sein und mit Eifer berufliche Ziele verfolgen. Haben Sie bestimmte Pläne im Kopf, wären die letzten Maitage gerade recht, um diese weiterzuentwickeln.

Veränderungen größeren Ausmaßes sind nicht zu erwarten. Es ergeben sich nur alltägliche Dinge, die aber trotzdem Ihre Aufmerksamkeit erforderlich machen. Alles, was der Tag so bringt, läßt sich leicht durchführen. Auch für Termine, die erst in späteren Monaten einzuhalten sind, wäre die Festlegung in diesem Juni günstig.

Es wird in jedem Bereich für gute Ausgangsmöglichkeiten gesorgt sein. Sogar die Liebe läßt sich nur Nettes einfallen. Es liegt in diesen Wochen ganz an Ihnen und Ihrem geschickten Verhalten, ob Sie erfolgreich sind und wie weit sich das auswirkt.

Bei den April-Geborenen ist die Tendenz zu Veränderungen angezeigt. Legen Sie Ihr reserviertes Verhalten ab. Initiative ist gefragt, wenn sich etwas anderes ergeben soll. Sie bekommen von den Kräften aus dem Universum sicher Unterstützung. Es ist vorgesehen, daß Sie sich zum charmanten Gesellschafter entwickeln, dem alles gelingt, wenn Freundschaft, Zuneigung, ja sogar Liebe ernsthaft ins Auge gefaßt werden.

Selbstbewußtsein, für alle Ahorn-Leute eine Begleiterscheinung, die kaum einmal ausfällt, macht es Ihnen vielleicht schwer, sich als Bittsteller zu betätigen. Wo das notwendig wird, ist nicht zu sagen. Egal, wo das passiert, Bescheidenheit oder vornehme Zurückhaltung ist nicht gefragt. Bescheidene Leute, die nicht aus sich herausgehen, die nicht viel Aufhebens machen, werden meist übersehen.

Kompromißbereitschaft ist in der Familie notwendig. Bemühen Sie sich ausnahmsweise etwas intensiver um alle Angehörigen, nur bei unbescheidenen materiellen Ansprüchen dürfen Sie ruhig nein sagen.

Rigoroser Egoismus und eine gewisse Eleganz bei der aktiven Hilfsbereitschaft ist Ahorn-Leuten durchaus möglich. Ahorn-Männer der Herbst-Dekade sind darin wahre Meister.

In Partnerbeziehungen ist Toleranz gefragt. Nicht gerne gibt man etwas von angestammten Rechten ab. Gehen Sie diplomatisch vor, wenn von Ihnen erwartet wird, daß Sie sich zu allem möglichen entschließen, das bisher Ihre ausschließliche Domäne war.

In den letzten Junitagen sollte auf Zufälligkeiten geachtet werden, es könnte sein, daß sich dabei etwas ergibt, das vorteilhaft wäre.

Ahorn-Männer haben einen guten Juli vor sich. Das zeigt sich im Mitarbeiterbereich ganz besonders, denn trotz der nicht gerade fröhlichen Stimmung sind Sie offensichtlich anerkannt und gern gesehen. Sie verfügen über genau das richtige Gespür, wie jedem einzelnen beizukommen ist.

Die Ahorn-Damen sind etwas empfindlicher, und deshalb tun sie sich wohl etwas schwer mit der nicht gerade optimalen Stimmung. Es spielt sicher die weibliche Eitelkeit dabei eine Rolle. Wenn man eine Ahorn-Dame ist, möchte man ab und zu ein Kompliment hören oder anerkennende Zustimmung. Auf beides wartet man jetzt umsonst. Tüchtig sein und zugleich attraktiv, das ist zwar meist gegeben, aber sich auch noch unempfindlich zeigen, das ist zuviel verlangt.

Trotz allem, berufliche Arbeit muß gewissenhaft und mit Sorgfalt erledigt werden. Auch wenn das bei Kollegen beinahe unfreundlich beurteilt wird, darf Sie das nicht abhalten. Generell sollte der Betriebsklatsch für Sie tabu sein.

Privat zeigt sich eine völlig andere Tendenz. Hier ist alles ganz einfach. Hier müssen Sie sich nicht weiß Gott wie bemühen, um freundliche Gesichter zu sehen und nette Worte zu hören.

In der zweiten Julihälfte bekommt dann das Element Erde ein besonderes Gewicht. Mit dieser Unterstützung aus den stellaren Bereichen kommen Sie überall bestens an. Niemand wird es einfallen, Sie unfreundlich zu behandeln. Was Sie tun, was Sie sich für die Freizeit vornehmen, alles steht auf einer guten Basis. Im Freizeitbereich sollte Ihnen vielleicht etwas Neues einfallen. Überlegen Sie mal, was sich hier für Sie Neues ergeben könnte.

Trotz der ausgezeichneten Bedingungen, die stellaren Kräfte zur Verfügung stellen, macht sich nach dem 21. Nervosität bemerkbar. Es dürfte eine seelische Last sein, die Ihnen zu schaffen macht. Ist es der Partner, der Ihr inneres Gleichgewicht stört? Es kann auch eine Freundschaft sein, die nicht mehr so ist, wie Sie es gerne hätten. Was bietet sich da anderes an als Geduld? Vielleicht würde auch Nachsicht helfen. Beides ist leichter gesagt als getan. Bald wird man wieder wissen, wie wundervoll Sie sind!

Es wäre eine ausgezeichnete Zeit für den Urlaub. Die Augusttage sind mit den besten Tendenzen versorgt. In Liebesbeziehungen gibt es kaum trübe Tage, und in kameradschaftlicher Zusammengehörigkeit sieht es nicht anders aus. Die Liebe zwischen Männern ist ein Beweis dafür, daß eine kumpelhafte Verbundenheit ein zusätzlicher Gefühlswert sein kann.

Ahorn-Damen der März-Dekade haben keine Schwierigkeit, das zu verstehen und als Gebrauchsanweisung in das eigene Programm aufzunehmen. Es ist dies sicher nicht nur das allein entscheidende Moment, doch auf jeden Fall ist dies unverdaute Kapitel der Liebe keineswegs so fragwürdig, wie es zum Teil immer noch aufgetischt wird.

Die zweite und dritte Augustwoche besorgt den Ahorn-Leuten etliche nette Begegnungen. Zeigen Sie sich von Ihrer besten Seite, es könnte manches ausgelöst werden, das Ihnen Gutes bringt.

Eine lebhafte Kreativität können sich künstlerisch Schaffende erwarten. Auch finanzielle Erfolge können damit verbunden sein.

Falls Sie diese Augusttage nicht Ihrem Urlaub reserviert haben, die Kollegen und Kolleginnen zeigen sich verständnisvoll, das heißt, endlich herrscht hier wieder gute Laune. Gegenseitiges Vertrauen und Verständnis sorgen für tadellose Zusammenarbeit. Ihr Arbeitseifer ist demzufolge auch für einen strengen Chef ausreichend.

Im Familienbereich könnte es jetzt möglich werden, sich eine bleibende gute Basis zu schaffen. Es wird nicht notwendig sein, daß Sie sich etwas Besonderes einfallen lassen, die Tendenz ist stellar bedingt und funktioniert ohne »menschliche« Bemühung. Es wird Ihnen in Zukunft vieles erspart bleiben, wenn Sie sich Familienmitglieder zu Freunden machen. Lassen Sie sich doch etwas einfallen, was die Gemüter zusätzlich zufrieden macht. Jeder, wirklich jeder wartet auf Liebe, auch wenn das nie zugegeben wird. Und jeder ist froh, wenn ihm der erste Schritt zur innigen Zusammengehörigkeit von Ihnen abgenommen wird.

Ahorn-Leute mit ihrer ziemlich realistischen Einstellung, wenn sich Gefühle anmelden, haben in diesem September keinen leichten Standpunkt. Die Damen werden es übrigens nicht so schwer haben. Bei den Ahorn-Herren zeigt sich zusätzlich eine Arbeitsunlust, die alles noch komplizierter macht. Besondere Erlebnisse werden ins Auge gefaßt und ausgefallenes im Sektor Vergnügen hat einen geradezu magischen Reiz. Versuchen Sie all das auf einen Nenner zu bringen, dann brauchen Sie sich nichts zu versagen und werden Ihren Spaß haben.

Erst gegen den 18. werden diese äußerst seltenen kosmischen Energien an Intensität verlieren. Ihre ungewöhnlichen Bedürfnisse reduzieren sich auf ein Maß, das zumindest erträglich sein wird. In Partnerbeziehungen, die dabei sicher auch gelitten haben, zieht wieder die alte Ordnung ein.

Im Beruf zeigen Sie jedoch nach wie vor eine recht selbstbewußte Haltung. Ungewöhnliche, aber sicher recht brauchbare Gedanken, die Sie keineswegs für sich behalten, machen auf Sie aufmerksam. Jetzt weiß man ganz genau, was man an Ihnen hat. Wichtig ist aber, daß Sie Ihre Energien so einsetzen, daß Ihre Reserven nicht restlos verbraucht werden. Ein bißchen Zuviel könnte Ihre Gesundheit beeinträchtigen oder im Umfeld Neid auf den Plan rufen. Es sind langfristige Entwicklungen, die sich jetzt anbahnen, halten Sie sich also bitte an kontinuierliches Vorgehen.

In Ihrer Freizeit, die hoffentlich mit körperlicher Ertüchtigung, zumindest teilweise, ausgefüllt ist, sollte auch das Aussehen eine Zusatzpflege erfahren, vom Fachwissen ganz zu schweigen, das mit dem Lesen von einschlägiger Literatur sich neue Horizonte eröffnet.

So ganz nebenbei sollten auch noch Kontakte gepflegt werden, besonders die, welche bisher uninteressant für Sie waren. Auf keinen Fall bleiben Sie jetzt in Ihren vier Wänden allein. Sie sind sich zwar meist Gesellschaft genug, aber jetzt sollte man versuchen, den Pulsschlag des Lebens überall zu spüren. Die vielen kleinen Alltagsfreuden dürfen nicht unbeachtet bleiben.

Bleiben Sie gelassen, auch wenn tiefgreifende Veränderungen auf Sie zukommen. Gewaltsames Unabhängigkeitsstreben belastet Sie alle viel zu sehr. Zeigen Sie Fingerspitzengefühl, wenn es tatsächlich dazu kommen sollte, daß eine langjährige Bindung sich auflöst.

Eine neue Situation ist aber auch im Geschäftsbereich möglich. Hier könnten sich schon in den ersten Monatswochen Ergebnisse manifestieren, die im kommenden Jahr Realität werden. Jedes Zögern oder Abwarten kann Ihre Pläne und Vorhaben bis weit in die Zukunft verschleppen. Ahorn-Damen wie – Herren werden ab diesen Oktoberwochen in recht drastische Umwandlungsprozesse einbezogen, die positiv laufen, wenn Sie sich nicht demonstrativ dagegen stellen.

In einigen Privatbeziehungen kann sich ein eigenartiger Besitzerwille zeigen, der nicht von jedem Partner akzeptiert wird. Überlegen Sie sich hier alles sehr genau, wenn es bisher in einer Partnerbindung gut gelaufen ist. Zeigt sich das Besitzenwollen in einer gnadenlosen Eifersucht, ist es Ihre Aufgabe, diese Angelegenheit in eine für beide Teile erträgliche Form zu bringen. Es wird nicht lange dauern, bis Sie genau Bescheid wissen, ob Sie zu weit gegangen sind und Ihr Partner auf keinen Fall gewillt ist, gute Miene zum bösen Spiel zu machen.

Korrektes Verhalten überall und ganz besonders im Bereich der Liebe, die immer nur auf einer Vertrauensbasis gedeihen kann, ist das einzige, was Sie gut über diese Wochen bringt.

Der Gedanke, daß es kosmische Störungen sind, die Sie zu einem Ekel werden lassen, macht es Ihnen sicher leicht, Rückgrat zu zeigen und nicht zum Spielball irgendwelcher Einflüsse zu werden. Eine kritische Phase muß keinesfalls einfach hingenommen werden. Was ab und zu als unerträgliches Schicksal empfunden wird, ist möglicherweise nichts anderes als die Sprosse einer Leiter, die bewältigt werden muß, das Wie ist dabei jedem einzelnen selbst überlassen.

Zum Monatsende sieht endlich auch die Familie, daß Sie in einer Krise stecken. Endlich weiß man, daß Sie liebevolle Zuwendung dringend benötigen.

Der kosmische Wert Metall verspricht in diesen Wochen allen selbständigen Kaufleuten eine Risikobereitschaft verbunden mit einer Art gesundem Eigensinn, aus dem Erfolge zwangsläufig sich einstellen. Sie haben eine recht beachtliche Reserve an Energie zur Verfügung, die ihnen gute Dienste leistet. Die Berufssparte steht hier eigentlich nicht zur Debatte. Es ist eine allgemeine sich aufwärts bewegende Tendenz vorhanden, die alles tangiert, was bei Ahorn-Leuten auch nur andeutungsweise mit dem Beruf, der Arbeit zusammenhängt.

Jeder mit diesem Baumsymbol Ausgestattete wird mit Impulsen versorgt, die alles einbeziehen, was mit dem Geldverdienen in Zusammenhang gebracht werden kann.

Kompromißbereitschaft ist eines der Zauberworte, die Sie zum ausgezeichneten Gesprächspartner machen. Es wird ein November, der es in sich hat. Der Ihre Zukunft solidiert, und der anscheinend Ahnung davon hat, was Sie sich erhoffen und eigentlich auch ganz selbstverständlich erwarten. Sind Sie in einen Beruf eingebunden, der derartige Entwicklungsmöglichkeiten ausschließt, so gibt es anderweitig Möglichkeiten, einen Glückstreffer zu landen.

Neben der beruflichen Aufwärtsentwicklung kann sich auch der Bereich Partnerschaft oder die Liebe in großzügigem Sinn ausgelegt eine besondere Note erwarten. Für März-Geborene kann sie zum Erlebnis werden, das kaum jemals vergessen wird. Wenn die Götter es im Sinn haben, zeigt sich eben an allen Ecken und Enden Zufriedenheit. Nach der Vollmond-Nacht am 14. wird die Glückszuteilung aus dem Universum etwas sparsamer. Trotzdem wird es keinen Ahorn-Mann geben, der sich bei der Zuteilung von Liebe und Zärtlichkeit als Stiefkind fühlen müßte.

Auch notorische Einzelgänger finden eine Gelegenheit, sich im Herzen eines liebevollen Menschen einen Platz zu sichern. Das bekannt dicke Fell dieser Sonderausgabe von Ahorn-Leuten wird dünner. Die angeborene Sachlichkeit nimmt eine wärmere Farbe an.

Sie haben das Jahresende erreicht und hatten sich in diesen zwölf Monaten kaum über unerträgliche Härten zu beklagen. Nun ist Ihnen auch noch ein guter Jahresausklang sicher. Die Liebe spielt dabei sicher keine Nebenrolle, und was Ihnen im Moment das Wichtigste sein dürfte, Ihre wirtschaftliche Lage gibt keinen Grund zur Klage. Das heißt, Ahorn-Leute beider Dekaden sind nicht immer bescheiden mit Ihren Ansprüchen, wenn es also, Ihrer Meinung nach, etwas mehr sein dürfte, was sich auf dem Konto angehäuft hat, sehen Sie sich um und schauen Sie sich nicht nur die Leute an, denen es besser geht, sondern die vielen, die in diesem Jahr ihre Arbeit verloren haben.

Haben Sie sich für das Weihnachtsfest großartige Geschenke ausgedacht, muß das nicht unbedingt auch realisiert werden.

Nach dem 13. machen Sie sich möglicherweise Gedanken über Ihre private Zukunft. Denken Sie an eine fundierte Familienbasis, niemand, auch nicht die stellaren Zeichen haben etwas dagegen. Verschiedenes, was noch nicht so ganz optimal ist, könnte in Ordnung gebracht werden. Wo hier einzelne Schwachpunkte liegen, weiß jeder Ahorn-Geborene sofort. Es sind alles Leute, die ein gut geregeltes Innenleben haben und denen kein einziger negativer Posten unbekannt ist.

Im übrigen geht dieser Monat recht munter zu Ende, und Sie finden, daß die Zeit des Feierns, des Spaßhabens nun gekommen ist. Sie haben ganz recht, und niemand sollte Sie davon abhalten. Ahorn-Leute sind nie vergnügungssüchtig, aber hin und wieder feiern sie ganz gerne, und dann kann es ganz schön munter werden.

Kommen Besucher ins Haus, die Ihnen nicht besonders liegen, drükken Sie beide Augen zu und spielen Sie mal den überaus charmanten Gastgeber. Jawohl, »spielen«. Genau besehen haben wir alle eine Rolle zugeteilt bekommen, als wir erwachsen wurden. Vorher war alles unbeschwert und intuitiv. Das ist es wohl, das eine Kindheit, eine Jugendzeit so schön macht. Zeigt es sich jetzt, daß Sie Ihr Wohlbefinden nicht immer richtig im Auge hatten, Naturkräutlein aus der Apotheke gibt es eine ganze Menge. Sicher ist eines dabei, das Ihrem kleinen Wehwehchen hilft. Vor jedem Feiern, vor jedem Vergnügen steht die Aufmerksamkeit, die Sie Ihrer Gesundheit schenken.

Nußbaum 1997

21.4.–30.4. / 24.10.–11.11.

Das mit dem 21.4. beginnende Frühjahr kennzeichnet auch die Lebenseinstellung und das Verhalten der in diesem Zeitabschnitt geborenen Menschen. Ein kontinuierlicher Reifungsprozeß ist angesagt. Gediegen und schön immer der Reihe nach geht das Erwachsenwerden der ersten Dekade vor sich.

Erdverbunden, lebensbejahend, grundsolide und der konservativen Richtung zuneigend, stellt man sich den Anforderungen des Lebens. Eines der wichtigsten Anliegen ist der Erwerb und die Sicherstellung von Besitz. Man verschwendet weder Energie noch Zeit und ganz gewiß keine seelische Kraft, um die Vorgänge, die ein Leben anbietet oder auferlegt, möglichst rasch zu begreifen. Veränderungen, Umstellungen sind etwas, was man überhaupt nicht mag. Manch ein Zeitgenosse verbindet das mit Bequemlichkeit oder gar Faulheit. Das ist ein Irrtum, der völlig an den Tatsachen vorbeigeht. Man sollte das alles als Treue bezeichnen. Treue, die generell für alles empfunden wird, was sich bewährt hat.

Die starke geistige Potenz schließt nicht aus, daß im Bereich Liebe vielfältige kosmische Energien bemüht sind. Ob Nußbaum-Frau oder -Mann, bei beiden ist ein besonderer Akzent vorhanden, der keine Möglichkeit ausläßt, um Liebe mit ihren Höhen und Tiefen zu erfahren.

Ihre Vorliebe, sich bei beruflichen Aufgaben ein gut funktionierendes System zurechtzulegen, wird Ihnen schon im ersten Monat des Jahres recht nützlich sein. Es gibt keine Probleme zu lösen, aber Sie werden sicher vieles zu tun bekommen, das bisher nicht im Bereich Ihrer Aufgaben stand.

Nußbaum-Leute sind allerdings noch nicht in der richtigen Stimmung, um Pflicht und Arbeit ernsthaft ins Auge zu fassen. Ihr Interesse ist zwar vorhanden, aber der Eifer dürfte sehr mäßig sein. Erst wenn zwei Planetenphasen eine bestimmte Position einnehmen, werden sie aus dieser etwas verträumten Stimmung herausgeholt. Es sind nur noch einige Tage, bis es soweit ist, beschäftigen Sie sich also zunächst mit den Menschen Ihres nächsten Umfeldes. Werden Sie hier mit undurchsichtigem Verhalten konfrontiert, wird das kaum Unbehagen bereiten. Die Ursache zu ergründen, fällt Ihnen nicht im Traum ein. Zu sehr sind Sie mit Berufsgedanken beschäftigt. Nußbaum-Männer insbesondere sind stets um gute Kontakte bemüht. Kommt dabei nichts Erfreuliches zustande, geht das Interesse schnell verloren. Zudem hat das Jahr 1997 für alle Menschen, die dieses Baumsymbol haben, keine Neigung, alle Vorkommnisse unter dem Deckmantel einer schicksalhaften Bedeutung zu servieren. Vieles wird geschehen, was zwangsläufig dem eigenen Wollen und dem eigenen Willen zu entspringen scheint. So ist es ganz natürlich, daß Sie sich das Zusammensein mit Menschen der verschiedensten Art vergnügt und amüsant gestalten. Die Tendenz, das Leben mal von der heiteren Seite zu nehmen, ist ganz offensichtlich, und es wird viele Leute geben, die darüber staunen. Sie fühlen sich sogar unter vielen Menschen wohl, je bunter die Gesellschaft, desto größer Ihr Spaß.

In der ersten Januarhälfte hat auch der gesamte Freizeitbereich Ihre besondere Aufmerksamkeit. Es kann gar nichts abwechslungsreich genug sein, die lebhaften Tage gefallen Ihnen, und es gibt viele neue Eindrücke, die Sie sorgfältig sammeln.

Zum Monatsende stellt sich der bei Nußbaum-Leuten gewohnte Arbeitseifer ein. Auch die Sympathie der Kollegen ist so intensiv, wie Sie es immer gewohnt sind.

Aspekte, die im Zusammenwirken mit den verschiedensten kosmischen Werten einiges verheißen, helfen den Februar angenehm zu machen. Den Himmel auf Erden werden Sie allerdings nicht herbeizaubern können. Sicher können Sie im Bereich der Liebe einiges erwarten, doch keine neue Beziehung, lediglich etliche frühlingshafte Gefühle.

Im Berufsbereich sollten Sie sich mit dem bisher Gewohnten zufrieden geben. Auch auf die Gefahr hin, daß man Sie für sehr unfreundlich hält, verweigern Sie Ihre Mithilfe bei Arbeitsvorgängen, die mit Ihren Kompetenzen nicht in Einklang zu bringen sind.

Nach dem 14. kommt wieder etwas mehr Schwung in langweilig gewordene Beziehungen. Wichtig ist, daß Sie den Menschen, dem Ihr bisheriges Interesse galt, auch weiterhin als Mittelpunkt Ihres Lebens sehen und dementsprechend auch behandeln. Ein Partner, der noch vor wenigen Tagen sagte, Sie könnten ihm den Buckel runterrutschen, besinnt sich und leistet Abbitte. Nimmt man Ihr Liebesleben unter die Lupe, so zeigt sich jedenfalls nichts Nachteiliges. Es gibt ein paar Geheimtips, um hier wieder zufrieden zu werden. Sicher kennen Sie einige. Versuchen Sie also den einen oder anderen davon zu beherzigen.

Am Arbeitsplatz wird es bestimmt nicht langweilig. Haben Sie Probleme mit dem Chef, sorgen Sie schnellstens für gutes Wetter. Versuchen Sie die Ursache zu finden. Es muß an einem Fehler Ihrerseits liegen, daß hier das gute Verhältnis auf dem Gefrierpunkt gelandet ist. Und da der »Untere« kaum die Möglichkeit hat, mit offenem Widerspruch zu reagieren, wissen Sie, wem die Rolle des Einlenkens zufällt.

Ihr Selbstbewußtsein ist zwar äußerst nützlich für die allgemeinen Vorgänge des Lebens, aber jetzt ist es weitaus klüger, etwas weniger davon zu zeigen. Es wird Ihnen nicht leichtfallen, aber auch Nußbäume müssen lernen, sich den unausweichlichen Gegebenheiten zu beugen.

Die Liebe bringt an diesem Monatsende auch keinen Trost. Sie glänzt zwar nicht durch Abwesenheit, aber himmelhochjauchzend ist sie auch nicht.

War in den hinter Ihnen liegenden Wochen etwas sehr unangenehm, sollte das ganz schnell vergessen werden. Es wird nämlich alles zusehends besser, und langsam kommt sogar die Sonne an Ihrem Himmel durch.

Bis zum 10. hat sich die beste Stimmung eingestellt. Nußbaum-Damen der Herbst-Dekade finden es herrlich endlich mal wieder so richtig ohne Sorgen zu sein. Nichts wird tragisch genommen, und das eigene Wohlergehen steht an erster Stelle Ihrer Bemühungen. Es ist eine Ihrer besonderen Vorzüge, sich schnell umstellen zu können. Jetzt ist dies sogar eine Tugend, die Sie schnell das richtige und angenehme Fahrwasser finden läßt. Da und dort sind schon besondere Lichtblicke zu verzeichnen.

Der Umgang mit den Menschen an Ihrem Arbeitsplatz ist nicht so ganz zufriedenstellend. Zurückhaltung ist immer noch empfehlenswert. Man ist nicht begeistert, wenn Sie sich gelöst und unbeschwert geben. Zeigt dann gar noch ein Kollege oder eine Kollegin offene Sympathie für Ihre Person, ist die freundliche Art vollständig im Eimer. Im Klartext heißt das: Auch ein harmloses kleines Techtelmechtel ist vielen ein Dorn im Auge. Geben Sie sich trotzdem so, wie es Ihren Gefühlen entspricht, nur zeigen Sie nicht gar so offensichtlich, wie großartig Sie sich dabei fühlen.

Freunde und auch die Familie sind ganz ohne jede spießbürgerliche Einstellung, und es ist gut mit Ihnen auszukommen. Ihre jetzige Art, sich lässig zu geben und jeden in Ihre gute Laune mit einzubeziehen, kommt ausgezeichnet an.

Im Zusammenleben mit einem Partner zeigt sich endlich Sonnenschein. Man akzeptiert Sie so, wie Sie sind, wie Sie sein müssen, das ist schon ein großer Fortschritt. Erwarten Sie für den Anfang nicht mehr. Alles andere, was sich noch ergibt, ist so, daß Sie an die guten Aspekte, die dem Nußbaumsymbol zur Verfügung stehen, ohne jedes Wenn und Aber glauben können. Das Pflichtbewußtsein im Bereich Liebe, das Ihnen so oft anempfohlen wird und das jedes herzliche Gefühl im Keim erstickt, ist für Sie keine Diskussion mehr wert. Ein vernünftiger und gleichwertiger Partner akzeptiert das.

Es kommt so, wie der April sich häufig zeigt: schnell veränderlich, mal kalt, mal lau. Es läßt sich nichts erzwingen. Weder dort, wo Sie geliebt werden, und bestimmt nicht dort, wo Sie Ihren Beruf ausüben. Gut fühlen Sie sich unter Freunden und unter fremden Menschen, wenn Sie unterwegs sind.

Nehmen Sie gegebene Tatsachen nicht tragisch, und wenn sie zehnmal nicht in Ihr Programm passen. Es läßt sich beim besten Willen nichts ändern, Ihre nächsten Menschen, Familie und sonstige Angehörigen werden nur noch ungemütlicher, wenn Sie mit einer Leichenbittermiene jedem auf die Nerven fallen.

Lassen Sie sich nicht gehen. Dort, wo man kein Blatt vor den Mund nimmt – und das ist leider häufig im familiären Bereich – entstehen Ärgernisse meist nur durch diese Unzulänglichkeiten. Stellen Sie sich vor, Sie sind zum erstenmal mit einem Partner zusammen, zum erstenmal an Ihrer Arbeitsstätte, es würde Ihnen im Traum nicht einfallen, sich gehen zu lassen, sich mürrisch und ungehobelt zu zeigen. Ganz hervorragend würde jeder Alltag aussehen, wenn hier jeder Tag als der erste gelten würde. Ist es Ihnen unmöglich, sich das einzubilden, denken Sie, Sie sind ein Schauspieler, der eine Rolle spielt.

Erst wenn der 14. April vorüber ist, haben die harten kosmischen Werte keinen Einfluß mehr. Das heißt: Vieles fällt plötzlich ganz leicht, sogar das freundliche Lächeln.

Die Nußbaum-Männer finden wieder zu den gewohnten Scherzworten und die Damen becircen die gesamte Umgebung mit ihrem umwerfenden Charme. Freizeitvorhaben zeichnet wieder eine erhöhte Aktivität aus, und es könnten sogar sportliche Erfolge erreicht werden, wenn Sie hier etwas eher profimäßig betreiben. Nußbaum-Menschen der jüngeren Generation bieten sich sogar Möglichkeiten, im Sport zu Ruhm und Ehren zu kommen, allerdings muß dann die Mitgliedschaft in einem Club oder Verein vorhanden sein.

Liebe und Pflichtbewußtsein müssen sich zum Ende des Monats die Waage halten. Haben Sie also nicht nur Ihre privaten Interessen oder Ihre beruflichen Ehrgeiz im Auge. Beides muß jetzt gleichwertig gehandhabt werden, dann liegen Sie richtig!

Mit der gemäßigten Gangart ist es jetzt vorbei. Im Liebesbereich machen Sie Ansprüche geltend, die alles andere als bescheiden sind. Es kann sein, daß der Partner damit sogar einverstanden ist. Er ist damit jeder Initiative enthoben und kann in den Tag hineinleben. Es muß aber gesagt werden, daß dies Ausnahmefälle sind!

In jedem Fall ist eine Veränderung in Sicht, die nicht nur reine Äußerlichkeiten berührt. Es sind vor allem Veränderungen, die sich in Ihrem Gemüt, Ihren Gefühlen zeigen. Unter bestimmten Voraussetzungen kann sogar Ungewöhnliches geschehen. Schnelle Entscheidungen sind zu vermeiden. Alles muß sorgfältig überlegt werden und vorbereitet sein.

Ganz anders ist es, wenn Ihre Wesensart einen Wandel durchmacht. Darauf haben Sie selbst wenig Einfluß. Ob schnell oder langsam, nicht mal das liegt in Ihrem Ermessen.

Harmonie im Partnerbereich ist jetzt eine zwingende Notwendigkeit, und sie wird nicht lange auf sich warten lassen. Hier sind die Nußbaum-Damen begünstigt, sie können etliche wunderschöne Maitage erwarten.

Eine jetzt gesicherte elementare Verbindung verschiedener stellarer Werte kann dafür sorgen, daß finanzielle Probleme wegfallen. Geschäftsleute mit dem Symbol des Nußbaums in der Geburtsstunde haben kaum mit erheblichen Schwierigkeiten zu rechnen, wenn Investitionen notwendig werden. Doch allgemein muß darauf geachtet werden, daß auch dort, wo keine materiellen Gewinne eingebracht werden können, lebhaftes Interesse gezeigt werden sollte.

Vielleicht stellen Sie mit diesem Grundprinzip mal etwas ganz Besonderes auf die Beine. Etwas, das begeistert begrüßt wird und mit dem Sie in eine Marktlücke stoßen.

Beim Zusammensein mit Familienmitgliedern zeigen Sie bitte jetzt nicht nur gespieltes Interesse. Man spürt das und ist entweder traurig oder ärgerlich. Beides ist höchst unerfreulich und bringt Ihnen nur Ablehnung ein. Vielleicht wartet in diesem Monat ein Freund auf Sie, der dringend eine Zuwendung braucht. Die letzten Maitage wären gut dafür geeignet.

Vieles kann jetzt abgeschlossen werden. Auch wenn nicht alles nach guten Ergebnissen aussieht, auch kleine und kleinste Möglichkeiten, Geld zu verdienen oder sich sonstige Vorteile zu verschaffen, heben Ihr Selbstbewußtsein.

Die Alltagsarbeit geht Ihnen leicht von der Hand, und es gibt kaum einen Tag, an dem Sie schlecht gelaunt sind oder nur widerwillig Ihrem Beruf nachgehen.

Fehlen jetzt in Ihren stellaren Zeichen die ganz großen Pluspunkte, da die Voraussetzungen dafür nicht vorhanden sind, in der Freizeit ist genug Gelegenheit, aktiv zu werden. Angefangen bei ehrenamtlichen Einsätzen bis hin zur Organisation von Veranstaltungen oder Reisen. Wenn es der Allgemeinheit dient, kann im Juni mit einem relativ geringen Aufwand an Zeit und Mühe vieles erreicht werden.

Was auch geschieht, was Sie interessiert ins Auge fassen, die Hochkonjunktur in Ihren persönlichen kosmischen Zeichen ist nicht zu übersehen. Sie wirken sich jedoch nur im Privatbereich hervorragend aus. So ist auch für Ihre gesundheitliche Verfassung bestens gesorgt.

Ohne jeden Zweifel, Sie und Ihr gesamtes Umfeld (Familie, Partner, Freunde und Kollegen) werden bald feststellen, Ihr Aussehen ist vortrefflich, und die Stimmung, die Sie verbreiten, könnte besser nicht sein. So wie es sich eben immer wieder bestätigt: Ist die Harmonie von Geist, Seele und Körper vorhanden, gibt es keinen Grund zur Klage. Und es gibt auch nichts, was sich zu Ihrem Nachteil entwickeln könnte.

Suchen Sie nach besonders netten Worten, wenn es in Ihrer Nähe Menschen gibt, die vom Glück nicht so verwöhnt werden, und machen Sie nicht zuviel Reklame mit all den positiven Ereignissen.

Ihr Glück wird nicht größer und nicht kleiner, wenn Sie es anderen mitteilen, aber einem Gesprächspartner wird entweder das Herz schwer, oder Neid kommt auf. Beides ist nicht schön und sollte vermieden werden.

Träume, romantische Wünsche, haben keine Chance, verwirklicht zu werden. Legen Sie sich eine realistische Einstellung zu, dann liegen Sie genau im Trend der Julitage. Sie fahren nicht schlecht dabei, wenn jetzt nur noch berufliche Interessen von Bedeutung sind. Die Vertrauensbasis, die Sie am Arbeitsplatz von allen Seiten bestätigt bekommen, könnte noch weiter ausgebaut werden. Von berufener Seite werden Ihnen Sonderaufgaben anvertraut, versäumen Sie nicht, sich damit intensiv zu befassen. Zeigen Sie ganz ungeniert, wie talentiert Sie sind, auch als Energiebündel würden Sie sich gut machen. Endlich fühlen Sie sich im Beruf so gut, wie Sie es sich schon immer gewünscht haben. Punkte, die unbedingt zu beachten sind: Methodisch vorgehen und Nebensächlichkeiten genau so wichtig nehmen wie Pflichtaufgaben. Sie können sicher sein, daß man das zu schätzen weiß. Um Ihre berufliche Zukunft brauchen Sie sich vorerst keine Sorgen zu machen, und Ihre Sorgen, wie und ob es überhaupt weitergeht, sind in weite Ferne gerückt.

Empfiehlt man Ihnen, sich zu spezialisieren, sich zu einem Weiterbildungskurs zu melden, sagen Sie bitte nicht nein. Zusätzliches Wissen und Können ist genau das, was Ihrer Weiterentwicklung auf die Sprünge hilft.

Freude und ehrliches Interesse an der beruflichen Arbeit ist ein höchst wichtiges Prinzip, um sich im Leben wohl zu fühlen. Den Beruf nur als Geldbesorger anzusehen ist für Nußbaum-Leute eine unmögliche Einstellung. Sechs oder mehr Stunden jeden Tag arbeiten, ohne jede Freude, ohne Interesse an dem, was man tut, ist eine Horrorvorstellung.

Im Bereich Liebe werden Nußbaum-Leute in diesen Juliwochen manches versäumen. Das läßt sich mit Sicherheit nachholen. Übrigens ist ein verständiger Partner begeistert, wenn Sie im Beruf Fortschritte machen. Außerdem bringen Sie gute Laune mit, wenn Sie abends nach Hause kommen, das macht jeden, auch Ihren Partner, versöhnlich.

Haben Sie jetzt keine Urlaubswochen vor sich, gibt es ausgezeichnete Möglichkeiten, sich ein paar Sprossen nach oben zu arbeiten. Doch auch am Urlaubsort wird das Schicksal nicht untätig sein. Was sich ereignet, was sich für Chancen auftun, versuchen Sie nicht, sich zu distanzieren. Zufällige Vorgänge, die nicht vorhersehbar sind, haben schon oft Dinge in Gang gebracht, die sich so gut entwickelt haben, daß von einem Glücksfall gesprochen werden konnte. Nehmen Sie auch, wenn es notwendig wird, Unbequemlichkeiten in Kauf.

Diese erfreuliche Entwicklung hat auch einen Haken. Warum versuchen Sie plötzlich, eine dominierende Stellung in einer langjährigen Verbindung einzunehmen? Haben Sie die positiven Einflüsse so verarbeitet, daß Sie tonangebend werden müssen? Sie können den Ärger mit einem Partner vermeiden, wenn Sie hier so bleiben, wie Sie immer waren: verträglich und zu jeder friedlichen Diskussion bereit.

Ist die zweite Hälfte des Augusts gekommen, werden alle ungewöhnlichen Einflüsse kaum mehr Ungewöhnliches mit Ihnen vorhaben. Eine ruhigere Gangart ist angesagt, und nichts wird geschehen, was Ihr Leben auch nur um ein Jota verändert.

Entscheidendes tut sich eventuell bei den Finanzen, doch es ist nicht außergewöhnlich, was Sie hier erwartet. Es sieht nicht aus, als käme Negatives auf Sie zu.

Bietet sich ein besonders angenehmes, auskömmliches Familienleben an, sind Nußbaum-Leute schnell dafür zu begeistern. Doch niemand sollte sich jetzt vorstellen, daß Sie diese ungewöhnliche Herzlichkeit zu ewiger Dankbarkeit verpflichtet. Vor allem können Sie auf die sogenannten »guten Ratschläge« verzichten. Sie haben Erkenntnisse gesammelt, die alles in den Schatten stellen, was man Ihnen als Patentrezept ans Herz legen möchte. Geben Sie jedoch acht, daß Sie nicht unverträglich werden. Umgeben Sie sich mit hellen, möglichst bunten Farben, und gehen Sie an manchen Tagen mit den Hühnern schlafen.

Nußbaum-Leute, ob weiblich oder männlich, bekommen endlich die Chance, sich mit der Liebe und allem, was dazugehört, intensiv zu beschäftigen. Sternstunden sind zu erwarten, wenn Sie zur Nachtzeit geboren sind.

Nußbaum-Damen wie -Herren müssen sich in der Liebe alles erkämpfen. So einfach, wie das bei manchen Leuten geht – ich liebe dich – du liebst mich, bleiben wir zusammen – ist das bei Nußbaum-Leuten nicht. Nur durch eigene Bemühung kommt man ans Ziel. Die im Herbst Geborenen haben es mit Problemen besonders schwer. Immer vorausgesetzt natürlich, es handelt sich tatsächlich um Liebe und nicht nur um eine vorübergehende Affäre.

Eine Angelegenheit, die schon lange ins Auge gefaßt wurde und nicht funktionieren wollte, bekommt endlich eine gute Tendenz. Es kann auch sein, daß langjährige Beziehungen mitten im September einen Frühling erleben.

Liebesglück ist jetzt immer Ihrer Initiative zu verdanken, doch ohne die Hilfe bestimmter kosmischer Einflüsse wäre das kaum möglich. Mit dieser »außerirdischen« Unterstützung wird es auch leicht, endlich Gefühle zu zeigen. Es ist dies immer wieder ein ernstes Problem für alle Nußbäume.

Negativ eingestellte Menschen, die es in Ihrem Umfeld immer gibt, lassen sich gut unter Kontrolle halten. Ihr gesunder Optimismus kommt auch beim notorisch oppositionellen Zeitgenossen im September gut an. Endlich lachen Sie wieder herzhaft. Genießen Sie diese glücklichen Tage. Es kommen auch wieder düstere Zeiten, da ist ein Vorrat an unbeschwerter Lebensauffassung gut zu gebrauchen.

Im Umgang mit Kollegen sollten Sie Ihr Licht nie mehr unter den Scheffel stellen. Sich in Szene zu setzen ist heute leider ebenso wichtig wie fundiertes Wissen und wirkliches Können. Selbst überragende Talente verdorren, wenn Sie bescheiden wie ein Mauerblümchen im Hintergrund bleiben.

Es ist dem Trend des Jahres 1997 zuzuschreiben, daß Nußbaum-Leute häufig gezwungen sind, sich mit der Lösung schwieriger Situationen im Liebesbereich auseinanderzusetzen. Den April-Geborenen macht das weniger Beschwernisse als denen, die im November zur Welt kamen. Zeigen Sie wenigstens in diesem Monat offen, was Sie empfinden. Es ist anzunehmen, daß Ihr Partner nicht zu den Hellsehern gehört. Ihre ungewöhnliche menschliche Wärme ist sicher zu spüren, aber zum leidenschaftlichen Liebeserleben reicht das nicht.

So um den 12. Oktober beginnt für Sie ein neuer Zeitabschnitt, der darauf abgestimmt ist, daß von der kosmischen Energie Venus auch Kunst und Kultur lebhaftes Interesse bekommt.

Der Herbst ist generell für Nußbaum-Leute eine ideale Jahreszeit. Doch so wie er sich jetzt zeigt, ist das Wort einmalig nicht zu hoch gegriffen. Sie bekommen die besten Voraussetzungen, um sich bei vielen Leuten unentbehrlich zu machen. Geschenkt wird Ihnen allerdings nichts. Sie müssen schon Ihren Denkapparat einsetzen, vielleicht sogar gewisse Kniffe anwenden, um ein optimales Ergebnis zu bekommen.

Ausdauer ist zusätzlich notwendig, wenn Sie im Beruf neue Akzente setzen wollen. Ihre verbindliche Art, sich mit jedem auf Anhieb zu verstehen, ist der Auslöser für Sympathie, ja sogar für Begeisterung, auf die Sie jetzt besonderen Wert legen. Auch Ihr Aussehen ist sozusagen perfekt. Zufriedenheit strahlt aus Ihren Augen, und Ihre innere Ausgeglichenheit macht jedes Gespräch zum Genuß.

Es ist tatsächlich ein Umbruch zu spüren, den Sie sich unter die Haut gehen lassen sollten. Ihr jetziger Stil, Ihr jetziges Format müssen unbedingt ein Dauerzustand werden. Gibt es in der Familie einen Nörgler, der immer etwas auszusetzen hat, gehen Sie Ihren Weg, kümmern Sie sich nicht darum. Es gibt genug Menschen, die von Ihnen begeistert sind und mit Komplimenten nicht sparen werden.

Suchen Sie jetzt nach Selbstbestätigung, gibt es dafür genug Gelegenheiten. Beinahe in jedem Bereich ist diese Möglichkeit gegeben. So zum Beispiel bei einer sportlichen Freizeitbetätigung, die in den Herbstmonaten doppelt wichtig ist. Sie wollen doch nicht, daß irgend etwas an Ihnen einrostet. Tischtennis, Billard oder vielleicht ein Tanzkurs sind amüsant und haben den zusätzlichen Vorteil, daß Sie unter Leute kommen.

Nur im Arbeitsbereich ist etwas Zurückhaltung erlaubt. Leicht ist es hier möglich, daß Sie zusätzliche Arbeit aufgetragen bekommen, die nicht für Sie gedacht war.

Trotz Ihrer Begeisterung für neue Bekanntschaften, lassen Sie dem Familienleben auch noch eine Chance. Sie können sicher sein, daß bei näherer Betrachtung verschiedene Menschen in diesem Bereich netter sind, als Sie bisher angenommen haben.

In geschäftlichen Vorhaben läuft zunächst sicher nicht alles nach Wunsch. Kalkulieren Sie also Verzögerungen ein, wenn es ans Festsetzen von Terminen geht. Sind größere Geldausgaben nötig, die keineswegs vorgesehen waren, wird die Lösung dieses Problems nicht einfach sein. Doch Panik ist nicht angesagt. Für Nußbaum-Leute ist in diesem Jahr, gerade beim Geld, alles recht gut gelaufen, ein Engpaß wird also in diesem Monat ganz gut verkraftet.

In der Liebe wird im Moment nicht viel geboten, was Ihnen jetzt überhaupt nicht an die Nieren geht. Hauptsache sind materielle Pluspunkte, und dafür ist der Beruf und die Arbeit zuständig. Ein wenig sollten sich Nußbaum-Leute im November davor hüten, sich durch Besserwisserei Gegner unter den Mitarbeitern geradezu heranzuzüchten. Vor allem muß jede Kritik Ihrerseits taktvoll formuliert werden. Nur in vereinzelten Fällen kann man die bessere Erfahrung und viele mühsam gesammelte Erkenntnisse ins Gespräch einflechten. Verschiedentlich wird es als diplomatisches Verhalten bezeichnet, wenn man den Leuten offene Schmeicheleien sagt, die in keiner Weise ehrlich und wahr gemeint sind. Trotzdem, wenn Sie so etwas geschickt anbringen, wird es die beabsichtigte Wirkung nicht verfehlen.

Auffallend leicht fällt es Ihnen, sich anzupassen. Dies ist etwas, das Nußbaum-Damen und -Herren beider Dekaden nicht leichtfällt. Ehrlich gesagt, es ist sogar häufig unmöglich. Trotzdem ist ein störungsfreier Tagesablauf fast sicher. Es sieht ganz so aus, als hätten die kosmischen Energien eine Ahnung, was Sie jetzt erwarten.

Es können sich Talente melden, die Sie bisher nicht genutzt haben, von denen Sie vielleicht auch gar keine Ahnung hatten. Widmen Sie sich in Ihrer Freizeit diesem neuentdeckten Können. Möglich ist durchaus, daß ernsthaftes künstlerisches Engagement höchst erfreuliche Möglichkeiten eröffnen. Es ist auch nicht ausgeschlossen, daß sich etwas entwickelt, das zu einem späteren Zeitpunkt eine gute Einnahmequelle werden könnte.

Das Selbstbewußtsein hat Zusatzpunkte zu verzeichnen, die Ihnen manches erleichtern werden. Nicht nur der Beruf profitiert davon, auch der private Bereich notiert das.

Freiheitsbestrebungen sind die Folge Ihrer neu entdeckten Selbstinszenierung. Sie werden nicht nur Freude machen. Es gibt viele Vetos, z. B. vom Partner, von Freunden und last not least von der Familie. Hier hat man eine völlig andere Meinung von Ihrer Freiheitsliebe. Dabei dürfte in den meisten Fällen von Nußbaum-Leuten nur die innere Freiheit gemeint sein, die sich einstellt, ohne jede Bemühungen Ihrerseits.

Es wird sich ein Weg finden lassen, um das gesamte Umfeld zu überzeugen, daß man mit Freiheit nicht das Wegziehen mit Sack und Pack meint. Das bevorstehende Weihnachtsfest ist bestimmt geeignet, um Ihre Leute versöhnlich zu stimmen. Was sich sonst noch im Bereich der Nußbaum-Leute tut, ist kaum nennenswert. Im Grunde Ihres Herzens sind Sie ganz zufrieden mit dem, was das Schicksal für Sie bestimmt hat. Die nervöse Unruhe, die vor den Feiertagen anscheinend nicht wegzudenken ist, berührt Sie kaum. Haben Sie noch Fragen bezüglich der Liebe? Nun, ringsum sieht alles sehr konservativ aus. Ist man nur ängstlich darauf bedacht, keine warmen Regungen zu zeigen, oder entspricht das der momentan herrschenden unterkühlten Gemütsverfassung? Das zu entscheiden ist allein Ihre Sache und wird demzufolge auch von Ihnen persönlich richtig verdaut.

Kastanie 1997

15.5.–24.5. / 12.11.–21.11.

Lebensfreude und Melancholie sind in der Mai-Dekade enge Nachbarn. Das Traurigsein ist hier jedoch niemals aus einem Weltschmerz geboren, sondern basiert auf der Sorge, das Ziel im Leben nicht zu erreichen, das Materielle Sicherheit garantiert. Eine gut fundierte Existenz ist hier Voraussetzung. Sparsamkeitsmaßnahmen sind nicht Sache der im Mai geborenen Kastanie-Leute. Muß eine Entscheidung fallen zwischen Liebe und materieller Sicherheit, wird ein Entschluß sehr schwer. Alle Vorgänge, die Intensität verlangen, sind begeistert willkommen.

Bei den meisten Baumsymbolen ist der Gegenpol, der auf der gemeinsamen Achse liegt, meist das Spiegelbild der dazu gehörenden Dekade. Hier kann davon keine Rede sein. Wohl liegt man auf derselben Linie, aber schon das Temperament ist völlig anders angelegt. Man schwimmt auf einer völlig anderen Welle, was beide Daten verbindet ist höchstens eine magisch zu nennende Verbundenheit, mit der beide nicht zurechtkommen.

Aktivität, die bei den November-Geborenen von einer immensen Energie angetrieben wird, ist diesen selbst oft recht lästig. Man möchte ab und zu in Ruhe genießen, was das Leben an Schönem anzubieten hat. Schon eine nicht eingeplante Ruhepause kann Leute der November-Dekade nervös machen. Nur gut, daß dieses Baumsymbol mit einem weiblichen Flair ausgestattet ist. So zeigt sich der Betätigungstrieb bei den Kastanie-Damen nur in typisch weiblichen Berufen. Obwohl das in unseren Tagen auch nicht mehr ein Kriterium ist, das in allen Fällen gültig sein kann.

Auch wenn man annimmt, daß diese sich ewig in Bewegung befindlichen Geschöpfe keine Zeit für die Liebe haben, es entspricht nicht den Tatsachen. Man ist sehr wohl tiefer Gefühle fähig, und sie werden ganz sicher nicht im Verborgenen gehegt und gepflegt.

Ärger, der sich am Ende des alten Jahres gezeigt hat und leider ins neue mit herübergenommen wurde, dürfen Sie nicht auf die Goldwaage legen. Nichts wird Sie aus der Fassung bringen, wenn Sie sich passiv verhalten und nicht zum Angriff übergehen. Wenden Sie sich erfreulicheren Dingen zu, bald wird auch über diese Angelegenheit Gras gewachsen sein. Niemand wird sich mehr darum kümmern, wer Fehler gemacht hat, wer dabei gelitten hat, weil ihm Unrecht geschehen ist.

Die Tendenz, daß es ein gefühlvolles Jahr wird, zeigt sich bald schon andeutungsweise. Sie haben nichts zu befürchten, Sie werden auch von zarten Empfindungen, die sich möglicherweise ab und zu bemerkbar machen, nicht restlos vereinnahmt. So etwas kann Kastanie-Leuten sowieso kaum passieren. Sehen Sie diese Seite des Jahres 1997 als einen brauchbaren und nützlichen Ausgleich für Ihre herbe, selten kompromißbereite Art. Geben Sie sich so, wie Sie sind, machen Sie sich in keinem Fall die Mühe, sich interessant zu zeigen oder, was durchaus möglich ist, mehr zu scheinen als zu sein. Sie befreien sich damit aus einer Spannung, die Ihnen schlecht bekommt, egal ob man das unter dem Gesichtspunkt der körperlichen Verfassung sieht oder Ihre Seelenruhe unter die Lupe nimmt.

Die Aussichten in materieller Hinsicht sind nicht schlecht. Es kann sich im Berufsbereich einiges ereignen, so daß Sie sich nicht jede Ausgabe dreimal überlegen müssen.

Die Kontakte, das Verhältnis zu Kollegen könnten ein wenig mehr Initiative von Ihrer Seite vertragen. Akzeptieren Sie Vorschläge und gelegentliche Anliegen, die nicht unbedingt Ihre Vorteile im Auge haben. Sie werden das unter besonders angenehmen Voraussetzungen tun.

Es geht immer noch nicht alles so glatt, wie Sie es sich erwarten. Was sich ergibt, Ungewöhnliches, das auf Sie zukommt, muß überlegt werden. Impulsive Reaktionen sind bestimmt das Schlechteste, was Ihnen einfallen kann. Zugeständnisse, Kompromisse werden am laufenden Band verlangt. Sie werden im einzelnen sicher genau wissen, wo die Grenzen liegen, die eingehalten werden müssen.

Besondere Aufmerksamkeit ist notwendig, wenn sich jemand wichtig macht, der Ihr Konkurrent sein könnte. Egal, wer das ist, egal, wo das ist. Es kann ein Interessent sein, der Ihren Partner näher ins Auge faßt, oder er ist im Berufsbereich zu suchen – jemand, der sich für besonders gescheit hält. Rücksicht ist in beiden Fällen fehl am Platz und hochgradige Empfindlichkeit noch weniger. Immer geradeaus und keinen sensiblen Firlefanz. Hier ist mein Interesse das einzige, was gilt, dafür bin ich zuständig, und damit basta! Kastanie-Leute haben genug Selbstbewußtsein, um sich zu behaupten. Im Arbeitsbereich ergibt sich deutlich eine neue, veränderte Konzeption. Deshalb ist es notwendig, das Mäntelchen nach dem Wind zu hängen. Im alten und gewohnten Alltagstrott läuft nichts mehr. Was sich hier ergibt, dürfte ohne Ihre Bereitschaft, mitzumachen, mitzuziehen nicht zur Durchführung kommen. Sie wollen doch am Ball bleiben, Sie wollen doch nicht zum alten Eisen gehören! Fortuna, die Ihnen treu bleiben soll, verlangt in diesem Jahr neben gutem Einfühlungsvermögen auch flexibles Verhalten, Einsicht und den festen Willen, sich der neuen Tendenz im Geschäftsleben anzupassen. Fällt Ihnen dies, bedingt durch Ihre Veranlagung, schwer, trainieren Sie! Auch die seelische Kraft kann durch Übung intensiviert werden.

Möglichkeiten privater Art ergeben sich nach dem 21. Zeigen Sie sich kontaktfreudig. Funktioniert es nicht ganz so gut, darf auch hier nicht nur vornehme Zurückhaltung gezeigt werden.

Alle technischen Berufe haben in diesem März eine besondere Unterstützung von kosmischen Elementen zu erwarten. Energien, die Ihnen reichlich zur Verfügung stehen, bringen Kastanie-Leuten auch in allen anderen Berufen ein erhebliches Stück weiter. Tragen Sie sich mit dem Gedanken, sich selbständig zu machen, ein Arbeitsverhältnis zu lösen, tun Sie es jetzt, doch bitte nicht ohne sorgfältige Überlegung und ausreichende Informationen über die Möglichkeiten bei dem angestrebten Ziel.

Es kommt angenehmer, als Sie nach den Erfahrungen im Februar annehmen könnten. Nützen Sie jetzt jede kleinste Chance, die sich bietet. Endlich können Sie sich wieder richtig ins Zeug legen und Unternehmungsgeist zeigen, ohne daß Sie Gefahr laufen, als notorischer Wichtigtuer eingestuft zu werden.

Im finanziellen Bereich ist keine wesentliche Verbesserung zu erwarten. Das Jahr 1997 ist auch ein Jahr der sorgfältigen Planung bei allen Ausgaben. Lediglich für geschäftliche Zwecke, also im Bereich Beruf, läßt sich etwas durchführen, daß Ihre Finanzen über das normale Maß hinaus in Anspruch nimmt.

Ein neuer kosmischer Zyklus bringt neue Vitalität, und Ihr körperliches Wohlbefinden nimmt das dankbar an. Geringfügige Beschwerden, die sich da und dort bemerkbar gemacht haben, sind bald behoben. Ernsthafte und permanente Beschwerden können durch Umsicht und gezieltes Einhalten einer natürlichen Lebensweise auf ein Mindestmaß reduziert werden.

Haben Sie noch keinen Partner, mit dem Sie sich ein Zusammenleben über einen langen Zeitraum hinweg vorstellen können, halten Sie sich bereit: Schon im kommenden Monat sehen da die Möglichkeiten erfreulich aus. Die ersten Anzeichen dafür sind bereits Ende März zu sehen.

Es wird nicht ausbleiben, daß Sie dazu verpflichtet sind, neue Beziehungen zu pflegen oder eine Reise zu planen, die Sie nicht nur in die nächste Umgebung führt. Auch eine Überseereise ist nicht ausgeschlossen. Hier sind es die mittleren Jahrgänge, die bei sicherem Auftreten ganz ausgezeichnete Möglichkeiten bekommen, sich zu sanieren.

Es sind Änderungen in Aussicht, die für Kastanie-Leute in einem technischen Beruf umwälzend sein werden. Es könnte sich um eine Zusatzarbeit handeln, die Ihnen, neben der Mühe, sich besonders zu engagieren, auch Aussichten eröffnet, die eine wesentliche Verbesserung Ihres Einkommens zur Folge haben. Entweder Sie bekommen ein Angebot in Ihrem bisherigen Berufsbereich, oder Sie kommen per Zufall zu dieser Chance.

Bis zum 15. April sind alle Kastanien jedenfalls voll beschäftigt. Die Familie wird es verstehen, wenn Sie in dieser bewegten Phase kaum ansprechbar sind. Ist dann der 20. im Kalender, beleben sich alle anderen Kontakte auch wieder. Lassen Sie sich nicht sofort von gefühlsbetontem Verhalten völlig vereinnahmen. Noch ein wenig Distanz würde gut tun. Es ist keineswegs ratsam, sofort und ausschließlich den Weg einzuschlagen, der dem Gefühlsbereich gehört. Ein bißchen mit der Sympathie hauszuhalten wäre sehr von Vorteil. Es sind vor allem die ideellen Vorstellungen, die nicht offen gezeigt werden sollen.

Auf Ihre Gesundheit müßte mehr Rücksicht genommen werden. Der Kreislauf und Ihre Nerven funktionieren nicht gar so tadellos, daß Sie jeder Belastung gewachsen sind.

Ende April kommen Zweifel auf, ob jede Ihrer Entscheidungen auch richtig war. Es sind nur flüchtige Gedanken, nichts weiter, als die Reaktion auf ein Tun, das außerhalb des normalen Tagesablauf gelegen hat.

Die materielle Seite aller Möglichkeiten, die sich Ihnen bieten, ist recht erfreulich zu bewerten Es sind kosmische Werte in Verbindung mit dem Element Erde für Sie tätig, die in dieser Beziehung kein Risiko zulassen. Bedingt durch die Vorgänge im April liegt Verschiedenes in der Luft, das geschäftlich, berufliche Vorhaben vorantreibt. Schon die zweite Woche könnte mit einer Realisierung Ihrer Pläne rechnen. Nichts sollte jedoch unternommen werden, das nicht sorgfältig geplant wurde. Auch der Mai kann noch eine Reise im Programm haben, die aus Bequemlichkeit nicht verschoben werden sollte.

Ein nicht zu unterschätzender Vorteil bei all diesen Vorgängen ist es, daß Ihr persönliches Ansehen einen befriedigenden Aufwärtstrend erlebt. Rege wie Sie jetzt sind, ergeben sich neue Bekanntschaften, die aber nicht alle restlos zufriedenstellend sein werden. Vorsicht, Kastanie-Leute haben ab und zu die Neigung, sich jeden zum Freund zu machen, Ihre Menschenkenntnis ist keineswegs gut. Sie neigen zu vorschnellen Entschlüssen, weil Ihnen diese Eigenschaft schon manches eingebracht hat, was recht nützlich war.

Bei neuen Bekanntschaften kann es jetzt zu einer echten Krise kommen. Handeln Sie nur nach Ihren eigenen Überzeugungen, und meiden Sie jede Diskussion über eventuell bessere Möglichkeiten. Man will nichts Böses, und trotzdem müssen Sie vorsichtig sein.

Den weiblichen Kastanien sei ans Herz gelegt, die Liebe nicht gänzlich auf dem Nebengleis stehenzulassen. Geschäft und Beruf sind für Sie wichtig, aber verfallen Sie dem Geldverdienen nicht mit Haut und Haaren.

Verkneifen Sie sich den Eigensinn, der Ihnen in diesem Juni schwer zu schaffen macht. Die Familie hat dafür überhaupt kein Verständnis, und es ist möglich, daß man Ihnen hier mehr Schwierigkeiten macht, als Sie verkraften können. Alles läuft gut, wenn Sie sich entschließen könnten, den eigenen Standpunkt nicht für den einzig richtigen zu halten. Gar nicht läuft es, wenn Sie Ihre Meinung verbissen verteidigen.

Im Berufsleben zeigt sich eine Tendenz der Stabilisierung. Das Verhältnis zu den Vorgesetzten wird, man könnte beinahe sagen, kameradschaftlich. Das gleiche gilt für den Umgang mit Ihren Kollegen. Suchen Sie sich hier einen Menschen aus, der Ihnen besonders sympathisch ist, verbringen Sie mit ihm Ihre Arbeitspausen, wenn möglich auch dann und wann Ihre Freizeit. Sie brauchen während dieses Monats jemanden an Ihrer Seite, der sich in Ihrem beruflichen Metier auskennt und sich zugleich mit Ihnen gut versteht, der Gespräche mit Ihnen führt, die nicht nur Allerweltsthemen beinhalten.

Die Kastanie-Leute der Jahrgänge 1955 bis 1959 sollten achtgeben und gegebene Versprechen einhalten, besser wäre es, wenn es erst gar nicht zu irgendwelchen Versprechen kommt. Eine recht ungewöhnliche Verbindung von Elementen verwässert ihnen alles, und die viel gerühmte Zuverlässigkeit der Kastanie-Leute ist plötzlich in Frage gestellt. Es sind Einflüsse, die von Eigeninitiative nicht gesteuert werden können. Aufmerksamkeit sollte deshalb jetzt das A und O Ihrer Verhaltensweise sein.

Erfreulich wird die zweite Monatshälfte, endlich bekommen Sie Gelegenheit, mit sich und Ihrer Umwelt zufrieden zu sein.

Eine ganz besondere Position der kosmischen Zeichen und eine besondere Strahlungswirkung der Sonne im Geburtsbild wird Ihnen diesen Juli zu einer angenehmen Zeit machen. Zunächst wird sich das bei Ihrem physischen Wohlbefinden zeigen. Kaum eine Kastanie-Frau oder ein Kastanie-Mann wird von Schmerzen geplagt oder von Unwohlsein ins Bett verdammt. Sie werden auch nicht viel Rücksicht nehmen, wenn z.B. eine sportliche Tätigkeit so viel Spaß macht, daß Sie des Guten zuviel tun.

Kastanie-Damen haben einen weiteren Zusatzpunkt. Nicht nur Sie selbst sind mild gestimmt, auch die Menschen mit denen Sie zu tun haben, machen nicht den leisesten Versuch, Ihnen die Laune zu verderben. Ist da vor kurzer Zeit noch jemand gewesen, mit dem Sie ganz erhebliche Meinungsverschiedenheiten hatten, wird der oder diejenige einsehen, daß mit Ihnen recht gut auszukommen ist.

Ihre gute Stimmung steigert sich von Tag zu Tag. Beruf und Geschäfte sind Ihnen nach dem 17. nicht mehr so wichtig. Sie sind zwar nicht unlustig bei der Arbeit, aber der Ernst, den Sie hier meist zeigen, ist nicht mehr vorhanden.

Auch eine sich jetzt schon ankündigende Umstellung im Herbst läßt sie unberührt. Sie stellen keine Fragen, Sie haben sich so etwas wie eine asiatische Ruhe zugelegt. Es ist nicht zu befürchten, daß dies ein Dauerzustand bleibt, es wäre auch wenig nützlich in unseren Breitengraden.

Die Liebe ist nur am Rande wichtig und bekommt wenig Bewegungsfreiheit in diesen Wochen. Die Schlafzimmerinteressen sind spärlich oder gar nicht vorhanden. Gefühlsausbrüche sind in diesem Jahr nicht selten, stellen sich aber jetzt nicht ein.

Sie können wirklich zufrieden sein. Der ganz normale Arbeitstag ist nicht langweilig, ein sehr wichtiger Punkt für alle Kastanie-Leute. Die Tätigkeit verlangt trotz der hochsommerlichen Temperaturen Ihre konzentrierte Aufmerksamkeit. Impulse, die von kosmischen Werten gesteuert werden, sorgen dafür, daß Ihr körperliches Wohlbefinden in keiner Weise mehr eingeschränkt ist.

Kastanie-Leute müssen einsehen lernen, daß ohne die persönliche Initiative keine Erlebnisse zu erwarten sind, die über dem üblichen Standard liegen.

Eine Bereicherung wäre es, wenn Sie sich in diesen Augustwochen um das Wohl der unmittelbar in Ihrer Nähe lebenden Menschen etwas intensiver kümmern würden. Dies muß ja kein Dauerzustand bleiben, doch so dann und wann würde es Ihrem Ansehen recht nützlich sein. Sicher werden Kastanie-Leute selten als pure Egoisten bezeichnet, trotzdem wird man ihnen einen Vorzugsplatz im Herzen einräumen, wenn sie sich einmal als Wohltäter, als Samariter betätigen.

Kastanie-Leute fühlen sich sogar in diesem August in den eigenen Wänden recht wohl. Kein Wunder, wenn die Liebe sich ihrer bemächtigt, um ein helles Licht in diesen von Eros und Venus regierten Bereich zu zaubern. Neue Möglichkeiten werden sich ergeben, um das Zusammenleben interessanter zu machen, der Alltagsmief wird großzügig übersehen.

Vieles ist jetzt in Ordnung, nur mit einem einzigen Mitarbeiter oder einer Kollegin will es nicht klappen. Vielleicht haben Sie eine persönliche Aversion gegen diesen Menschen, vielleicht ist Ihr Umgangston bei ihm nicht so rücksichtsvoll wie bei allen anderen. Sicher ist man auch zu Ihnen nicht ausgesucht höflich. Doch irgendeiner muß jetzt unbedingt anfangen, eine freundliche Miene zu machen. Im allgemeinen haben Sie damit doch kaum Schwierigkeiten, es muß auch hier möglich sein, mit einem Scherzwort das gegenseitige Verständnis wieder einzufädeln. In kritischen Situationen haben es Kastanie-Leute doch meist leicht mit der Selbstüberwindung.

Selbständige Kaufleute kommen in diesem September einen guten Schritt vorwärts. Dieser Monat ist für diesen Berufsbereich auffallend positiv einzuschätzen. Es ist eine ganz spezifische kosmische Kraft, die im Monat der Jahreszeitenwende derartiges auslösen kann.

In der Familie versteht man sich gut, überströmende Herzlichkeit ist nicht zu erwarten. Der Alltagsstreß wird dann kritisch, wenn es Ärger mit einer Behörde gibt. Was sich hier tut, was da auf Sie zukommt, werden Sie tadellos durchstehen. Vorausgesetzt, Sie verteidigen Ihre ganz persönliche Meinung nicht zu eigensinnig. Sie kommen ohne große finanzielle Einbußen durch, wenn Sie sich sachlich und korrekt verhalten und mit dem damit beauftragten Beamten in einem höflichen Ton verhandeln. Auch er tut seine Pflicht und hat keine Möglichkeit, Ihre Sache mit Herz und Gemüt zu behandeln. Geduldiges Abwarten ist bei derartigen Fällen das beste, was Ihnen einfallen kann. Machen Sie keinen Wirbel, auch dann nicht, wenn in dieser Sache auch noch die eigene Familie auf Sie losgeht.

Es wird etliches von Ihnen erwartet, das nicht leichtfällt. Von heute auf morgen in eine Sache hineinzuschlittern, die völlig überraschend gekommen ist, wird nicht angenehm sein. Möglicherweise setzen Sie Himmel und Hölle in Bewegung, um hier herauszukommen oder um einen Menschen zu finden, der Ihnen dabei behilflich ist. Was sich hier im einzelnen zuträgt, ist bei einer allgemeinen Übersicht nicht zu sagen. Mit privaten Anliegen, mit Liebesbeziehungen hat es nichts zu tun. Schon eher mit der Familie oder mit einem einzelnen Familienangehörigen. Wie es auch kommt, Sie sollen wissen, daß es eine Sache ist, die in wenigen Wochen ausgestanden sein wird. Halten Sie also Ihre Ohren steif, und lassen Sie sich nicht einreden, es sei alles fürchterlich und nichts und niemand könnte Sie verstehen. Es ist nicht ausgeschlossen, daß Sie sich an eine zu riskante Sache gewagt haben, einen zu extravaganten Plan verwirklichen wollten, der nun eine dramatische Entwicklung nimmt. Da dieser Oktober wechselseitige Besuche und auch Feste begünstigt, werden Sie hier einen Ausgleich finden und sind nicht gezwungen, daheim allein im stillen Kämmerlein damit fertigzuwerden.

Wenn es gut um Ihre Finanzen steht, was derzeit zu erwarten ist, können Sie wenigstens hier mit einem soliden Fundament rechnen, das vieles leichter macht. Verständnis und Diplomatie im Umgang mit Ihren Mitmenschen wird für Sie nun zur Selbstverständlichkeit. Bemühen Sie sich ganz demonstrativ um einen neuen Kreis von Freunden. Damit gewinnen Sie Abstand von unerfreulichen Zeitgenossen. Sie bekommen aber auch Anregungen, neue Ideen, um das bisherige Niveau anzuheben. Ein beinahe manisches Bemühen, nur alles richtig zu machen, ist übertrieben. Sie kommen damit in die zwanghafte Lage, sich unablässig zu beobachten, was einem gelösten Verhalten gar nicht bekommt.

Die für Sie wichtigen kosmischen Werte haben ein Einsehen, sie werden freundlicher und sind um Sie bemüht. Die Geduldsprobe, die Ihnen der Oktober auferlegte, hat Sie einiges gelehrt. Die Erfahrungen, die Sie gemacht haben, werden sich noch oft in Ihrem Leben als nützlich erweisen. Setzen Sie jetzt alle Hebel in Bewegung, um Ihrer Umwelt zu zeigen, daß Sie kein Kind von Traurigkeit sind, auch wenn es mal dick kommt, und daß Sie Geist und Grips haben, um sich von stürmischen Schicksalsfügungen nicht unterkriegen zu lassen.

Ihre Geschicklichkeit in technischen Dingen bringt gute Möglichkeiten. Man wird auf Sie aufmerksam, man weiß, daß man mit Ihnen rechnen kann. Es tut gar nichts, wenn Sie jetzt in eine Begeisterung hineinsteuern, die Kastanien recht selten zur Verfügung haben.

Ihre totale Fixierung auf einen Berufszweig wird durch viele neue Interessen erheblich gelockert. Kastanien sind kein starres, unbewegliches Baumgebilde. Jeder Ast, jeder Zweig, jedes Blatt ist ständig in Bewegung. Ein gutes Bild, wenn man sich das auf einen Menschen umgesetzt vorstellt. Es ist ja keine nervöse Unruhe die sich zeigt, sondern eine beinahe spielerische Bewegung. In der Liebe zeigt sich endlich wieder ein harmonisches Aufeinanderzugehen. Aufmerksamkeit und Interesse werden Ihnen entgegengebracht, ohne daß Sie sich besonders darum bemühen. Ohne Veranlassung zeigt sich der Partner als Kamerad und ist gewillt, mit Ihnen durch dick und dünn zu gehen. Sicher ist er auch bereit, mit Ihnen zusammen Probleme allgemeiner Art zu lösen. Vermutlich stehen Ihre Zeichen unter einem glücklichen Winkel zu allen kosmischen Werten, die in der Verbindung mit dem Liebesgeschehen eine starke Aussage haben. Ihre wirtschaftliche Lage ist so, daß Sie zufrieden sein können.

Es sind relativ ereignislose Tage. Die Feiertage sind dabei natürlich ausgeschlossen, an denen die Familie oder andere nahestehende Leute für Unterhaltung und Wirbel sorgen.

Pluspunkte sind im Geschäftsleben insofern nicht zu erwarten, als sich nichts ereignen wird, was interessant wäre oder eine Erweiterung versprechen könnte. Es ist eine denkbar günstige Zeit, sich das gute Einvernehmen mit den Mitarbeitern zu sichern. Es ist dies nicht nur für eine allgemein zufriedenstellende Arbeit von Vorteil, auch auf den finanziellen Erfolg wirkt sich das günstig aus.

Sie haben in diesen zwölf Monaten sicher oft erfahren, daß vieles von angenehmen Kollegen abhängt, und das Jahr 1997 hat ganz besonders für diese Einsicht gesorgt. Verlieren Sie diese Erfahrung nie aus Ihrem Gedächtnis. Es kommen Jahre, die diese weiche, gemütvolle Neigung, dem anderen gut zu sein, ganz und gar nicht haben.

Ein beachtlicher Akzent ergibt sich Mitte des Monats, der dem materiellen Bereich gut bekommt. Ihre an sich schon beachtliche Selbstsicherheit wird sich noch steigern. Lassen Sie das nicht zu einem Machtstreben auswachsen. Achtung, die man Ihnen zeigt, Anerkennung, die nicht ausbleibt, sollten genügen. Mit der Macht kommt in den meisten Fällen auch eine mitleidlose Haltung auf, die nur Schwierigkeiten zur Folge hat. Setzen Sie Ihren Ehrgeiz dort ein, wo es die besondere Gestaltung der Festtage erfordert oder ein Winterurlaub in Aussicht ist, den sie hoffentlich zusammen mit einem geliebten Menschen verbringen können.

Kleine Stänkereien im Zusammenhang mit familiären Interessen ergeben Probleme, die nicht mit der Goldwaage gewogen werden dürfen. Alle haben es schon mal erlebt, die Hektik der Feiertage, die, wenn vieles auf einmal zu tun ist, das gemütliche Familienleben kaputtmachen kann.

Esche 1997

25.5.–3.6. / 22.11.–1.12.

Niemand darf erwarten, daß es unter diesem Baumsymbol einen einzigen Menschen gibt, der ein ruhiges, bequemes Leben für erstrebenswert hält. Am wohlsten fühlen sich Esche-Leute der ersten Dekade, wenn sie einen möglichst abwechslungsreichen Beruf ausüben können. Nur keine Eintönigkeit, nur keine Routine-Arbeit, kein Stillsitzen am Schreibtisch. Eine vielseitige Tätigkeit ist schon beinahe Garantie für eine glückliche berufliche Entwicklung.

Das beste, was sich für die Mai-Juni-Dekade ergeben kann, sind zwei verschiedene Beschäftigungen. Neben der sich doppelt ergebenden Einnahmequelle sichert man sich auch noch Informationen aus allen möglichen Bereichen, und das Interesse an interessanten Erfahrungen wird zufriedengestellt.

Dort, wo Nahrung für den Geist zu erwarten ist, fühlen sich Esche-Leute wohl. Geht tatsächlich einmal ein Versuch in einem bestimmten Berufszweig daneben, geht man zur Tagesordnung über. Bedenken oder zornige Vorwürfe aus dem nächsten Umfeld werden schnell zerstreut oder ignoriert.

Ist ein Neuanfang, vielleicht auch eine totale berufliche Veränderung notwendig, ist man schnell bereit zu glauben, daß die neuen Chancen mehr Glück bringen.

Die zweite Dekade ist mit einer lebensbejahenden Einstellung ebensogut versorgt, nur ist hier der zwischenmenschliche Bereich intensiver mit ehrlicher Herzlichkeit versorgt.

Ein wunderbarer Kameradschaftsgeist kann der Liebe meist eine langlebige Bindung garantieren.

Esche-Leute der Herbst-Dekade sind jetzt die Lieblinge der kosmischen Einflüsse. Zumindest wenn die Vorgänge im Bereich Liebe und Freundschaft genauer betrachtet werden. Für Harmonie ist jedenfalls gesorgt, in einzelnen Fällen muß allerdings darauf geachtet werden, den Partner nicht mit zuviel Leidenschaft zu überfluten. Wird bei Freundschaften kein Verständnis für Schwächen und Fehler gezeigt, sind keine Pluspunkte zu erwarten, obwohl die Grundtendenz positiv ist. Hier ist es besonders die Mai/Juni-Dekade, die auch dann, wenn Zuneigung und Liebe ausreichend vorhanden sind, sich bedenkenlos kritisch äußert.

Doch das alles sind Randerscheinungen, die beweisen, daß der gesamte Komplex Ihr volles Interesse beansprucht.

Im Beruf können die Bemühungen der letzten Wochen im alten Jahr erfolgreich fortgesetzt werden. Hier ist Besonnenheit und objektive Einstellung das einzige, was wirklich nottut. Emotionelles Verhalten ist ganz unmöglich. Sie können nur dann positive Ergebnisse erwarten, wenn Sie keinen Versuch unternehmen, auf Biegen und Brechen Ihren eigenen Willen durchzusetzen.

Gute Geschäfte können gemacht werden, wenn jede persönliche Regung ausgegrenzt wird. Wird nach dem 15. der zunehmende Mond noch wirksam, werden sich die Unternehmer unter den Esche-Geborenen einer wunderbaren planetarischen Unterstützung erfreuen können. Bei den Mitarbeitern sollte Kompromißbereitschaft gezeigt werden. Sie werden bald feststellen, jeder Meinungsunterschied ist halb so schlimm, wenn man akzeptiert, daß jeder ein Recht darauf hat, nach seiner eigenen Erkenntnis zu leben.

Das Fazit dieses ersten Monats im Jahr 1997: Es gibt viele Leute, die gerne mit Ihnen zusammen sind, die Sie als Gesprächspartner besonders schätzen. Als Freund sind Sie unentbehrlich geworden, und als Partner entsprechen Sie genau den Vorstellungen.

Ein guter Anfang, er wird Ihnen Mut für die folgenden Wochen machen.

Noch bevor sich verschiedene, nicht ganz bequeme Einflüsse bemerkbar machen, stellen sich Esche-Leute intuitiv auf diese Veränderung ein. Es gelingt ohne besondere Anstrengung, sich unterzuordnen. Das wird an manchen Februartagen zur zwingenden Notwendigkeit. Meist wird es sich um Familienangelegenheiten handeln, die bereinigt werden müssen. Geben Sie keinen Anlaß dazu, daß offene Auseinandersetzungen unausweichlich werden. Dieses Jahr ist ab und zu hart im Durchsetzen, doch Ihnen sind harte Bandagen nicht gestattet. Schlimm wird es allerdings nie werden, Sie haben ja ein gutes Fingerspitzengefühl, das in manchen Fällen Gold wert ist. Zudem ist Ihre Grundveranlagung keineswegs auf Streit und aktiven Widerstand programmiert. Noch bevor Ihr gutes Auskommen mit der Umwelt in Frage gestellt ist, werden Sie versöhnliche Worte finden.

Ein Sonderfall ergibt sich, wenn Sie in einen Vorgang einbezogen werden, der sich außerhalb des Berufsbereiches, vielleicht auch außerhalb Ihres Wohnortes ergibt. Lassen Sie sich ungeniert etwas Sensationelles einfallen, wenn das Ihr Vorteil ist. Sicher sind es keine weltbewegenden Vorgänge, trotzdem könnte ein überdurchschnittliches Plus einen ideellen Wert darstellen, der Ihr Selbstbewußtsein stärkt.

Freundlich sind alle kosmischen Zeichen für die Esche-Daten, wenn Geldangelegenheiten unter die Lupe genommen werden. Sie haben hier im Moment eine glückliche Hand, und Ihre lässige Einstellung zum materiellen Besitz wird insgeheim bewundert.

Wohlwollendes Verhalten gegenüber dem Partner ist das einzige, was für die letzten Februartage empfohlen werden kann. Herz und Gemüt sind sicher wichtig, aber können nicht deutlich gezeigt werden. Es muß genügen, wenn Sie Ihrem Partner Aufmerksamkeit schenken und ab und zu auch hilfsbereit sind. Werden Wünsche geäußert, die in Ihren Augen zu anspruchsvoll sind, ist eine diplomatisch formulierte Absage wohl das beste, was Ihnen dazu einfallen kann.

Was Ihnen jetzt zur Verfügung steht, ist eine realistische Einstellung. Auch Ihr gesunder Erwerbssinn, der Sie veranlaßt, die Mark und den Pfennig zweimal umzudrehen, bevor sie ausgegeben werden, ist in diesem März von großem Vorteil.

Nach dem 16. sorgt aber die elementare Kraft Wasser dafür, daß Ihre bedachtsame Art beinahe ins Gegenteil umschlägt. Nicht nur beim Geldausgeben zeigt sich dieser Trend, auch bei allem, was sich in Ihrem Privatbereich ereignet.

Esche-Leute hängen jetzt tatsächlich ihren Träumen nach, doch Achtung, realisierte Träume sind nicht billig. Alles, was mit Liebe zusammenhängt, wird automatisch in dieses Thema mit einbezogen.

Ein neues Verliebtsein wäre ganz nach Ihrem Geschmack. Was Traum bleiben muß oder Wirklichkeit werden kann, ist bei den tausend Möglichkeiten, die sich nach Person, Alter und individuell plazierten Gestirnen in der unterschiedlichsten Art anbieten, nicht zu sagen. Frühlingshaft wird es jedenfalls sein.

Es wird ein Monat, der Zufriedenheit mitbringt. An Tagen, die Sie konzentriert bei der Arbeit verbringen, hat Fortuna ein goldenes Händchen. Beschäftigen Sie sich mit beruflichen Plänen, die neu und ungewöhnlich sind, zeigen sich gute Ansätze, um etwas Positives auf die Beine zu stellen.

Nach dem 22., wenn sich die Sonne in ein neues Zeichen begibt, werden die besonders günstigen Energien aus dem Universum nicht mehr zur Verfügung stehen. Sie reagieren leider keineswegs gelassen, und Sie liegen völlig falsch, wenn Sie vermuten, der Kollegenkreis intrigiert gegen Sie. Niemand will Sie in eine untergeordnete Position manipulieren. Verschwenden Sie keine Energien, die einen Ärger immer begleiten, für nichts und wieder nichts.

Beim anderen Geschlecht kommen Sie, trotz der finstren Miene, die Sie jetzt aufsetzen, recht gut an. Bleiben Sie aber auf dem Teppich, Vorstellungen von Liebesabenteuern sind völlig daneben gegriffen. Die kleinen Freuden sind in diesen Märzwochen die genußvolleren.

Vorübergehend macht sich eine Phase bemerkbar, die mit innerer Erneuerung zu tun haben könnte. Sie haben Gedanken, die mit der realistischen Einstellung der meisten Esche-Leute nicht in Zusammenhang zu bringen sind. Lassen Sie die Menschen Ihrer nächsten Umgebung ruhig darüber lächeln, wie kann man Verständnis erwarten, wenn jegliche seelische Tiefe fehlt.

Gleichzeitig mit diesen ungewöhnlichen Gedankengängen und Erkenntnissen bekommen Gefühle einen besonderen Stellenwert. Partnerschaften werden zusehends harmonischer, und ausgefallene Vorstellungen bringen neue Impulse in erotische Erlebnisse. Warum sollte ein Esche-Mann oder eine Esche-Frau sich keine Eskapaden erlauben? Aspekte des Mondes und der kosmischen Kraft Venus diktieren im April ein ganz besonderes Programm. Das Verhalten ist hier meist vom Verstand geleitet, die elementare Kraft von Mars in besonderem Winkel zu Venus schreibt jetzt etwas anderes vor. Da die Liebe jetzt so interessant wird, ist von schlechter Laune weit und breit nichts zu sehen. Sogar Humor ist festzustellen.

Ihrem Bekanntenkreis begegnen Sie mit absoluter Offenheit, auch die Familie hat nichts mehr an Ihnen auszusetzen. Das, was hier am meisten gestört hat, war, daß Sie den Mund nicht aufmachten, wenn Sie zärtliche Gefühle für Familienmitglieder empfunden haben. Niemand kann erraten, was Sie empfinden, kein Mensch ist imstande, Gefühle zu sehen. Ohne den Versuch, sich frisch und frei alles von der Seele zu reden, bleiben Esche-Leute ein Leben lang verkapselte Wesen, die den Sinn und die Schönheit einer Liebe nie erfahren können. Das gilt für die Zuneigung zu einem Partner genauso wie für die Familie. Liebe wird heute leider immer nur mit Erotik in Verbindung gebracht, dabei kann die Liebe als Begriff ebenso wunderbar sein.

Es ist – oder war – ein April, der dem frühlingshaften Aufbruch dieses Monats genau entsprochen hat.

Recht wichtig wird es, die Kontakte zu Freunden besonders zu pflegen. Damit gewinnen Sie Abstand von einer Partnerbeziehung. Hier zeigt man sich nämlich immer noch unbescheiden. In einzelnen Fällen werden Ansprüche gestellt, erwartet man viel mehr, als Sie geben können, und zwar in ideeller wie in materieller Hinsicht.

Bevor Sie eigene Wege gehen, ist zu überlegen, ob eine Versöhnung damit überhaupt noch möglich ist. Sie werden sich bestimmt nicht leicht zu dem einen oder anderen entschließen können. Ein Bruch trifft Esche-Leute der Mai/Juni-Dekade immer schwer und kann sie lange völlig außer Gefecht setzen. Die Herbst-Geborenen leiden nicht minder, aber die Interessen am Beruf, an Freizeitbeschäftigungen sind meist dominierend, da wird Liebeskummer schneller überspielt.

Es sind bestimmt ereignisreiche Tage, die der Mai für Sie bereithält. Sie sind dem Naturell der Esche-Leute so unwillkommen, daß ab und zu ausgesprochenes Fehlverhalten möglich ist. Nun, es sind nur einige wenige Tage, und die Welt geht nicht unter. Tritt der Mond in eine Phase, die den Aufwärtstrend bestimmt, ist das meiste schon überstanden und wahrscheinlich auch schon vergessen.

Dann endlich, es dürfte der 14. Mai schon die Wende bringen, kann manches erledigt werden, was schon lange darauf wartet, in Ordnung zu kommen.

Auch wenn es ungewöhnlich ist, was Ihnen da und dort als Lösung einfällt, es entspricht genau Ihrer jetzigen Verfassung.

Besprechungen, finanzielle Absprachen werden keine Nebensache sein, und unerfreulich enden sie keinesfalls.

Der Frühlingspunkt ist seit Wochen schon überschritten, und damit bekommt dieses Jahr das Signal »freie Fahrt«. Das bedeutet in erster Linie, vieles muß wichtig genommen werden. Die Signale für die Zukunft sind nicht zu übersehen. Hinein also ins volle Menschenleben, auch wenn die Familie über manches die Nase rümpft. Ihr Lebensrhythmus pendelt sich schon Ende dieses Monats nach der vorgegebenen Ordnung ein, damit wird Ihnen ein Gefühl der inneren Sicherheit vermittelt.

Innere Werte gewinnen Ihr erhöhtes Interesse. Was gefühlsmäßig gesteuert werden kann, bestimmt Ihr Verhalten und zeigt sich auch bei den alltäglichen Verrichtungen. Endlich sehen Sie ein, daß es ein Vorzug ist, das Symbol Esche zu haben, obwohl das selbstverständlich nicht dem Baum an sich zuzuschreiben ist, was mit Ihnen geschieht, was Ihr Schicksal ausmacht, sondern dem Zeitabschnitt, der für dieses Baumsymbol zuständig ist.

Eine unbeirrbare Standfestigkeit ist allerdings bei der Esche wie bei Ihnen eine festgefügte Eigenschaft. In den ersten vierzehn Tagen ist genau dies erforderlich. Sehnsüchte, Wünsche von ungewöhnlichem Ausmaß machen Ihnen den Ablauf des alltäglichen Lebens nicht leicht. In Ihrer Freizeit ist die einzige Gelegenheit gegeben, diesen mehr oder weniger romantischen Vorstellungen nachzugeben. Es ist in erster Linie der Bereich Kunst der das ermöglicht und der keine Schranken setzt, und hier wiederum nimmt die Musik die erste Position ein.

Sind die ersten Wochen vorüber, kommt alles wieder in ein gemäßigteres Fahrwasser. Damit ist die feste Basis erreicht, die Esche-Leute unbedingt haben müssen, um den inneren Frieden zu bekommen.

Es werden keine schwärmerischen, unrealistische Ansichten mehr zugelassen. Materielle Überlegungen werden vor allem alles wieder ins richtige Gleis bringen.

Eigene Vorteile werden bei allem, was Sie tun und unternehmen, einkalkuliert, Ihr »Kaufmannsgeist« hat Sie wieder fest im Griff.

Die Idee, sich selbständig zu machen, ist keineswegs utopisch. Kosmische Energien stehen vor allem bei der Planung zur Verfügung. Keine Sorge also, auch wenn es da und dort einen Jemand gibt, der davon abrät. Sie können in den nächsten Wochen mit einer enormen Einsatzbereitschaft rechnen, und wenn Sie dann noch ein verbindliches Lächeln zeigen, sind Sie unschlagbar.

Liebe? Liebe ist momentan nicht interessant. Haben Sie einen Partner, muß er sich bescheiden. Übermäßiger Aufwand an zärtlichen Liebesbeweisen findet nicht statt.

Es wird Ihnen eine Atempause vergönnt, die Sie nutzen sollten. Ein kosmischer Wert, der kein aktives Verhalten zuläßt, zwingt Sie Beruf und Geschäftsinteressen vorübergehend nebensächlich zu behandeln.

Sie können den Göttern, oder wem Sie den Ablauf Ihres Schicksals sonst zuschreiben, dankbar sein. Diese untätigen Phasen sind von unschätzbarem Wert. Beschäftigen Sie sich jetzt nur mit sich selbst. Es gibt da eine ganze Menge zu tun. Von der bewußten, gesunden Ernährungsweise bis zur intensiven Körperpflege und vielem mehr sollte jetzt die Rede sein. Es muß nicht immer eine Kur sein, die Sie völlig regeneriert. Ein Programm ganz auf Ihre Bedürfnisse abgestimmt, kann sogar mehr bringen. Es gibt genug Literatur, die Ihnen dafür Wissenswertes vermittelt. Eine relativ ereignislose Zeit kann wunderbar für das eigene Befinden sein.

Arbeit im Berufs- und Privatbereich fällt bald wieder reichlich an. Vielleicht haben Sie auch eine Idee, Ihre Freizeit insofern nützlicher zu verbringen, als Sie sich zu einem Sport entschließen könnten, der mehr ist als nur so ein bißchen Zeitvertreib.

Entfremdungstendenzen, die sich in Partnerschaften schon seit Wochen gezeigt haben, sind im Abflauen. Es gibt wieder Spaß und vieles mehr, was Sie sich, zurecht, von einer Liebe erwarten. Freund oder Freundin zeigen sich von Ihrem netten Verhalten begeistert. Amor zeigt sich wieder ganz so, wie man das von ihm gewohnt ist.

Was sich außerhalb dieses Bereichs ereignet, ist Ihnen in der letzten Juliwoche kaum wichtig. Sie gehen an alles völlig ruhig und irgendwie überlegen heran, damit ist schon sichergestellt, daß es keine Probleme geben wird.

Nicht unerwähnt sollte bleiben, daß der Juli ein Erfolgsmonat für Kunstschaffende werden kann. Kleine und kleinste Anstöße genügen, daß eine Fülle phantastischer Ideen realisiert werden können. Musik und Farben vermitteln Eindrücke, die ganz dem Charakter dieses Monats entsprechen.

Die ausgezeichnete Verfassung, über die Sie jetzt verfügen, macht Ihnen die Hochsommerzeit zum reinen Vergnügen. Ob Sie die am Arbeitsplatz zubringen oder sich an der See oder in den Bergen über die ungebundene Freiheit freuen, alles wird Ihnen zum reinen Vergnügen! Die unbequemen, lästigen Begleiterscheinungen mancher Tage im Juli sind total in Vergessenheit geraten.

Ab Mitte August will dann endgültig alles ins Programm aufgenommen werden, was mit Liebe, Zuneigung in Zusammenhang gebracht werden kann.

Esche-Leute, kaum irgendwann einmal sentimental, setzen jetzt ihre ganze Liebenswürdigkeit ein, um zum Ziel zu kommen. Allerdings erwarten sie auch in Phasen, die ein »Flitterwochen-Verhalten« zeigen, Anteilnahme vom Partner, ein Mitdenken, ein Mitfühlen. Oberflächliche Bindungen sind nicht Sache der Esche-Leute.

Hübsche, liebesfähige weibliche Partner sind geschätzt, die allerdings das eigene Konto nicht zu sehr strapazieren dürfen. Steht das Verhalten der männlichen Partner zur Debatte, wird Verstand erwartet, auch ein stattliches Aussehen sollte vorhanden sein – und natürlich auch ein Beruf, der kleinere Extras zuläßt.

Überlassen Sie sich dem Diktat des Augusts 1997. Es führt Sie sicher dorthin, wo die schönste Einrichtung, die sich die Natur für die Menschen ausgedacht hat, auf Sie wartet.

Ist jedoch Arbeit angesagt, wird es kritisch. Unduldsamkeit kann aufkommen, und plötzlich zeigen Sie Nerven. Der Zwiespalt, hier Pflicht und dort intensives Privatleben, ist weiß Gott nicht dazu geeignet, ruhige Nerven zu haben. Müssen Sie sich mit dieser Last abschleppen, kann nur die berühmte Vernunft der Esche-Leute alles im Gleichgewicht halten.

Lassen Sie Ihren Charme spielen, wenn Sie unter fremden Menschen sind. Charme ist ein wunderbares Instrument, das vieles erleichtert, sie zu einem liebenswerten Menschen macht, auch dann wenn das charmante Verhalten in diesen Tagen nur eine eingespielte Geste ist.

Hat der August Ihnen angenehme Tage für das Herz und das Gemüt geschenkt, so macht der September einen völlig anderen Eindruck. Ein lebhaftes Berufsleben beginnt schon in der ersten Woche. Kosmische Energien vermitteln maskuline Energien, die ein immenses Arbeitspensum einschließen. Auch drastische Veränderungen könnten eingeplant sein, die nicht einmal einen Stellungswechsel ausschließen.

Sie sind durch die schönen Vormonate Juli und August jedoch gelassen, und das innere Gleichgewicht funktioniert bestens, also kann Sie kein Chaos aus dem Sattel werfen.

Die Esche-Leute der Herbst-Dekade werden unternehmungslustiger als sonst und versuchen, nach kleineren Anfangsschwierigkeiten, sich an allem, was geboten wird, zu begeistern.

Es wird vom Schicksal alles gutgeheißen, wenn Sie sich nicht einen ungesunden Ehrgeiz zulegen. Lassen Sie sich Zeit, von heute auf morgen und über alle Widerstände hinweg kann nichts erreicht werden.

Doch was immer auf Sie zukommt, Beziehungen können hemmungslos ausgenutzt werden. Nicht nur dieser Monat hat es in sich, auch Sie haben es in sich! Nichts anderes darf Ihnen im Moment wichtig sein, als Ihre berufliche Weiterentwicklung.

Ihr Aktivsein darf aber nicht solche Formen annehmen, daß Sie nachts nicht mehr schlafen können. In Ihrer eng begrenzten Freizeit muß versucht werden, einen Abstand zu den Vorgängen am Arbeitsplatz zu gewinnen. Die wenigen Stunden des Ausspannens müssen völlig unbelastet sein.

In der Liebesbeziehung wird man mit Ihnen zufrieden sein. Sie können nicht nur mit Verständnis rechnen, sondern, soweit dies möglich ist, auch mit aktiver Hilfe. Hier können Sie auch Energie tanken und Ihre Privatlaune wird geradezu hervorragend, damit wird das Zusammensein ideal. Nun ist dieser September doch noch angenehm geworden. Es sollte ein Merkzettel sein für spätere, ähnlich gelagerte Fälle.

So erfreulich wie es in den Septemberwochen am Arbeitsplatz war, wird es im Oktober nicht werden. Sie haben mit der schlechten Laune eines Vorgesetzten zu rechnen, oder ein Mitarbeiter hat Ihre Septembererfolge in die falsche Kehle gekriegt. Zeigen Sie, daß Sie diplomatische Fähigkeiten haben, und begegnen Sie allen unfreundlichen Leuten mit betonter Liebenswürdigkeit. Bemühen Sie sich um ein Lächeln, auch wenn Ihnen zum Heulen ist. Ekelhaften Menschen wird damit jeder Wind aus den Segeln genommen, am Ende ärgern Sie sich nur noch über sich selbst.

Ist es nicht zu vermeiden, daß Sie einen Menschen enttäuschen müssen, der Ihrem Herzen nahesteht, versuchen Sie eine Erklärung abzugeben, und vermeiden Sie unter allen Umständen, daß es zu bösen Auseinandersetzungen kommt.

Intensive Bemühungen geistiger oder materieller Art werden für Esche-Männer der Herbst-Dekade zu einer Selbstverständlichkeit. Sie versuchen ihren Tätigkeitsbereich zu erweitern, obwohl das nicht vorgesehen ist. Wo sich derartiges ergibt, sollten Sie sich zunächst mit Informationen versorgen, bevor Sie gezielt etwas unternehmen. Dem personellen Umfeld sollte möglichst wenig davon bekannt werden. Gehen Sie Ihrer Tätigkeit nach wie sonst, niemand sollte erfahren, daß Sie um Neues, vielleicht sogar Bedeutendes bemüht sind.

Diese unruhige Tendenz teilt sich auch Ihrer Freizeitbeschäftigung mit. Hier wird sich kaum etwas im stillen entwickeln. Vor allem sind es die Angehörigen, die lebhaften Anteil an der geplanten zusätzlichen Aktivität nehmen.

Ist eine Trennung in einer Partnerbeziehung nicht mehr aufzuhalten, wird die Sache von der Gegenseite nicht leichter aufgenommen, wenn Sie sich zu einer langatmigen Erklärung, warum und wieso, entschließen. Die wunderbare Ordnung, die uns das Universum jeden Tag, jede Nacht vorführt, sollte auch in Ihr Leben einziehen. Vieles ist dabei zu berücksichtigen, und Kälte ist dort oben ebenso wie im menschlichen Leben nicht auszuschließen. Aber es gibt eine Sonne, die Licht und Wärme spendet, so wie jeder einzelne die Möglichkeit hat, das rauhe Leben mit Licht und Wärme zu versorgen.

Im Herzensbereich sind Ihre Zeichen nicht unfreundlich, aber auch nicht betont auf herrliche Tage ausgerichtet. Es ergeben sich gute Gelegenheiten, das gegenseitige Verständnis auf ein besseres Niveau zu bringen. Esche-Leute empfinden es als ausgesprochen angenehm, wenn sich Liebesträume entwickeln, die »von einer unbekannten Macht« suggeriert werden, nicht von der eigenen Phantasie. Es könnte die kosmische Kraft Neptun sein, die sich so ganz unvorschriftsmäßig in Ihr Leben drängt. Sollte das ein Wink vom Schicksal sein, daß Liebe nicht von realen Erkenntnissen lebt, sondern daß eine kleine Prise Romantik recht guttut? Sie werden schnell Ihr Mißtrauen gegen diesen Trend ablegen, denn das gesamte Umfeld ist ehrlich bemüht, mit Ihnen gut auszukommen. Sie sollten es genießen, wenn Ihre Aufnahmefähigkeit für all das, was die Liebe intensiviert, ein Ausmaß annimmt, das sämtliche Möglichkeiten einschließt.

Bis heute kann kein Mensch erklären was Liebe eigentlich ist, doch das wissen alle, daß sie zufrieden, ausgeglichen und versöhnlich macht. Das alleine ist es wert, sich um diese schöne Einrichtung im menschlichen Leben ehrlich zu bemühen.

Sind manche Esche-Leute entschlossen, eine feste Bindung einzugehen, dieser November könnte es möglich machen, daß der letzte Anstoß erfolgt. Gibt es bei einer Esche-Dame einen unentschlossenen Mann, wird die jetzige Ausstrahlung das bewerkstelligen, was bisherige Bemühungen nicht fertiggebracht haben.

Im Freundeskreis sollten Sie sich mit voreiliger Kritik besser zurückhalten. Sie wollen Freunde und nicht Leute um sich haben, nur um Ihre ganz persönliche Meinung loszuwerden. Sie haben sicher Talent, um sich über alles, was in der Welt vorgeht, eine sachverständige Meinung zu bilden, aber aus dem Kosmos bekommen Sie keine Unterstützung, wenn Sie diese Meinung als die allein gültige lauthals verkünden wollen.

Bis zum 14. können Sie noch ungeniert alle Energien einsetzen. Danach läuft alles in einem ruhigeren Tempo ab. Die Zeit der dramatischen Veränderungen, der des intensiven Aktivseins ist endgültig vorbei. Selbstverständlich ist damit nur das Jahr 1997 gemeint. Erlebnisse besonderer Art werden trotzdem nicht ausbleiben, nur findet alles in einem bescheideneren Rahmen statt. Auch im Bereich Liebe ist erhöhter Pulsschlag nicht angesagt.

Für die Herbst-Eschen ist ein kurzer Zeitabschnitt vorgesehen, der den privatesten Lebensbereich berührt und der Überraschendes bringen kann. Große Vorhaben, große Rosinen beschäftigen Sie für eine oder zwei Wochen, was sicher nicht mit einem Achselzucken abgetan wird. Doch solange das nur in Ihrem Kopf herumspukt, ist nichts zu befürchten.

Unterzieht man Ihre Gesundheit einer näheren Betrachtung, könnte sich zwischenzeitlich eine Phase bemerkbar machen, die als kritisch zu bezeichnen ist. Sie wissen längst wo es hapert, wenn Sie sich physisch nicht wohl fühlen. Lassen Sie also keinen Tag vergehen, ohne die Mittel, die Ihnen von einem Arzt einmal verschrieben wurden. Glück haben Sie in diesen Dezemberwochen nur dann nicht, wenn Sie körperliche Beschwerden einfach negieren und sich zu nichts entschließen können, was wirklich helfen könnte. Besonders die Mai/Juni-Esche-Leute sind in dieser Beziehung meist recht eigensinnig, Alarmzeichen werden überhört und etwa auftretende Schmerzen verharmlost. Mit Überlegung und gesundem Menschenverstand finden Sie den richtigen Weg, Ordnung in Ihren physischen Haushalt zu bringen. Bis zum Jahresende werden diese Schwierigkeiten weitgehendst aus dem Weg geräumt sein. Schon die Feiertage können Sie relativ vergnügt verleben. Das Liebesleben muß sich mit kleinen Akzenten begnügen. Keine Sorge, das Liebchen oder der Liebste wird Verständnis zeigen. Esche-Leute haben ab und zu ein gewisses Etwas, das eine ungemütliche Atmosphäre kaum möglich macht.

Das Umfeld, von der Familie angefangen bis zu den Freunden und Kollegen, ist, wie es zum Jahresende sein soll, friedlich und schließt alles aus, was ärgerlich oder ungemütlich sein könnte.

Hainbuche 1997

4.6.–13.6. / 2.12.–11.12.

Ist man im Zeitraum vom 4.6. bis 13.6. geboren, zeigt man sich stets an allem, was das Leben bringt, lebhaft interessiert. Schon deshalb wird der Meinungsaustausch mit möglichst vielen Leuten gesucht. Daß die Gesellschaft, die man sucht und die man findet, sehr bunt gewürfelt ist, wird niemanden wundern. Leider kann vom richtigen Beurteilen oder Abschätzen, was hier gut und böse ist, keine Rede sein. Doch die angeborene Art, nichts im Leben wirklich tragisch zu nehmen, hilft negativen Erlebnissen kein großes Gewicht beizumessen. Auch in Lebensphasen, die einsam oder unglücklich machen, findet man schnell wieder Wege, die sich meist als glückliche Auswege erweisen.

Mit anderen Worten, auch nach gravierenden Lebenseinschnitten kann man in relativ kurzer Zeit wieder zur Tagesordnung übergehen.

Die Dezember-Hainbuchen sind etwas komplizierter angelegt, und damit hat man auch schon ein paar Probleme mehr am Hals. Keine Sorge: Hier funktioniert dafür das Unterbewußtsein hervorragend, das in vielen Fällen für ganz ausgezeichnete Lösungen sorgt.

Beide Dekaden sind nach dem jugendlichen Entwicklungsstadium in der Liebe äußerst vorsichtig. Man weiß nie so genau, wieviel man in der Liebe geben oder nehmen soll. Liebe im Sinne innigster Freundschaft scheint beiden Dekaden das Erstrebenswerteste zu sein.

Zeigen Sie sich gleich zum Jahresbeginn von Ihrer besten Seite. Gehen Sie jedem auch nur angedeuteten Streit aus dem Weg, und versuchen Sie auch dort noch freundlich zu sein, wo Leute sich unmöglich benehmen.

Von welchen Leuten und aus welcher Richtung diese unerfreulichen Dinge zu erwarten sind, ist recht unterschiedlich. Jedenfalls können Sie zeigen, daß niemand imstande ist, Sie aus der Fassung zu bringen. Handelt es sich um einen Berufskollegen, mit dem Sie sich normalerweise ganz ausgezeichnet verstehen, wird der Betreffende schnell wieder zur Einsicht kommen.

Mitte des Monats sind Differenzen mit einzelnen Familienmitgliedern nicht ausgeschlossen. Keine Frage, Sie sind auch dieser Belastung gewachsen. Doch damit ist in diesem Bereich noch längst nicht alles in Ordnung. Verlangt man zum Beispiel, daß Sie sich für verschiedene Aufgaben zur Verfügung stellen und geht das weit über das übliche Maß hinaus, stellen Sie sich auf die Hinterbeine! Nicht alles, was man von Ihnen als selbstverständlich erwartet, soll in diesen Januartagen angenommen und akzeptiert werden.

Das Jahr 1997 hat leider die Tendenz, bei Hainbuche-Leuten zuviel Herz und Gemüt sprechen zu lassen. Es heißt also wachsam sein. Alles muß im Leben gelernt werden, auch das richtige Handhaben von Gefühlen.

In den Partnerbeziehungen läuft alles ziemlich zufriedenstellend. Erwarten Sie jedoch nicht, daß man Ihnen jeden Tag mit Aufmerksamkeiten oder Komplimenten versüßt. Sie selbst sind auch höchst sparsam mit zärtlicher Zuwendung. Sie dürfen sich also nicht beklagen, wenn der Partner spröde bleibt.

Die Bereiche, die ganz Ihr Interesse in Anspruch nehmen, sind Kunst und Kultur. Hier wird Ihnen all das vermittelt, was Sie überall sonst vermissen: Harmonie, Anmut, Friedensliebe und Formensinn. Der sonst übliche sachliche Ton wird durch eine besondere Venusposition gelockt. Auch in Wort und Schrift kann man sich glänzend ausdrücken.

Ausgesprochen wohl fühlen Sie sich bei einzelnen Familienmitgliedern. Sie haben da den einen oder anderen besonders in Ihr Herz geschlossen und entdecken jetzt besondere Gemeinsamkeiten. Sie fühlen sich hier gut aufgehoben, und Ihre Unterhaltung ist nicht nur oberflächlich, sondern berührt Themen, die Probleme des Lebens beinhalten. Wissen Sie, daß der Zusammenhalt in der Familie ein besonders wertvolles Geschenk in unserer Zeit ist?

Ihre beruflichen Angelegenheiten geben keinen Anlaß, unzufrieden zu sein. Das Arbeitstempo und Ihre Initiative ist allerdings nur mäßig. Vorsichtiges Verhalten bei den Mitarbeitern ist nicht mehr notwendig. Man sieht, daß Sie sich interessiert zeigen, auch wenn Privates diskutiert wird.

In Partnerbeziehungen wird es zu Auseinandersetzungen kommen, wenn Sie nicht großzügig sind und jede Kompromißlösung ablehnen. Die Liebe bekommt einen rein kameradschaftlichen Charakter, zumindest von Ihrer Seite. Keine günstige Voraussetzung für diesen Februar, der bei vielen Baumsymbolen Liebe im ureigentlichsten Sinn weckt.

Haben Sie auch eine gute Erklärung für Ihr sachliches Verhalten, wird Ihnen das wenig nützen. Erst wenn am 18. die Sonne ihre Position wechselt, sind Sie dazu imstande, zunächst zeigt sich ein ritterliches Verhalten, und dann kommt auch ein bißchen Leidenschaftlichkeit auf. Vorsicht bitte, wenn sich andere Leute in Ihre privaten Angelegenheiten einmischen, man hat dabei nicht nur Ihre Vorteile im Sinn. Distanzieren Sie sich recht deutlich von der Meinung Außenstehender.

Erst zum Ende des Februar kommt die gewohnte Ordnung in Ihren Gefühlsbereich. Mit dem Schicksal jetzt zufrieden zu sein ist eine besondere Zuwendung aus dem Kosmos und nicht mit Gold aufzuwiegen, auch wenn es zunächst noch Mühe kostet, sich selbst darum zu bemühen.

Alles was mit dem Beruf zu tun hat, wird sorgfältig geprüft und überlegt. Es kommt hier zu keinen definitiven Entscheidungen, obwohl es in einigen Fällen vielleicht erforderlich wäre. Alles ist noch unausgegoren, und es ist verständlich, daß Sie noch etwas mißtrauisch und vorsichtig sind.

Ihr ökonomisches Denken hat zweifellos viel für sich, doch im März bringt es wenig. Bemühen Sie sich um eine sachliche Einstellung, egal, um was es sich handelt, dann wird Ihnen die richtige Lösung bestimmt einfallen.

Neben dem lebhaften beruflichen Leben werden Sie kaum vergessen, daß auch Ihre privaten Angelegenheiten wichtig sind. Schnell werden Sie davon überzeugt, daß sich ein gutes, harmonisches Miteinander ergibt. Die Wünsche des Partners lassen sich gut mit den eigenen kooperieren. So ist jeder zufrieden.

Recht raffiniert kommen Sie einerseits mit den Kollegen gut zurecht, andererseits geben Sie kein bißchen nach, wenn es um Ihre persönliche Anschauung geht, die für Ihre Arbeit gültig ist.

Ihre Angehörigen sind für Sie eine treue Gefolgschaft, zumindest ist das in diesem März der Fall. Vom Opa bis zum Onkel, jeder richtet sich nach Ihren Bedürfnissen. Es ist ganz selbstverständlich, daß Sie das nicht restlos in Anspruch nehmen. Es fällt Hainbuche-Leuten, ob Frau oder Mann, auch niemals ein, aus reiner Geltungssucht den starken Mann oder die starke Frau zu spielen. Ihr ab und zu geradezu umwerfend menschenfreundliches Verhalten und der natürliche Frohsinn helfen über jede menschliche Schwäche hinweg und gleichen Differenzen, die aus der Verschiedenheit der charakterlichen Veranlagung kommen können, mühelos aus.

In der Tiefe Ihres Herzens meldet sich vielleicht der Wunsch nach einer neuen Liebesbeziehung. Bitte keine voreiligen Entschlüsse! Einen Rat gibt es für dieses Problem sicher nicht. Hatte Ihre bisherige Verbindung einen ausgeprägt kameradschaftlichen Charakter und kommt Ihnen jetzt die Idee, etwas mehr Leidenschaftlichkeit wäre vielleicht doch besser, ist das zu akzeptieren. Es wird nicht leicht sein, sich hier absolut fair aus der Klemme zu ziehen.

Die Pluspunkte, die sich aus Ihrer jetzigen Lebensweise und Lebensanschauung gewinnen lassen, sind für alle Ihre Lebensbereiche geplant. Liebevolle Zuneigung und eine bewundernswerte Geduld machen Sie in der Familie zum erklärten Liebling, besonders dort, wo Sie mit Kindern zusammenkommen. In der Liebe sieht es durchaus recht erfreulich aus, ob Sie nun bei einem neuen Partner landen konnten oder sich mit dem bisherigen alles wieder eingerenkt hat.

So ziemlich überall ist man um Sie bemüht, Alltagsverdrießlichkeiten werden erleichtert und kleine Aufmerksamkeiten setzen kleine Lichtpunkte, auch wenn die Sonne nicht scheint.

Dabei fällt es niemandem ein, Sie mit allen Mitteln zu einer bestimmten Meinung umzustimmen, Ihren Standpunkt den eigenen Vorstellungen unterzuordnen. Sie werden akzeptiert, so wie Sie sind.

Es ist ganz offensichtlich, kosmische Werte sind hier in Aktion, es wäre schade, wenn Sie die Möglichkeiten ungenutzt vorübergehen lassen würden, die sich jetzt für Sie ergeben.

Diese Apriltage bringen neben den vielen positiven Punkten auch eine eigenartige Empfindlichkeit mit, die Hainbuche-Leuten eigentlich fremd ist. Ein Nachteil ist es sicher nicht, wenn plötzlich Sensibilität aufkommt. Zärtlich und liebevoll zu sein ist kein Nachteil, und wenn Sie dann noch versuchen, Ihre Gefühle in Worten auszudrücken, sind Sie der »König« schlechthin.

Eindrücke, Erlebnisse, die in einer Phase vermittelt werden, wie Sie sie jetzt erleben, liegen abseits jeder Norm. Was Sie in diesem April erleben und wie Sie es erleben, weckt Ihr Interesse und macht Sie ganz intensiv darauf aufmerksam, daß sich eine ganze Menge im seelischen Bereich tut, von dem Sie bisher nur eine sehr blasse Ahnung hatten.

Im Zusammensein mit einem geliebten Menschen fällt Ihnen das pure Glück nicht in den Schoß. Ein bißchen werden Sie sich schon bemühen müssen, damit das Klima nicht nur lauwarm bleibt. Vielleicht gibt es ein Programm, damit das ewige Einerlei unterbrochen wird. Auch die beste Suppe braucht Pfeffer und Salz, um zu schmecken.

Beruflich bleibt alles wie bisher. Keine besonderen Vorkommnisse, aber auch kein Ärger. Sie sollten sich damit zufriedengeben. Nach Chancen Ausschau zu halten hat keinen Sinn. Sie werden schon in den Vormonaten festgestellt haben, daß es sinnlos ist, sich den Kopf zu zerbrechen, wie weit man das berufliche Geschehen beeinflussen könnte. Lediglich bei den Freischaffenden kann das etwas bringen, obwohl auch hier »Windstille« herrscht.

Ihr privates Leben spielt, zum Ausgleich, eine wichtige Rolle. Sie wissen bereits aus den Erfahrungen der Monate zuvor, daß Ihnen das erheblichen Spaß macht. Intensität bei allem, was hier getan wird, ist eine Erfahrung, die im Leben von Hainbuchen nicht oft in diesem Ausmaß gemacht wird. Dabei ist es ganz unerheblich, welchem Jahrgang sie angehören. Auch Männer in den sogenannten »besten Jahren« bekommen ihre Schmuseeinheiten. Von den Damen ganz zu schweigen. Jedes weibliche Wesen hat mit der Zugehörigkeit zum weiblichen Geschlecht den »Auftrag« bekommen, den Menschen das harte Erdenleben vergessen zu lassen, die unter ihrer Obhut stehen. Wenn das auch meist nicht hundertprozentig möglich ist, wird man doch auch mit einer Erleichterung zufrieden sein. Von der Tatsache mal ganz abgesehen, daß Glück zu geben genau so zufrieden macht, wie Glück zu empfangen.

Sie kommen noch in diesen Maitagen zu der Einsicht, daß Sie damit auf dem richtigen Weg sind, um optimistisch zu werden.

In der Freizeit, beim Sport sollte Ihr Ehrgeiz nicht nachlassen, den Körper in Bewegung zu halten. Darauf zu achten, daß er gesund und natürlich, auch schön bleibt, ist genauso ein Gebot, wie es uns der Beruf und das Privatleben jeden Tag immer wieder vor Augen hält.

Begegnungen mit Leuten, die lustig und unterhaltsam sind, werden in der zweiten Hälfte des Monats Mai möglich. Lassen Sie sich entführen, entweder in einen lustigen Biergarten oder zu einem Maiausflug, der zum Bier auch noch frische, grüne Natur anbietet.

Ihr Alltag am Arbeitsplatz wird bewegter, wenn nicht sogar lebhaft. Ihrer persönlichen Entfaltung ist hier keine Grenze mehr gesetzt. Von übergeordneten Stellen bekommen Sie gute Bedingungen, um sich endlich einmal aus der Menge herauszuheben. Schon lange haben Sie darauf gewartet. Vorsichtig sollten Sie nur sein, wenn Berufskollegen das nicht besonders gerne sehen. Da die allgemeine Tendenz hier bisher ziemlich negativ zu bewerten war, möchte jeder, daß der Aufwärtstrend auch für seine Person etwas Positives bringt.

Vermeiden Sie jedes Gespräch, das mehr als nur alltägliche Nichtigkeiten zum Inhalt hat. Es braucht nicht viel Zündstoff in diesem Juni, um ein kleines Chaos heraufzubeschwören.

Mit einem nicht ganz angenehmen Bescheid oder einer Nachricht könnten Hainbuche-Leute zu Beginn der dritten Monatswoche konfrontiert werden. Lassen Sie sich nicht nervös machen, und enthalten Sie sich jeder Stellungnahme. Das beste Mittel in derartigen Fällen: sich wegen Zeitmangels zu entschuldigen und Gras darüber wachsen lassen. Irgendwann und irgendwie findet sich schon eine Lösung.

Der Liebesbereich zieht den größten Nutzen aus dieser momentan ziemlich unübersichtlichen Lage. Gewisse Vorfälle sorgen für Herzklopfen, das Ihnen so heftig, wie es jetzt ist, völlig unbekannt sein dürfte. Es sind die Dezember-Hainbuchen, die durch Begeisterungsfähigkeit und ungewöhnliche Liebe zur Natur auffallen. Plötzlich hat man auch das Bedürfnis, sich viele Freunde zuzulegen. Die Überzeugung, daß man sympathisch wirkt, wird bewußt eingesetzt. Doch so ganz traut man der Sache nicht. Noch macht sich die erzkonservative Haltung, die Hainbuchen quasi angeboren ist, zu sehr bemerkbar.

Doch die Fügung des Schicksals ist nicht aufzuhalten. Nachdem die Sonne am 22. endgültig ihren bisherigen Standort verlassen hat, ist alles überwunden, was Sie bisher an der freien Entfaltung gehindert hat.

Es werden ereignisreiche Julitage. Das heißt, neben Glückssträhnen ergeben sich auch Problemsituationen. Möglich wäre ganz zu Anfang ein Verlust, der eine Person genauso betreffen könnte wie eine Sache, an der Sie gehangen haben oder die besonders wertvoll war. Lassen Sie sich schnell etwas einfallen, das geeignet ist, einen Verlust so rasch wie möglich zu vergessen.

Es wird noch eine Weile dauern, bis sie eine vielversprechende Angelegenheit endgültig am Angelhaken haben. Handelt es sich um einen Zusatzjob, um einen Auftrag, der in Ihrem Freizeitbereich erledigt werden kann?

Viel zusätzliche Arbeit wartet im Beruf. Da Sie sich jedoch ziemlich gut fühlen, wird Ihnen kaum etwas zuviel. Sind es jedoch Mitarbeiter, die Ihnen mehr aufbürden wollen, als dies fairerweise geschehen darf, machen Sie denen einen Strich durch die Rechnung. Ihre jetzige gute Laune und die angeborene Gutmütigkeit könnten übrigens auch die Familie veranlassen, sie für ein gutmütiges Schaf zu halten. Ein unmißverständliches Nein sollte die einzige Reaktion sein.

Ihre Bemühungen sollten nur Ihrem Ich gehören, dazu gehört auch, daß Ihr Privatleben mit besonderer Aufmerksamkeit beobachtet werden sollte. Sie denken, das sei selbstverständlich? Nicht bei Hainbuche-Leuten.

Versuchen Sie jetzt ganz einfach in den Tag hineinzuleben, kein Wenn und Aber, wenn sich Stunden der Liebe anbieten. Was übermorgen ist, sollte Sie überhaupt nicht interessieren. Es ist nur eine ganz kurze Zeit, die es ermöglicht, einmal so zu sein, sich so zu verhalten.

Bei Querelen mit Familienangehörigen sollten Sie von sich aus endlich einen Schlußstrich ziehen. Es ist sicher nicht Ihrer Einstellung zuzuschreiben, daß immer wieder an gewissen Differenzen gerührt wird. Es gibt anscheinend einen besonders griesgrämigen Verwandten, der immer wieder uralte Probleme aus der Schublade zieht. Halten Sie in einem solchen Fall keine Predigt, sondern sprechen Sie Fraktur. Es wird für Sie nicht angenehm sein, aber um endlich einmal Ruhe zu bekommen, muß ein drastisches Mittel gefunden werden.

Materieller Zuwachs ist nicht ausgeschlossen. Sie bekommen damit eine Möglichkeit, über Mittel zu verfügen, die Ihnen bisher gefehlt haben, um z. B. an einen Immobilienkauf zu denken. Es wird ein August, so vielverheißend, so vielversprechend, wie das ein Hochsommermonat selten zustande bringt. Wo Sie jetzt sind, im Urlaub oder bei der gewohnten Arbeit, es ergeben sich großartige Möglichkeiten.

Die Dezember-Hainbuchen können mit einer besonderen Zuteilung von freundlichen kosmischen Werten rechnen. Berufliche Spezialkenntnisse können z.B. gewinnbringend verwertet werden. Eine Zufallsbegegnung bringt Sie auf die richtige Fährte. Damit könnte sich auch ein Neubeginn ergeben, der eine berufliche Veränderung einschließt. Auch eine juristische Angelegenheit entwickelt sich erfreulich.

Im Privatbereich nimmt Sie eine Familienangelegenheit sehr in Anspruch. Was immer geschieht, lassen Sie sich kein X für ein U vormachen. Überlegen Sie sorgfältig, und wählen Sie stets nur die Möglichkeit, die Ihnen absolut zugute kommt; im Moment ist es das einzig richtige, keine Rücksicht zu nehmen.

Erst nach dem 18. ist es ratsam, das Zusammenleben wieder auf eine freundlichere Basis zu stellen. Es ist dann wieder an der Zeit, Gras über gewesenen Streit wachsen zu lassen. Fehler immer wieder vorzuwerfen, obwohl schon Tage darüber vergangen sind, machen das Leben zur Qual. Es soll tatsächlich Leute geben, die noch nach Jahren über schlimme Erlebnisse jammern.

In Partnerbeziehungen dürfte eigentlich alles gut gehen. Es ist sehr zu begrüßen, wenn Sie Ihre geheimen Ziele mit liebenswürdigem Verhalten zu erreichen versuchen. Setzen Sie alles ein, was Ihnen zur Verfügung steht. Möglich ist nämlich, daß ein Partner, eine Partnerin, nur darauf wartet, von Ihnen verführt zu werden. Nur wenigen Baumsymbolen steht im August Liebesintensität zur Verfügung, und ist Ihr Partner darunter, können Sie ruhig alle Hebel in Bewegung setzen.

Die Tendenz des Augusts ist ebenso plötzlich verschwunden, wie sie aufgetaucht ist. Ihre berufliche Tätigkeit verlangt vollen Einsatz. Gibt es unter den Kollegen einige, die Ihnen nicht besonders liegen, machen Sie einen weiten Bogen um diese Leute, Ein unerfreulicher Wortwechsel schon ist in diesen Tagen Gift für Sie. Ihre Nerven sind für Auseinandersetzungen in diesen Septembertagen ganz einfach nicht geschaffen. Besonders dann nicht, wenn es sich um die Ihnen seit langem bekannten unqualifizierten Meinungsäußerungen handelt.

Sind Sie dann und wann tatsächlich völlig indisponiert, gönnen Sie sich ein paar Tage Bettruhe, dann sind Sie schnell wieder auf den Beinen, auch ohne Antibiotika, die erst, wenn wirklich Besorgniserregendes vorliegt, genommen werden sollten. Ohne besondere Aufmerksamkeit für die eigene Person geht es also auch in diesem September nicht.

Im übrigen können Sie eigentlich zufrieden sein. Der ganz normale Alltag läuft prima, und die Arbeit macht Spaß. Es ist doch sicher anzunehmen, daß Sie sich einen Beruf ausgesucht haben, der Ihren Talenten, Ihrer Geschicklichkeit entspricht. Ist das nicht der Fall, müssen Sie dafür sorgen, daß Ihr Privatleben glücklich ist. Hier darf nichts zur Last werden, wenn man einer ungeliebten Beschäftigung nachgehen muß.

Keine Schwierigkeiten sind unter den Kollegen zu erwarten. Klappt es vielleicht bei einem noch nicht, so üben Sie sich im diplomatischen Umgang. Besser den Schein wahren, als grob und unhöflich seine ehrliche Meinung ausdrücken.

Persönliche Initiative ist gefragt, wenn es in einer Beziehung bedenklich kriselt. Möglich wäre, daß sich eine neue Freundschaft anbahnt, die außerhalb jeder Norm steht. Eine drastische Veränderung in bisherigen Partnerbeziehungen ist möglich. Was sich dabei ergibt, ist unendlich vielfältig, doch mit positiven Vorzeichen könnte man rechnen. Auf jeden Fall sind ernsthafte Differenzen auszuschließen.

Endlich kommt Klarheit in alle Ihre Vorhaben, die Ihnen besonders am Herzen liegen. Es ist nicht nötig, daß Sie sich heftig bemühen, es arrangiert sich vieles ganz von selbst. Möglich wäre, daß eine Ortsveränderung oder auch nur eine kurze Wochenendreise vieles in die Wege leitet. Haben Sie etwas vor, daß für Ihre Verhältnisse etwas zu groß ist, so ist dagegen nichts einzuwenden, doch es muß alles gut überlegt und vorbereitet sein.

Am Arbeitsplatz bleibt Ihnen eine böse Überraschung, die Sie schon lange befürchtet haben, zum guten Ende doch erspart. Probleme kann es nur mit der Familie geben, wenn sich aus diesem Bereich jemand zu intensiv bemüht, Ihren Ehrgeiz anzustacheln. Beschwören Sie deshalb bitte keine Krise herauf, die mit Sicherheit alle Familienmitglieder einbeziehen würde. Sicher sind hier gewisse kosmisch bedingte Einflüsse mitverantwortlich, doch nichts ist so zwingend, so gravierend, daß der Verstand sein Veto nicht einbringen kann.

Eine Gelegenheit könnte sich ergeben, mit einem Arbeitskollegen zusammen eine Teamarbeit in die Wege zu leiten, die jedem Beteiligten gewisse Vorteile einbringen kann. Sie haben hier vielleicht keine guten Erfahrungen gemacht und finden nicht den richtigen Kontakt, nicht die richtigen Worte, um endlich ein gutes Arbeitsniveau zu erreichen. Doch der angedeutete Durchbruch ist nicht nur notwendig, sondern Ihr Wohlbehagen, das auch am Arbeitsplatz wichtig ist, verlangt es geradezu. Von zwölf Tagesstunden werden meist acht im Arbeitsbereich verbracht. Das ist eine immense Zeit, wenn man das im Monat zusammenrechnet. Diese Zeit ohne ein erfreuliches Zusammensein mit den Kollegen verbringen zu müssen ist eine schreckliche Vorstellung. Jede Seele, auch die samtigste, muß dabei verkümmern.

Vorsicht ist nötig, wenn zum Ende dieser Oktoberwochen zuviel Arbeit anfällt. Ihr physisches Befinden ist immer noch nicht so ganz in Ordnung, daß Sie ein zusätzliches Arbeitspensum bewältigen können. Es sind besonders die Hainbuche-Männer, die wieder einmal die Welt aus den Angeln heben wollen. Lassen Sie das, in Ihrem Interesse, sofort sein.

Es sieht recht ordentlich aus, wenn Ihre Möglichkeiten für diesen November näher betrachtet werden. Zunächst haben Sie etliche wichtige Erkenntnisse, die Sie in den letzten Wochen sich angeeignet haben und die Positives bewirkt haben, auch in Novemberwochen zur ständigen Verfügung. Keine Unsicherheit macht Ihnen dies oder jenes schwer.

Freundlich zeigt sich die Familie, endlich hat man hier begriffen, daß Sie ein äußerst angenehmer Zeitgenosse sind, wenn man Ihnen persönlich einen gewissen Freiraum zugesteht. Wenn man auch nicht geschlossen hinter Ihnen steht, jeder einzelne sozusagen Schutzengel für Sie spielt, Sie fühlen sich wohl in diesem Personenbereich.

Es ist jetzt aber auch tatsächlich gut mit Ihnen auszukommen. Nur mit Jugendlichen oder größeren Kindern könnte es Differenzen geben. Sie wissen sicher längst, daß dieses Problem alle Leute trifft, die gewisse Aufgaben haben, wenn diese Altersstufe unter der eigenen Fürsorge steht.

Es ist vieles heute so ganz anders als in der eigenen Schulzeit. Doch daß Schulerlebnisse mit allem Drum und Dran Kinder in gravierender Weise verändern können, das weiß man aus eigener Erfahrung. Und hat das leider total vergessen.

Auch Kinder haben Probleme, die sich außerhalb der Familie ergeben und mit denen sie sehr häufig alleine gelassen werden. Sieht es in diesem November nach derartigen schwierigen Fragen und Stellungnahmen aus, sollte jedes Geschimpfe ausgeklammert werden. Sicher helfen oft auch gute Worte nicht, aber mit einem Verhalten, das alles einbezieht, Kameradschaft und Liebe, wird etliches erreicht werden können.

Der Liebe, der Zuneigung zu einem nahestehenden Menschen, bekommt dieser November ganz ausgezeichnet. Sie und Ihr Partner zeigen Toleranz, und Auseinandersetzungen, Meinungsverschiedenheiten sind meilenweit weg.

Es ist der letzte Monat im Jahr und der besondere Auftrieb am Arbeitsplatz, noch Überragendes zu leisten, ist sicher nicht mehr vorhanden. Es ist, wie meistens in diesem Monat, man hat irgendwo im Hinterkopf schon die Feiertage, freut sich darauf und ist vielleicht sogar in gespannter Erwartung. Es sind also ideelle Werte, die dem realen Alltagsgeschehen den Rang streitig machen.

Für Hainbuche-Damen gibt es, besonders wenn sie den Dezember als Geburtsmonat haben, eine Sonderzuteilung von angenehmen Tagen. Die Woche vom 7. bis 14. wird in vielen Fällen »Glück in der Liebe« bringen, wie das oft so schön in alten Kalendern zu lesen ist. Die Liebe bekommt jetzt eine ganz besondere Note. Es ist für Sie vielleicht etwas sehr Ungewöhnliches, daß die gewohnte sachliche Einstellung einer Gemütstiefe Platz macht. Man vergißt, daß die Ichbezogenheit stets wichtig in einer Partnerschaft war, und gibt den Regungen des Herzens auf eine äußerst intensive und eindringliche Art Ausdruck.

Bei den Hainbuche-Herren sind einerseits Trennungstendenzen im Berufsbereich Möglich, zum anderen erweist man ihnen auffallende Aufmerksamkeit. Sie werden bald sehen, daß das eine das andere nicht ausschließt. Es ist im Prinzip ein ähnlicher Vorgang wie bei den weiblichen Hainbuchen, nur ist alles auf eine maskuline Basis gestellt.

Vieles, was Sie jetzt erleben, bekommt von Ihrem Unterbewußtsein ein besonders Gesicht. Dementsprechend sind Sie besonders verträglich, besonders mitteilsam. Wenn es sich ermöglichen läßt, bleiben Sie oft und gerne allein. Sie fühlen sich nicht mehr verpflichtet, die Initiative zu ergreifen. Sie wissen sicher, daß damit Ruhe einzieht und manches Ihr Interesse weckt, was bisher als unnützes Gepäck gegolten hat. Es ist eine Weihnachtsstimmung besonderer Art. Sie werden erstaunt feststellen, daß Ihnen das sogar gefällt, denn den realistischen Hainbuchen ist häufig nur mit Vorgängen gedient, die auch der Allgemeinheit gefallen, was sicher ganz in Ordnung ist.

Feigenbaum 1997

14.6.–23.6. / 12.12.–21.12.

Man ist intensiv bemüht, Mittel und Wege zu finden, um die Aufgaben, die das Familienleben, der Beruf und eine Ehegemeinschaft stellen, erwartungsgemäß zu erfüllen. Die Juni-Dekade geht dabei immer mit der Realität im Auge vor. Im Dezember geboren, ist man an bestimmte ideelle Vorstellungen gebunden, vor allem werden moralische Ansprüche deutlich berücksichtigt.

Das ganz persönliche Ich will bei beiden Dekaden frei und unabhängig bleiben. Man hat seine eigene Meinung, man lebt in gewissen selbstgezogenen Grenzen, daß muß von Menschen im nächsten Umfeld berücksichtigt werden. Schwierigkeiten bekommt man damit kaum, denn mit diesem Baumsymbol ist man fair und in gewissen Grenzen auch großzügig. Alles entspringt hier einem Lebensgefühl, das die Licht- und Schattenseiten eines menschlichen Daseins akzeptiert, das aber auch so hoch eingeschätzt wird, daß sich jede Mühe lohnt.

Ein völliges Versagen oder Scheitern ist in keinem Lebensabschnitt auch nur in Sichtweite. Immer rechtzeitig werden kritische Situationen erfaßt, und es gibt keinen Feigenbaum, der einmal keinen Ausweg gefunden hätte. Welche Mittel, welche Methoden eingesetzt werden, ist ihm egal, der Zweck, der die Mittel heiligt, ist zwar nicht immer eine gute Lösung, aber eine ziemlich sichere.

Eine Liebesangelegenheit wird als eine bleibende Einrichtung angesehen. Unglaublicher Charme wird eingesetzt, wenn ein in Aussicht genommener Partner sich spröde zeigt. Was man sich in Verbindung mit Liebe und Zuneigung in den Kopf gesetzt hat, wird von keiner Schwierigkeit aufgehalten.

Es ist besondere Aufmerksamkeit notwendig, wenn es in langjährigen Bindungen nicht mehr gut geht. Seien Sie jetzt um Himmels willen nicht nachtragend, auch wenn die Meinungsverschiedenheiten unüberwindlich scheinen. Auge um Auge, Zahn um Zahn ist eine Faustregel aus dem Alten Testament und hat – wie wir alle wissen – nichts eingebracht als Krieg und Kampf. Auch wenn Sie das Gefühl haben, in Ihrem Falle der Hauptleidtragende gewesen zu sein, es ist kein Grund, mit sich und seinem Schicksal, mit dem Partner und auch mit Gott und der Welt bitterböse zu sein. Für Harmonie und ein auskömmliches Klima können Sie ganz alleine sorgen. Den Partner gibt es nicht, der nicht heilfroh ist, wenn Friede und Eintracht wieder einkehren.

Geben Sie gut acht, halten Sie die Augen offen. Nach dem 17. sind Ihre kosmischen Zeigen Glücksbringer. Ein Erlebnis, daß sich womöglich außerhalb Ihres Wohnortes ergibt, kann einen besonderen Eindruck hinterlassen. Eine Möglichkeit kann sich ergeben, die als einmalig bezeichnet werden kann.

Sie werden zum Genießer in der Liebe, wenn der 22. vorüber ist. Mit neuem Schwung im privaten Bereich kommt auch der positive Trend im Berufsleben wieder in Gang.

Halten Sie Ihre Ansprüche an Mitarbeiter in Grenzen. Man schätzt Ihre Fähigkeiten, man hält Sie für einen prima Kumpel und zeigt ganz offensichtlich Sympathie. Kann man sich mehr wünschen?

Beim familiären Zusammensein gibt es Höhepunkte. Versöhnungsfeiern im großen Stil sind angesagt. Zufriedenstellend sieht es im Finanzbereich aus. Die berufliche Basis hat – oder bekommt – ein gesundes Fundament, gelegentliche Schwierigkeiten sind nicht dramatisch.

Sind Feigenbäume selbständige Kaufleute, wäre jetzt eine Geschäftserweiterung von positiven Zeichen begleitet. Begnügen Sie sich zunächst mit einem bescheidenen Rahmen, und bleiben Sie »Otto Normalverbraucher«. Die Tendenz gilt überall, in allen Berufszweigen: Genügsamkeit und Bescheidenheit. Es hat sich herausgestellt, daß überzogene Luxusbedürfnisse den Menschen nicht bekommt! Sie verbessern dadurch die finanzielle Lage ganz wesentlich, und überzogene Konten sind kein Grund mehr, sich Sorgen zu machen. Haben Sie sich mit derartigen Gedanken einmal angefreundet, wird es leicht, die Balance zu halten zwischen luxuriösem Vergnügen und dem etwas einfacheren Leben. Niemand muß in Sack und Asche gehen, wenn Maßhalten das Gebot der Stunde ist

Eine berufliche Angelegenheit, die ernst zu nehmen ist, zeigt eine günstige Entwicklung und wird noch in diesem Monat zur Zufriedenheit aller Beteiligten abgeschlossen. Damit ist für Sie eine Basis geschaffen, die Ihnen nicht nur Sicherheit, sondern vielleicht auch eine neue Berufsrichtung im Rahmen Ihrer Möglichkeiten einbringen kann.

Für die Liebe scheint es gute Möglichkeiten zu geben. Sie werden zufrieden sein.

Es ist auch mit Gewinnen zu rechnen, die materieller Art sein werden und sich nicht im Beruf ergeben.

Eine zufriedenstellende Atmosphäre bietet das Familienleben, Kinder machen zwar auch in diesem Monat die üblichen Sorgen, aber sie sind zu ertragen. Bei den Finanzen heißt es Geduld haben, wenn Sie für eine bestimmte Sache flüssige Mittel brauchen. Geht der Monat zu Ende und muß dem März Platz gemacht werden, ist Ruhe überall dort eingekehrt, wo Sie Ihre Aktivitäten verrichten.

Was sich schon im Vormonat leicht angedeutet hat, beginnt feste Formen anzunehmen. Feigenbaum-Leute entwickeln eine Geschäftigkeit, die nicht nur dem Beruf gilt. Auch dort, wo für die Freizeit organisiert werden muß, Programme gemacht werden müssen, sind Sie eifrig bei der Sache.

Sie können verschiedene Leute für Ihre Pläne interessieren, die sich bisher kaum für Sie, geschweige denn für Ihre Pläne begeistern konnten. Mancher freundliche Mitbürger könnte sich sogar bereit erklären, Ihnen durch Protektion weiterzuhelfen. Finanzielle Unterstützung können Sie jedoch nicht erwarten.

Es ist möglich, daß Sie von einem derartigen Angebot nicht gerne Gebrauch machen, Feigenbaum-Leute wollen einen Erfolg nur immer sich selbst zu verdanken haben. Doch wenn es sich um etwas Außergewöhnliches handelt, das ohne Protektion fast nicht möglich ist, sagt auch ein stolzer Feigenbaum nicht nein.

In der Familie wäre es besser, Sie halten sich mit einer immer wieder geäußerten Kritik zurück. Es geht nicht das Temperament mit Ihnen durch, aber es ist seltsam, je näher Ihnen Menschen stehen, desto mehr haben Sie an unerheblichen Kleinigkeiten etwas auszusetzen. Seien Sie hier etwas zurückhaltender, das beste ist, Sie sagen gar nichts, wenn Fehler gemacht werden.

In Partnerbeziehungen ist seit Jahresbeginn so gut wie keine zärtliche Stimmung aufgekommen, obwohl sie sicher erwartet wurde. Es ist an der Zeit, daß Initiative gezeigt wird. Suchen Sie nicht krampfhaft nach einer Entschuldigung für Ihr bisheriges, beinahe verletzendes Verhalten. Die Situation entspannt sich sofort, wenn Sie zeigen können, was Sie empfinden und wie zärtlich auch ein Feigenbaum sein kann.

Eine energische, manchmal sogar unversöhnliche Haltung muß in diesen Tagen unter Kontrolle gehalten werden. Vergessen Sie nicht, wenn kosmische Werte sich »aufmüpfig« zeigen, sind nicht alleine Sie der Leidtragende, viele Ihrer Mitmenschen haben die gleichen Probleme. Wichtig ist, Spannungen zu erkennen, sich darauf einzustellen und sich damit zu trösten, daß nichts, was der Kosmos ausstrahlt, ein bleibender Zustand ist. Heute himmelhoch jauchzend, morgen zu Tode betrübt, Sie haben das schon sicher erlebt. Es gibt nie einen Grund, um Tränen und Ärger als Katastrophe zu empfinden. Menschliches Wollen und kosmische Einflüsse sind selten auf einen Nenner zu bringen, doch sind immer Möglichkeiten gegeben, den besonders schmerzhaften Ecken und Kanten aus dem Wege zu gehen. Alles wird sich in diesen Wochen nicht gegen Sie verschworen haben. Gelassenheit üben, sich mal nur mit den kleinen Freuden des Alltags begnügen, und schon kann man sagen, Sie haben sich ein Patentrezept für das Leben auf Erden zugelegt.

In einer Herzensangelegenheit, die bisher nicht so funktioniert hat, wie Sie sich dies wünschten, könnte ein neuer Versuch ein besseres Ergebnis einbringen. Erträumtes Liebesglück ist häufig einem langwierigen Prozeß unterworfen. Träume lassen sich nicht so ohne weiteres realisieren. Jetzt werden Sie jedoch tatsächlich Möglichkeiten bekommen, die von kosmischen Werten freundlichst behandelt werden. Geschenkt bekommen Sie vom Himmel nichts!

Fast gewalttätige Kräfte setzen am Arbeitsplatz Akzente. Ihre Geschicklichkeit, mit Unannehmlichkeiten umzugehen, wird auf eine große Probe gestellt, die es Ihnen nicht leicht macht, einen kühlen Kopf und heitere Laune zu bewahren.

Gute Aspektierungen sind zu erwarten. Der Beruf macht Ihnen wieder Freude, auch das ganz Umfeld, die Atmosphäre am Arbeitsplatz stimmen wieder. Koordinieren Sie Ihre Interessen mit denen Ihrer Kollegen, ob es sich dabei um Arbeitsvorgänge handelt oder um rein privates, beide sorgen dafür, daß Sie morgens mit einem guten Gefühl und nicht mit schlechter Laune zur Arbeit gehen.

Tag für Tag, von morgens bis abends zusammen zu sein, ohne gegenseitiges Verstehen, ohne Freude an winzigen Kleinigkeiten, ohne ein freundliches Wort, ist etwas Grauenhaftes. Versuchen Sie hier ganz neue Wege zu gehen, auch wenn es Sie einige Überwindung kostet.

Denken Sie daran, in erster Linie tun Sie alles für Ihre eigene Person. Sie sind es, die froh sein will, Sie wollen nett angesprochen werden, Sie erwarten Verständnis. Sie müssen also durch die rosarote Brille sehen, wenn Sie rosarote Stimmung haben wollen. So ungefähr funktioniert die Sache.

Mit den Menschen in der Familie kommen Sie prächtig aus. Der Gedankenaustausch mit Gleichgesinnten klappt ohne weiteres. Einem Menschen in der Familie sind Sie besonders zugetan, eine Art schwärmerische Zuneigung zeigt sich. Lassen Sie sich dies nicht von einem Unbeteiligten vermiesen, den Eifersucht oder Neid quält. Verbitten Sie sich jede Kritik. Sicher wird die Phase in der jetzigen Intensität vorübergehen, doch die Eindrücke, die sie hinterläßt, das Gefühl, für jemanden eine besondere Wärme zu empfinden, macht Sie für eine lange Zeit froh, um nicht zu sagen glücklich. Niemand darf daran Anstoß nehmen, niemand darf diesen »Zustand« einer hämischen oder neidvollen Kritik unterziehen.

Feigenbaum-Damen der Sommer-Dekade können in diesen Wochen zum erklärten Liebling ihrer näheren Umgebung werden. Ihre äußere Erscheinung gewinnt an Attraktivität, und eine gute Laune sorgt dafür, daß auch der Humor nicht zu kurz kommt. Was nützt schon eine schöne Frau, ein hübsches Mädchen, wenn sie das Lachen nicht gelernt hat.

Es ist seltsam, Sie müssen sich nicht einmal besonders bemühen, um überall gut anzukommen. Jeder kosmische Wert, der für Ihren Geburtstag, Ihre Geburtsstunde eine Aussage hat, setzt sich nun für Sie ein. In erster Linie werden dabei die seelischen Vorgänge eine wesentliche Rolle spielen. Sicher haben Sie schon oft erfahren, wenn das innere Gleichgewicht in Ordnung ist, kann kaum viel einschneidend Unangenehmes passieren.

Eines ist nicht zu vergessen: Ihre aufgeschlossene Art, ein zu liebevoller Blick, ein zu offenkundiges Kompliment sind geeignet, einen Partner eifersüchtig zu machen. Und schon ist es passiert, daß trotz eines wolkenlosen Himmels plötzlich ein Unwetter aufzieht. Sie werden sicher wissen, wie Sie das alles unter einen Hut bekommen. Lassen Sie sich Bewunderung gefallen, aber heiße Blicke nicht unter die Haut gehen. Holen Sie sich an diesen warmen Junitagen genau das, was harmlosen Spaß macht, und von den anderen, riskanten Versuchen mit der Liebe lassen Sie die Finger.

Der Beruf ist nur zweitrangig wichtig, verlangt aber ungeteilte Aufmerksamkeit. Besonders die Juni-Feigenbaum-Männer sollten sich voll einsetzen. Ihre Position verträgt, so wie die kosmischen Dinge jetzt liegen, keine Nachlässigkeit.

Nur ein verlockendes Angebot, das Ihnen in bezug auf die Liebe gemacht wird, wäre ein Grund, sich im Beruf kurzfristig entbehrlich zu machen. Ein umstürzlerisches kosmisches Element als Störfaktor warnt vor zu großem Engagement.

Nicht ganz ungetrübte Tage sind zu erwarten. Zunächst bringt die Familie jedoch das, was Sie am meisten schätzen: Ruhe. Hier sind keine Probleme zu erwarten, auch wenn es den Juni Feigenbaum-Leuten etwas zu harmonisch abläuft; sie sind von Natur aus mißtrauisch, finden es außerdem langweilig, wenn der Alltag nur dahinplätschert.

Feigenbäume, gewohnt immer aus der Reihe zu tanzen, ist es nicht ganz geheuer, wenn plötzlich von einer Seite Widerstände zu spüren sind. Extreme Emotionen sind bei Ihnen an der Tagesordnung, und es wird ihnen geradezu unheimlich, wenn plötzlich alles wie am Schnürchen läuft und sich nur noch Harmonie ausbreitet. Doch sie alle werden jetzt unterschwellig spüren, daß eine Energie am Werk ist, an den Fäden zieht, die das Auf und Ab ihres Alltags bestimmt.

Begeisterung zeigt sich bei der Freizeitgestaltung. Ihre Freunde, Ihre Vereinskameraden sind zunächst einmal sprachlos. So hat man Sie lange nicht erlebt. Im Arbeitsbereich wird Ihr Standpunkt bei den Mitarbeitern etwas schwierig sein. Halten Sie sich zunächst im Hintergrund, wenn Fragen, die Zuständigkeiten betreffen, erörtert werden. Sie werden zu Ihrem Recht kommen, man wird Ihre Meinung respektieren, aber nicht sofort, nicht spontan. Sind Sie in einem handwerklichen Beruf tätig, gehören Sie zu den besonders Begünstigten dieser Julitage. Sonderleistungen sind gefragt, strengen aber auch an. Damit bekommen Sie Gelegenheit zu einer erfreulichen Entwicklung in einem Spezialfach.

In der Liebe können Feigenbaum-Leute beider Dekaden kaum mit besseren Zeichen rechnen, wenn man bedenkt, daß das Jahr 1997 intensive Gefühle erwartet, die so, wie es im Moment um Ihr Seelenleben bestellt ist, nicht gezeigt werden können. Man ist mit Ihnen zumindest dort zufrieden, wo ein langjähriger Partner an Sie gewöhnt ist.

Können Sie sich entschließen, diese Sommertage für den Beruf freizuhalten und den Urlaub auf einen späteren Zeitpunkt zu verschieben, sind Sie gut beraten. Zahlreiche Chancen warten nur darauf, erkannt zu werden. Sie sind voller Optimismus und jeder, ob am Arbeitsplatz, ob Freund oder Partner, ist begeistert. Ihre direkte Art, auf die Menschen zuzugehen, ihnen interessiert in die Augen zu sehen, ist etwas so selten Erlebtes, daß es niemandem einfallen wird, unfreundlich oder abweisend zu sein.

Nehmen Sie jeden Kontakt an, der sich ergibt, es ist nämlich die Tendenz dieses Monats, daß neben rein privaten Interessen auch berufliche Themen an der Tagesordnung sind. Damit ist jeder Möglichkeit Tür und Tor geöffnet, die eine bessere Lebenssituation herbeiführen könnte. Pläne für die nahe und ferne Zukunft bekommen in dieser Hochsommerzeit die beste Unterstützung, die Sie sich überhaupt vorstellen können.

Zahlreiche Vorteile sind auch dort zu erwarten, wo Sie einer Freizeitbeschäftigung nachgehen. Entweder ist es eine Sportart, die Sie recht gut beherrschen, die aus einem Laiensportler einen halben Profi macht, oder eine künstlerische Betätigung, die aus einem Hobbymaler einen Vollblutkünstler macht.

Unterstützung können Sie von Mitarbeitern nicht erwarten, wenn Sie mit dem Chef Schwierigkeiten bekommen. Es ist nicht ihre Aufgabe, sich für jedermann einzusetzen und damit zu riskieren, sich sämtliche Sympathien zu verscherzen. Feigenbaum-Leute wissen am Ende dieses Monats, daß das meiste, was im Leben erreicht wird, der eigenen Initiative zu verdanken ist und daß in Ihnen ein Quell liegt, dem nur der Weg geebnet werden muß, um unerschöpflich zu sein.

Ihre Stellung in der Familie ist nach wie vor gut. Das Verhältnis zu Freunden ist etwas schwieriger, und das Auskommen mit den Berufskollegen wird sich im Verlauf des Septembers sehr verändern. Ein Umdenken wird notwendig, es ergeben sich verschiedene nicht zu umgehende Tatsachen und unvorhersehbare Geschehnisse. Dieser Trend ist nicht sehr angenehm, könnte sich zu einem späteren Zeitpunkt jedoch als vorteilhaft erweisen. Was Sie jetzt tun, was Sie unternehmen, muß gut durchdacht sein, damit Sie aus dem Wust von Möglichkeiten das Richtige herausfinden.

Wie Sie sich jetzt entscheiden, ist für eine lange Zeit ausschlaggebend. Nach der ersten etwas schwierigen Phase des Umgewöhnens und der Einstellung auf neue Verhältnisse wird nach dem ersten Sturm ein angenehmer und akzeptabler Verlauf der weiteren Geschehnisse erfolgen.

Für Feigenbaum-Damen sieht es aus, als würde ein an ihnen persönlich interessierter Mann eine gute Starthilfe anbieten. Einem Feigenbaum-Mann wird ein freundlicher Blick am Morgen, ein friedlicher Abend zu zweit und eine samtweiche Stunde des Nachts helfen, alle Klippen zu bewältigen.

Das Interesse von Geschäftsfreunden an Ihren Vorhaben hat einen zusätzlichen Grund: Es können Ziele angepeilt werden, die unerhört günstige finanzielle Einkünfte versprechen.

Für die Liebe bleibt zwischendurch immer noch etwas Zeit. Hier wird Ihnen manches geschenkt, was außerhalb der üblichen Liebeszuwendungen liegt.

Sie können aufatmen, das wilde Auf und Ab hat ein Ende. Sie bekommen eine Ruhepause, es geschieht nichts Aufregendes, und Ungewöhnliches wird auch nicht aufgetischt.

Leute, mit denen Sie sich gut verstehen, geben Ihnen Gelegenheit, den bewegten Vormonat zu vergessen. Die Belästigungen mit dem üblichen Alltagskram sind Ihnen völlig egal. Sie haben sich eine dicke Haut zugelegt und sind immun gegen kleine Schwierigkeiten.

Ihr Programm steht für diese Oktoberwochen schon fest, auch wenn Sie selbst davon keine Ahnung haben. Die kosmischen Zeichen, Werte und Energien haben schon weitgehendst bestimmt, was Sie tun und was Sie nicht tun sollen. Keine Sorge – Sie haben nur Gutes zu erwarten.

Die Liebe ist der größte Nutznießer dieser gemütlichen Phase. Gleiches Fühlen im seelischen Bereich und Verständnis für Ihre speziellen Vorstellungen von Harmonie einerseits und erotischem Erleben andererseits machen den Oktober zu einer wahren Erholungszeit. Das Unabhängigkeitsstreben innerhalb von losen Beziehungen hat auch ein Ende. Es war für den jeweiligen Partner keine reine Freude, sehen zu müssen, wie Sie sich unentwegt auf sich selbst konzentrieren und wenig Aufmerksamkeit gezeigt haben, wenn mal da oder dort eine Bitte geäußert wurde.

Dieses Unabhängigkeitsstreben legt sich jetzt auch im Beruf. Es ist sehr zu begrüßen, daß Sie sich hier etwas Besseres einfallen lassen, als eine ganze Abteilung gegen sich aufzubringen. Ausgesprochen unproduktiv, wenn Sie das einmal von der Chefperspektive aus betrachten. Liebäugeln Sie mit einer ausgefallenen Freizeitgestaltung, sind die nötigen Vorbereitungen unverzüglich voranzutreiben. Dieser Oktober ist dafür bestens geeignet, wer weiß wie sich der November dazu stellt.

Alles plätschert leicht dahin, Initiative ist nicht nötig, und ein überdimensionaler Arbeitsgeist auch nicht. Auf glückliche Zufälle warten Sie vergebens. Freuen Sie sich über diese Tendenz, Sie haben, weiß Gott, genug am Hals gehabt, um einmal ereignislose Tage als Glück zu empfinden. Der gewöhnliche Alltag bringt keine Überraschungen, keine unangenehmen, aber auch keine, die besondere Freude auslösen.

Das Einerlei dieser Novembertage geht Ihnen bald auf die Nerven. Lassen Sie sich nicht entmutigen oder gar in üble Laune versetzen. Sie wollen immer alles erreichen und das möglichst sofort. Dort, wo Sie Ihren Beruf ausüben, ist nichts Besonderes zu erwarten. Sie wollen jetzt aber jeden Tag eine anerkennende Bemerkung hören, und wenn das schon nicht klappt, zumindest von einer Kollegin, die Ihnen gut gefällt, einen besonders tiefen Blick bekommen. Nichts von alledem wird geschehen. Man weiß dort, wie Sie arbeiten, genau, was man an Ihnen hat, aber deshalb jeden Tag Lobreden zu erwarten, ist etwas zuviel erhofft.

Haben Sie Geduld, verehrte Feigenbaum-Leute, ein klein wenig wird Sie die Liebe dafür entschädigen: Die Liebe zum Partner, zur Familie und ganz besonders die Liebe zu Kindern. Man muß die Freude dort auflesen, wo sie zu finden ist, und nicht dort nach ihr Ausschau halten, wo sie sich nicht zeigen kann.

Dieser letzte Monat wird sich Ihnen zufriedenstellend zeigen. Bemühen Sie sich um Familienmitglieder, die schon seit längerer Zeit von Ihnen wenig beachtet wurden. Die Geselligkeit mit diesen Menschen bietet sich im Weihnachtsmonat besonders an. Zeigt der eine oder andere kein Interesse, ist das kein Grund, sofort kehrtzumachen. Bemühen Sie sich trotzdem, so haben Sie zumindest das gute Gefühl: Ich habe wenigstens versucht, gute Laune zu machen. Wahren Sie die übliche Form der Höflichkeit und lachen Sie jedem Griesgram ins Gesicht. So haben Sie sich auf wunderbare Weise selbst geholfen und sich zum Lebenskünstler entwickelt. Pflegen Sie in diesen Dezember auch den netten Umgang mit den Kollegen und vor allem mit den Untergebenen. Zeigen Sie sich großzügig im Geduldigsein, wenn Ihnen verschiedene Untugenden auf den Nerv gehen.

Liebesglück begleitet Sie in diesen Tagen, und Gefühle kommen noch einmal zur Geltung, bevor das Jahr zur Neige geht. Es können Erlebnisse erwartet werden, die Sie wie einen Rausch empfinden und die ohne eine Vorankündigung, sozusagen als Überraschungsmoment, plötzlich vor Ihnen stehen.

Ein intensiver Aspekt sorgt auch noch dafür, daß Sie nach dem 20. äußerst publikumswirksam sind und sich gar nicht oft genug bei Freunden und Bekannten sehen lassen können.

Dieses Jahr beweist zum guten Schluß noch einmal, daß die Worte Gefühl, Empfindung, Gemüt und Herz auch in unserem materialistisch eingestellten Leben nicht an Bedeutung verloren haben.

Eiche 1997

21. 3.

Mit diesem Baumsymbol aus dem Bereich der keltischen Kult-Bäume ist nicht nur der Beginn eines neuen Kreislaufs in der Natur angesagt, es zeigt in Verbindung mit der jeden Tag zunehmenden Kraft der Sonne einen unerhört starken Willen an. Die schwersten Aufgaben, die unmöglichsten Vorhaben können in die Tat umgesetzt werden.

Nun ist der Frühling nicht nur der Meister eines immensen Willens, er ist auch Schöpfer der neuerwachenden Natur, mit ihrer vielfältigen Farbenpracht. In diesem Sinne ist die charakterliche Beschaffenheit an einem 21. März Geborenen angelegt.

Hier ist Idealismus mit Begeisterungsfähigkeit gepaart, aber ebenso mit einem unerhörten Selbstvertrauen und einer gewissen Härte. Hier ist stets für Bewegung gesorgt, für Leben und ab und zu auch für Unruhe. Eine Vorliebe für technische Berufe ist ebenso vorhanden wie ein besonderes Interesse für Politik. Doch welcher Beruf auch gewählt wird, man wird ihn als Eiche-Geborener absolut ausfüllen und sich unentbehrlich zu machen versuchen.

Im Bereich Liebe wird das impulsive Verhalten dem Gefühl, dem Empfinden stets untergeordnet bleiben. Häufig wird auch versucht, mit dem Partner gemeinsam die Verwirklichung von Vorhaben und Ideen durchzuziehen.

Toleranz, ein Wort das nicht oft zur Anwendung kommt, wird dem Leben zu zweit ohne jeden Zweifel stets ein Platz eingeräumt.

Eigene Ansichten, eigene Ideen sind schon jetzt gefragt, und Sie bekommen damit eine gute Ausgangsbasis, um an maßgeblicher Stelle Aufmerksamkeit zu erregen. Findet sich dann noch ein Mitarbeiter, der sich Ihnen anschließt, vielleicht auch nur mit Informationen dient, überlegen Sie nicht lange.

Bis zum 15. können Sie sich noch Zeit lassen, doch dann darf geballte Energie eingesetzt werden. Neue Bekanntschaften im Berufsbereich und neue Aufgaben sind zu erwarten. Es ist durchaus möglich, daß Sie im Übereifer bis an die Grenze Ihrer Leistungsfähigkeit gehen. Auch in diesem Fall ist es nicht notwendig, eine Warnung auszusprechen. Ihre Reserven scheinen ausreichend zu sein.

Vieles, was Sie jetzt mit Energie und noch mehr Begeisterung in Angriff nehmen, kann sich zu einem Gewinn entwickeln. Ist noch zusätzliches Fachwissen notwendig, nehmen Sie ruhig abends, vielleicht sogar nachts ein einschlägiges Buch zur Hand. Es wird sich das alles sehr bezahlt machen, aber bitte erwarten Sie keine Wunder. Da Sie am 21. März Geburtstag haben, ist das sowieso kaum zu erwarten. Dieses Frühlingsdatum ist der Realität zugewandt, Wunder stehen da kaum zur Debatte.

Müssen sich manche Eiche-Leute überlegen, wie ein finanzielles Problem zu bewältigen ist, lassen sie sich von Fachleuten beraten. Es ist der geradeste und sicherste Weg und wahrscheinlich auch der billigste. Es wird Sie vielleicht erstaunen, daß plötzlich Leute zu Ihnen freundlich und herzlich sind, die sich bisher keineswegs entgegenkommend und nett gezeigt haben. Das können Sie jetzt alles vergessen. Schon am 4. Januar zeigte sich eine kosmische Kraft in einer so ausgezeichneten Position, daß nichts zu befürchten ist, was Ihnen unangenehm oder gar verdrießlich wäre.

Eiche-Damen stellen im Aufwind dieser positiven Tendenz ganz ungewöhnliche Dinge auf die Beine. Das kann sich fast in allen Bereichen ergeben. Besonders bunt dürfte es in Partnerbeziehungen werden. Viele Rollen könnten Ihnen hier einfallen, von der kapriziösen Geliebten bis zum Sportkumpel, der sich nicht scheut, mit einem geliebten Wesen sogar Fußball zu spielen.

Der im Januar so erfreuliche Trend ist auch jetzt noch wirksam. Sie sind also gut beraten, wenn bereits angeleierte Beziehungen und Verbindungen weiter ausgebaut werden. Alle diese Vorgänge spielen sich im Berufs- und Geschäftsbereich ab und können Ihnen tatsächlich gute Zukunftsmöglichkeiten in Aussicht stellen.

Der in diese positiven Einflüsse einbezogene Freundschaftssektor wird zusätzlich mit einer Fülle von Möglichkeiten versorgt. Ihre herzliche Art entwickelt sich weiter recht erfreulich. Drei dafür zuständige planetarische Kräfte sind bis zum Ende des Monats bemüht, Ihnen dabei behilflich zu sein. Das gegenseitige Vertrauen bringt Ihnen eine Sicherheit ein, die auch bei völlig neuer Arbeit oder ungewöhnlichen Vorhaben den Rücken stärkt. Es ist kaum anzunehmen, daß Sie enttäuscht werden.

Die im Symbol der Eiche geborenen Damen können all diese Vorkommnisse und Ereignisse eventuell im Privatbereich erwarten. Es muß allerdings eine Geburtsstunde vorliegen, die das auslösen kann. Sie werden es bald spüren, ob Sie dazugehören. Das Gefühl, das sich langsam, aber mit jedem Tag intensiver zu Wort meldet, ist so deutlich auf Liebe und Zuneigung ausgerichtet, daß kein Zweifel aufkommen kann. Nehmen Sie sich dann genügend Zeit, nur so im Vorübergehen kann sich nichts entwickeln, von tiefen leidenschaftlichen Gefühlen kann dann überhaupt nicht die Rede sein. Im allgemeinen sind spontane Entscheidungen bei allen Eiche-Leuten nicht zu erwarten, und wenn es um Liebe geht, schon gar nicht. In diesem Monat, wenn der 15. vorüber ist, sieht das völlig anders aus.

Ist in einer Liebesbeziehung schon seit längerer Zeit der graue Alltag eingekehrt, sollte in den letzten Februartagen alles unternommen werden, damit die Liebe nicht noch länger im Abseits bleibt. Besonders die am Tag geborenen Eiche-Leute müssen ihre Vorstellungen vom Gehalt und der Tiefe einer gegenseitigen Zuneigung einmal gründlich überprüfen. Ob die Aspekte dafür gut oder schlecht sind, der eigene Verstand, das eigene Bemühen sind ebenso wichtig wie das Glück oder Pech, das man aus der »kosmischen Region« zu erwarten hat.

Es ist weiterer Energiezuwachs zu erwarten. Es wird sich dort als besonders brauchbar zeigen, wo Ihre geschäftlichen oder beruflichen Interessen weiter ausgebaut oder auch nur gefestigt werden müssen. Es wird im März sich nicht alles so leicht ergeben, wie Sie das in den Wochen zuvor erlebt haben.

Die Geschäftsstrategie der Eichen, die sich vorzugsweise im hartnäkkigen Verhandlungsstil zeigt, wird sicher nicht mehr gefragt sein. Möglich wäre, daß ein Ihnen Nahestehender das nicht wahrhaben will. Es liegt an Ihnen, sich durchzusetzen und die etwas gemäßigtere Art zu praktizieren. Sie haben, wenn es im Bereich Ihrer Möglichkeit stand, den Fisch an der Angel, die Hauptarbeit ist also getan!

In allen Berufen sieht es nach einer Festigung der eigenen Position aus. Nutzen Sie diese Tendenz, wenn auch Ihr Arbeitsplatz nicht gefährdet ist, ein gutes, sicheres, warmes Polster kann nie schaden. Gut heißt hier, sich mit dem ganzen Mitarbeiterstab gut vertragen, sicher heißt, der Kontakt zu den Vorgesetzten muß sich auf einer freundschaftlichen Basis bewegen, und warm heißt, Sie sollten sich wohl fühlen bei Ihrer Arbeit, nichts darf nach Unlust oder lästigem Zwang aussehen.

Vorsichtig sollten Eiche-Leute jetzt bei finanziellen Vorgängen sein. Bekommen Sie Probleme, nützt es gar nichts, wenn Sie den Kopf in den Sand stecken. Es gibt aus finanziellen Dilemmas immer einen Ausweg. Daß Sie mit Schulden so eingedeckt sind, daß es einer mittleren Katastrophe gleich kommt, ist doch wohl kaum anzunehmen.

Eine ideale Mischung aus freundlichem Entgegenkommen und den Bemühungen, auch in der Familie für eine gute Atmosphäre zu sorgen, setzt ausgezeichnete Akzente, um auch im rein privaten Bereich nicht mit unangenehmen Zwischenfällen rechnen zu müssen.

Langsam kommt dann zum Monatsende wieder Interesse für die schönen Nebensächlichkeiten des Lebens auf. Besonders die Eiche-Damen sehen sich Luxus-Sachen in den Schaufenstern und Magazinen wieder mit erhöhtem Interesse an.

Ein ständiges Hoch ist im kosmischen Bereich nie möglich. Also werden Sie nicht böse, wenn der April sich nicht als Glücksmonat zeigt. Wichtig ist, daß Sie sich den ganz gewöhnlichen Alltag angenehm machen. Hier sind alleine Sie zuständig für eine relativ gute Laune und für das freundliche Gesicht, das Sie aufsetzen.

Der große, bunte Bogen, der sich über Ihre beruflichen Interessen spannte, ist nicht mehr ao allumfassend und auch nicht mehr so farbenfroh.

Lassen Sie sich also verführen, wenn interessante Vorschläge von privater Seite gemacht werden. Es handelt sich sicher nicht um ausgefallene Dinge. Sie können keinesfalls mit ungewöhnlichen Einladungen rechnen, auch tolle Angebote werden ausbleiben. Doch mit Menschen, die mit Ihnen auf der gleichen Wellenlänge liegen, kann es im Freizeitbereich Verschiedenes geben, das als Sondervergnügen bezeichnet werden kann.

Abwechslung, Trubel sogar, sind für Eiche-Leute Zaubermittel, die ihre Wirkung nie verfehlen. Sicher ist so etwas nicht jeden Tag erwünscht, aber nach den ersten drei angespannten Monaten dieses Jahres darf schon belebende Aktion aufkommen.

Ausgesprochen turbulent ist es bis zum 20. Das vom Verstand gelenkte Verhalten wird, soweit es die Verhältnisse erlauben, bis zu diesem Tag außer Kraft gesetzt. Eiche-Geborene interessieren sich für Leute, die von der Familie nicht akzeptiert werden. Weshalb, wieso, ist hier nicht zu ermitteln. Es ist Ihnen genauso unerklärlich wie Ihren Angehörigen. Doch was ist nicht alles rätselvoll im menschlichen Leben. Allein schon das Geschehen im Universum wirft tausend Fragen auf, die alle unbeantwortet bleiben.

Sie erleben also einen Zeitabschnitt, der ungewöhnlich ist, Sie werden damit zurechtkommen.

Ein eventuell vorhandener Partner ist hier nicht mit einbezogen. Es wird vielleicht notwendig, daß Sie das Außergewöhnliche im totalen Alleingang bewältigen müssen. Übrigens kann von »bewältigen« nicht die Rede sein, es mag außergewöhnlich sein, unangenehm oder ärgerlich ist es sicher nicht.

Die freundlichen Zeichen aus dem kosmischen Raum nehmen auch im Mai ab. Es muß also Initiative entwickelt werden, die Ihnen, da Sie das Symbol Eiche im Geburtsdatum haben, immer zur Verfügung steht. Wo bisher also das Glück für Sie tätig war, ist es jetzt das Glück der angeborenen Fähigkeiten und charakterlichen Stärke.

Besonders erfreulich ist, daß jetzt Ihr Freundeskreis - oder sind es Kollegen? - besondere Verbundenheit zeigt. Man bemüht sich ganz offensichtlich um Ihre Sympathie und zeigt sich auch bereit, etwas Besonderes für Sie zu tun. Kleine Freundschaftsdienste sind ebenso angesagt wie das Ausbügeln unangenehmer Zwischenfälle.

Positiv zeigt sich auch das berufliche Betätigungsfeld. Es sind keine besonders angenehmen Überraschungen für Sie geplant, aber trist und traurig sieht nichts aus.

Doch in den Schoß fällt den Eiche-Leuten generell nichts und in diesen Maitagen schon gar nicht. Sie sind mit Energie und Durchsetzungsvermögen, mit einem herrlichen Selbstbewußtsein versorgt, mehr ist in diesem Monat auch nicht nötig. Übersteigen Ihre Ansprüche Ihre initiative Kraft, lassen Sie sich ungeniert unter die Arme greifen. Es gibt unter den Familienmitgliedern mit Sicherheit einige, die Sie ganz besonders ins Herz geschlossen haben. Hilfe in Form eines tröstenden Zuspruchs lassen sich auch Sie gefallen.

Im Bereich Liebe sind einige Pluspunkte zu erwarten. Zu außergewöhnlichen Erlebnissen ist kein Aspekt bereit, und auch die planetarische Kraft Venus fällt dafür aus.

Bei den jüngeren Jahrgängen zeigen sich zwischendurch Tendenzen, die ein besonderes Interesse für alle künstlerischen Ambitionen wekken. Versuchen Sie jetzt mit einer sogenannten »schöpferischen Tätigkeit«, wenn Sie Talent dazu haben. Hier wären einige Möglichkeiten, sich ein Feld zu eröffnen, das Ihr ganzes Leben lang für Ausgleich sorgt, wenn der Alltag düster ist. Vielleicht versuchen Sie es jetzt, in diesem Monat damit. Dafür steht er nämlich gerne bereit.

Es wird ein guter Monat. Einige Dinge sind zu erwarten, von denen Sie vielleicht schon insgeheim geträumt haben, soweit Eiche-Leute sich Wachträumen überhaupt überlassen. Manches geschieht, das Ihren Glauben an ein gutes Schicksal bestätigt.

Die Liebe wird dabei einen großen Prozentsatz für sich in Anspruch nehmen. Es ist nicht nur die Liebe im erotischen Bereich angesprochen, sondern auch die Liebe zu Eltern, zu Verwandten und zu Freunden.

Die Anerkennung, die Sie jetzt überall finden, ist genau das, was Sie sich in all den Wochen erwartet haben, als Sie sich so heftig um berufliche Erfolge bemüht hatten. Ihr persönliches Ich, das Sie dabei zwangsläufig in den Mittelpunkt gerückt haben, bekommt endlich die Genugtuung, mit der Sie stets geliebäugelt hatten. Die Erkenntnis, daß eine ehrliche Bemühung nie umsonst ist, wird nicht ausbleiben.

Ein kleiner Schatten fällt auf diese Junitage. Das physische Wohlbefinden wird nicht ganz so sein, wie Sie es eigentlich immer gewohnt sind. Sind es keine chronischen Beschwerden, die Sie ab und zu heimsuchen, kann man mit der Reduzierung der kleinen und großen Laster schnell Abhilfe schaffen. Schlafen Sie zu wenig, essen Sie zuviel oder ausgesprochen ungesund, oder gehen Sie zu wenig an die frische Luft? Auch das Gegenteil kann sich negativ auswirken. Brutzeln Sie zu lange in der prallen Sonne? Ist es auch nur ein Punkt, der hier auf Sie zutrifft sorgen Sie für umgehende Änderung.

Ohne Schwierigkeiten heute durch den Alltag zu kommen erfordert, daß alles beachtet wird, was dem Körper bekommt oder schadet. Haben Sie noch nie daran gedacht, hier endlich einen Anfang zu machen, tun Sie es jetzt. Ohne einen gesunden, gepflegten Körper schafft man nur schwer das jeden Tag auferlegte Pensum. Was früher noch gänzlich unwichtig war, ist heute schon ein Problem. Muß man zum Beispiel in einer Stadt leben, ist die Luft, die man mit jedem Atemzug einzieht, nicht mehr das, was dem Organismus wirklich bekommt.

Es ist Sommer, und er bringt lebhafte Bewegung in das Leben der Eiche-Leute. Insbesondere sind die Männer aufgerufen, sich um Angelegenheiten zu kümmern, die ihnen normalerweise nicht gar so interessant sind. Werden finanzielle Aufwendungen notwendig, dann ist besser die zweite Hälfte Juli abzuwarten. Zu diesem Zeitpunkt kommt ein Element in Führungsposition, das mit Manipulationen, mit wirtschaftlichen und rein materiell ausgerichteten Vorhaben besser in Zusammenhang gebracht werden kann, als das in den Tagen bis zum 15. mit dem Element Wasser der Fall ist.

Der berufliche Sektor steht damit sicher in engem Zusammenhang. Hier ist anscheinend immer noch nicht alles in gewohnter oder erwünschter Verfassung. Vertrauen Sie bei allen Entscheidungen einfach auf Ihr gutes Gespür, ausnahmsweise ist nämlich Ihr Unterbewußtsein einmal wach und lenkt und leitet Sie, ohne daß der reale Wille, der bei diesem Geburtsdatum eine dominierende Stellung einnimmt, als Oberbefehlshaber Ihre Geschicke leitet.

Unter diesen Voraussetzungen dürfen Sie nach jedem Vorteil bedenkenlos die Hände ausstrecken. Erstens läßt das Unterbewußtsein kaum einmal einen Mißgriff zu, und zweitens ist Ihr persönliches Umfeld ebenfalls in die etwas »mondsüchtige Phase« einbezogen. Das Verhalten ist also auch hier nachsichtig und großzügig. Vielleicht zeigt der eine oder andere sogar etwas Ähnliches wie Sentimentalität. Wie sich das äußert? Du bist mein Freund, du liegst mir, ich bin froh, wenn es dir gutgeht, so und ähnlich könnte sich Sentimentalität äußern. Also, greifen Sie zu, wo sich ein Vorteil, eine Chance anbietet. Sie gehören zu den Realisten unter den Erdenbürgern, der richtige Zeitpunkt ist wichtig, um sich das selbst zu bestätigen.

Diese hochprozentige Aktivität hat aber häufig Ungeduld in Begleitung, die jetzt nicht angebracht ist. Unverträglichkeit können Sie sich im Juli nicht leisten. Müssen Sie aber feststellen, daß so etwas nicht zu umgehen ist, umgeben Sie sich mit hellen, bunten Farben und verlegen Sie alle Ihre Tätigkeiten auf die helle Tageszeit. Gehen Sie mit den Hühnern schlafen, dann können Sie sicher sein, daß Ihre seelische Verfassung nicht unnötig strapaziert wird.

Behalten Sie alles fest im Auge, was für den Beruf und Ihre finanzielle Gesamtlage wichtig ist. Mehr können Sie im August nicht tun. Es ist Hochsommer, und wenn Sie Ihre Geschäfte nicht damit in Zusammenhang bringen können, dann ist es tatsächlich das beste, Sie machen Urlaub.

Ist das nicht möglich, so sollten diese Tage zum weitaus größten Teil Ihrem Privatleben gehören. Haben Sie keine Möglichkeit wegzureisen, ein schöner Fleck auf heimatlichem Gebiet ist ebenso dafür geeignet, Erholung zu finden und zu zweit schöne gemeinsame Tage zu verbringen. Die wichtigste Voraussetzung ist, daß die gegenseitige Beziehung tadellos funktioniert. Gegenseitige Zuneigung, Achtung und Verständnis für verschiedene Schwächen ist unumgänglich. Es können unvergeßliche Augusttage werden, wenn Sie das beherzigen.

Sie haben die positiven Eigenschaften, die Eiche-Leuten von Geburt wegen zur Verfügung stehen, auf Ihrer Seite, wenn sie einen Partner haben, der in erster Linie Harmonie als wichtigste Voraussetzung in einer Zweierbeziehung einstuft.

Ein besonderes Plus ist, daß Sie ohne besonderen Anlaß plötzlich Phantasie entwickeln. Sie wissen doch, ohne Phantasie gibt es keinen einzigen Kunstschaffenden, der wirklich etwas wertvolles zustande bringt. Nun, zum Maler oder Musiker brauchen Sie sich jetzt nicht zu entwickeln, aber Naturerlebnisse richtig aufgenommen und richtig in der Seele verarbeitet sind dem schöpferischen Akt sehr verwandt. Und genau das ist jetzt möglich.

Ihre von den fünf Sinnen gesteuerte Erlebnisbereitschaft ist derart intensiv, daß Sie das auch im Bereich Liebe gut verwerten können. So angenehm, wie sich Eiche-Leute jetzt geben können, hat man sie lange nicht gesehen. Nehmen Sie das alles mit hinüber in den September. Auch im Berufsbereich macht sich die lässige Art, die sich damit einstellt, ausgezeichnet.

Zeigen Sie Kompromißbereitschaft, wenn sich einige Leute in Ihrer näheren Umgebung höchst eigenartig benehmen. Nichts darf erzwungen werden. Auch wenn sich Hindernisse recht demonstrativ in den Weg stellen, darf Ihnen nur ein diplomatisches Verhalten einfallen. Es ist nicht notwendig, daß Sie deshalb einen Standpunkt aufgeben oder gar Zugeständnisse machen, die Ihre Kompetenz in Frage stellen. Die Zeit ist abzuwarten, die es ermöglicht, daß Sie mit offenen Karten spielen.

Weltweit sind derartige Praktiken üblich, warum nicht auch einmal bei Ihnen. Diplomatisches Verhalten ist keine Heuchelei. Wird es mit freundlichem Verhalten begleitet, können Sie sicher sein, daß Sie auch die fragwürdigste Situation im Griff haben.

In diesem September ist Wohlwollen und Herzensgüte keine Basis für erfolgreiche Vorhaben, ganz egal, welchen Bereich man ins Auge faßt. Von Anfang bis zwei Tage vor Ende hat er die kosmische Energie Mars als Begleiter, einem höchst kampfeslustigen Zeichen. Klammern Sie also bitte jede sentimentale Anwandlung aus, die sich noch vom August herüber gehalten hat. Auch wenn es Sie müde macht, sich da oder dort eisern behaupten zu müssen, eine vorgegebene Tendenz kann nicht überspielt werden. Vielleicht gemildert, aber das ist alles.

Kommen derartige oder ähnliche Streßsituationen auf Sie zu, geben Sie acht auf Ihre gesundheitliche Verfassung. Sich auf eine Weise verhalten zu müssen, die nicht der angeborenen Veranlagung entspricht, ist dem Allgemeinbefinden nicht zuträglich. Die psychosomatischen Störungen beruhen meist auf diesen Ursachen.

Doch ein Monat ist nicht lang, und ängstliches Beobachten von Beschwerden ist nicht unbedingt notwendig. Zudem werden Schmerzen meist größer, wenn man zu sehr darauf achtet.

Der 28. oder 29. September bringt schon Erleichterung. Langsam stellt sich deutlich fühlbar wieder Optimismus ein, und damit bekommen Sie wieder Geschmack an der Liebe, und die ist in jeder Lebenslage ein Wunderheiler. Vorausgesetzt natürlich, Sie haben einen Partner, der weiß, wie Sie zu nehmen sind.

Zeigen Sie sich wieder im Vollbesitz Ihrer charmanten Verhaltensweise. Es macht alle Menschen Ihres Umfeldes freundlicher und zufriedener. Auch die Familie, seit vielen Tagen schon von Ihnen wenig beachtet, bemüht sich, Ihnen den letzten Stein noch aus dem Weg zu räumen. Wenn Sie dann sehen, daß Sie auf diese Weise jede eventuell noch kritische Situation meistern, haben Sie endlich wieder das Gefühl, bei den nächsten Angehörigen ein Zuhause zu haben.

Pluspunkte, die sich in diesen Oktobertagen ergeben, haben wohl mehr ideellen Wert. Ist auch ganz gut so, denn nicht ganz neidlos hat man in den vielen Tagen, die Ihnen materielle Erfolge brachten, Ihre Fortschritte beobachtet. Mit Mißgunst oder Neid muß man sich abfinden, besser so, als Mitleid und Erbarmen wegen unerfreulichen Lebensbedingungen.

Haben Sie einen Beruf, der Ihnen selbständiges Disponieren auferlegt, können sich besondere Möglichkeiten ergeben. Nur ruhig am Schreibtisch sitzen bringt aber nichts. Hören Sie sich um, es ereignet sich in diesem Herbst vieles, was nur mit Aufmerksamkeit wahrgenommen werden kann. Arbeiten Sie mit einem Team zusammen, entspricht die hier vorhandene angenehme Atmosphäre ganz Ihren Vorstellungen. Auffallend dürfte sein, daß man plötzlich Rücksicht auf Ihre besonderen Fähigkeiten nimmt. Die Damen, unter dem Symbol der Eiche geboren, haben es in diesem Oktober etwas leichter als die Männer. Sie haben den Vorzug, von dem Einfluß eines kosmischen Zeichens besonders bedacht zu werden, das fast ausschließlich feminine Züge aufweist. Eine besondere Kontaktfreudigkeit schafft neue Bekanntschaften. Es könnten Leute darunter sein, die Ihnen besonders zusagen. Eine neue herzliche Freundschaft ist im Bereich der Möglichkeiten. Damit könnten sich auch Veränderungen ergeben, die Ihre bisherige private Beziehung ins Wanken bringt. Nachteilig wird sich dies nicht auswirken. Was die kosmischen Strahlungen jetzt aussagen, hat Bedeutung für das Herz, soweit es eine Aussage machen kannt, die Ihre Gefühle betrifft.

Sie können einen zufriedenstellenden Monat erwarten. Sie können mehr als sonst aus sich herausgehen. Ein wichtiges Ereignis kann gleich in der ersten Monatswoche stattfinden. Innerhalb einer Arbeitsgemeinschaft zeichnen sich Umgruppierungen ab, die Ihnen schon seit geraumer Zeit am Herzen liegen.

In künstlerischen Berufen ist es besonders augenfällig, daß ein neuer Wind weht. Entweder es gelingen Ihnen Arbeiten, die endlich die besondere Note haben, die den Erfolg sichern, oder ein neuer Impuls schickt Sie in eine neue Richtung, die Ihrer künstlerischen Tätigkeit ein völlig neues Niveau verpaßt.

Fast schlagartig erfolgt damit eine umwälzende Verhaltensweise. Was sich bisher nur andeutungsweise abzeichnete, eine unerhörte Sicherheit, macht aus Ihnen ein Wesen, das jeder Kritik standhält.

Planen Sie mit Ihrer Arbeit an die Öffentlichkeit zu gehen, so sind die Voraussetzungen dafür nie günstiger gewesen. Mit den noch unbekannten Praktiken in diesem neuen Bereich werden Sie schnell zurechtkommen. Wenn auch nicht von heute auf morgen alles perfekt läuft, Sie können und werden zufrieden sein.

Was von den kosmischen Aspekten zu erwarten ist, wird Einfluß auf Ihre Angelegenheiten nehmen. Zwei Elemente haben in diesen Novemberwochen eine Aussagemöglichkeit, und man kann sagen, sie sorgen dafür, daß alles in Bewegung bleibt und nichts auf die lange Bank geschoben wird.

Kein Wunder, daß Ihre seelische Verfassung sich in bestem Zustand befindet. Das einzige, was zu bemängeln wäre, daß das Zusammensein mit einem Herzenspartner etwas mehr Interesse erfordert. Sicher hat er Verständnis für Ihre vielen überraschenden Pluspunkte, aber nur Ihr Wohlergehen kann er nicht im Auge haben. Zeigen Sie also, was Liebe sein kann, und verwöhnen Sie ihn, wenn es das Schicksal vielleicht nicht tut.

Der Dezember-Anfang sollte dazu dienen, Ihre Gesundheit auf den bestmöglichen Stand zu bringen. Fasten ist nicht notwendig und übermäßige körperliche Ertüchtigung auch nicht. Eine kleine Berichtigung ihres Speisezettels würde genügen und morgens am offenen Fenster ein paar tiefe Atemzüge. Übrigens ist dabei das bewußt lange Ausatmen genau so wichtig wie das Atemholen.

Vielleicht wäre auch öfter als sonst ein abendliches Bad von Nutzen, das langsam erwärmt wird, wenn Sie in der Wanne sitzen. Die Wärme, die dann bis in die Knochen zu spüren ist, macht die winterliche Kälte schnell vergessen. Machen Sie sich diese harmlosen, aber äußerst wirkungsvollen Dinge zur Gewohnheit. Es wird Ihnen so gefallen und so guttun, daß Sie nicht mehr davon lassen können.

Ist dann der 19. Dezember im Kalender, ist nichts mehr von Lethargie oder Unlust zu spüren. Man kann sagen, es kommt ein lebhafter Wind auf. Das Müssen im Beruf wird nicht mehr schwere Pflicht sein, sondern eine Selbstverständlichkeit, die man ohne Klagen absolviert. Gleichzeitig wird der Umgang mit Kollegen herzlicher, es sieht sogar nach viel Spaß aus, den man zusammen hat. Sie finden jetzt Gefallen daran, sich als besonders gelungenes Stück der Schöpfung zu präsentieren. Sind Sie eine Eiche-Frau, haben Sie dazu jede Berechtigung. Ihre Verfassung ist ausgezeichnet, das zeigt sich auch in Ihrem äußeren Erscheinungsbild. Vielleicht haben Sie auch erkannt, daß Lippenstift und Puderquaste wunderbare Utensilien sind, um dieses Bild noch zu vervollkommnen. Stehen drei dafür zuständige Aspekte zur Verfügung, so wie es ab circa Mitte Dezember der Fall ist, haben Sie die beste Unterstützung, die man sich denken kann.

Es wird der Tag nicht lange ausbleiben, an dem Eiche-Leute, ob Mann oder Frau, ausgesprochenes Glück in der Liebe haben. Glück in der Liebe hat viele Seiten. Die für Sie zutreffende wird Ihnen bekannt sein. Der Dezember hält genau das ein, was schon der Januar angedeutet hat.

Birke 1997

24.6.

Es ist ein Symbol-Zeichen, das von dem nächsten Nachbarn unserer Erde, dem Mond, am stärksten beeinflußt wird. Seine schnell wechselnden Phasen, innerhalb eines Mondes durchläuft er einen Planetenbereich, für den unsere Erde ein ganzes Jahr benötigt, sind die Ursache, daß die Vielfalt der sich ständig verändernden Lage auch auf das Naturell der Birke-Menschen überträgt.

Stimmungen wechseln schnell, und damit hat man einen Halt nötig. Halt, der sich im Kindesalter besonders deutlich zu erkennen gibt. Eine ungewöhnlich starke Bindung an Familie und Heim ist unverkennbar.

Mit dem Schutz-Symbol der Birke kommt man mit einem äußerst sensiblen Gemüt zur Welt. Die starke Beziehung zur Familie macht sich in späteren Jahren auch im Zusammenhang mit Freunden oder besonders nahestehenden Mitarbeitern bemerkbar. Ist hier eine betont intensive Verbundenheit festzustellen, wird jedes Mittel recht, um diesen Personenkreis in die angeborenen Beschützerinstinkte einzubeziehen.

Seelische Eindrücke, Sympathie und Antipathie sind die Auslöser für alles was getan wird.

Selbstverständlich wird damit, daß die Liebe zur Tradition, zum Gewohnten vor allem anderen steht.

Es gibt viele Künstler unter den Birke-Leuten, denn Phantasie ist ein Geburtstagsgeschenk, das am 24. Juni wohl jedem in die Wiege gelegt wird.

In den realen Vorstellungen, bei denen Geld zum Thema Nummer eins wird, sind Besorgnisse um die Zukunft nie auszuschließen. Im Finanzbereich ist Phantasie mit einer ungewöhnlichen drastischen Härte gepaart, die jedoch überdimensionale materielle Erfolge ermöglicht.

Wird der Bereich Liebe ins Auge gefaßt, sind mehr Plus- als Minuspunkte zu verzeichnen. Gefühle können oft übermächtig werden, doch meist sind sie durch einen etwas burschikosen Umgangston gut getarnt. Liebessehnsucht kann allgegenwärtig sein. Das bedeutet nicht, daß man Liebe nur mit ideellen Vorstellungen in Verbindung bringt.

Meiden Sie jede persönliche Auseinandersetzung. Sie könnten vollends die Fassung verlieren und sich mit Worten Luft machen, die nicht zu einem gepflegten Vokabular gehören. Dieser »-Sturm im Wasserglas« ist schon bald ausgestanden, das Zusammentreffen von zwei sich nicht gut ergänzenden Element-Zeichen, ist schon bald vorbei.

Mit kleineren Aufregungen ist jedoch immer noch zu rechnen. Machen Sie sich keine Sorgen, wenn es hie und da etwas ungemütlich wird. Im Privatbereich ergeben sich Meinungsverschiedenheiten, die nicht tragisch genommen werden dürfen. Auch Kontakte, die man erst vor kurzem knüpfte, bringen nicht das, was man sich erhoffte. Man hat wieder einmal eine Freundschaft erwartet und ist enttäuscht worden. Im Beruf geht es friedlicher ab. Man erfüllt seine Pflicht, eine Störung ist aus keiner Ecke zu erwarten. Sie wirken angenehm, was in Anbetracht Ihrer privaten Schwierigkeiten an ein kleines Wunder grenzt. Ihre Beliebtheit bei Kollegen wird Sie vieles vergessen lassen, was auf Ihrer Seele lastet.

Natürlichkeit und Energie, zwei dominierende Eigenschaften der Birke, werden voll aktiv und lassen Sie über zurückliegende Schatten nur noch milde lächeln. Sie haben die Zukunft wieder einmal viel zu schwarzgesehen!

Nach dem 17. Januar hat es die Birke wieder leichter. Was ihr nicht entspricht, wird schnell fallengelassen, und man geht ohne Ressentiments zur Tagesordnung über. Eine herrliche Einstellung, bestens geeignet, sich kein chronisches Leiden psychosomatischer Natur zuzuziehen.

Nicht so unbekümmert sind Sie in den letzten Wochen. Alles, was Sie anstreben, wird mit Zähigkeit festgehalten. Geht einmal etwas daneben, verdirbt schlechte Laune viele Tage, und das Gewöhnen an eine neue Situation wird schwierig.

Vieles, was dieser Januar mit Ihnen anstellt, kann man nicht als einen idealen Jahresanfang bezeichnen. Doch das »Jahr der Haselnuß« hat viele angenehme Dinge mit Ihnen vor. Besonders rücksichtsvoll zeigt es sich, wenn es um Ihr Seelenleben geht.

Materielle Werte werden eine wichtige Rolle spielen. Dies hat verschiedene Ursachen. Entweder werden Sie durch bestimmte Vorkommnisse in dieses Fahrwasser gedrängt oder durch Lektüre, die wie zufällig in Ihre Hände kam, auf völlig neue Möglichkeiten aufmerksam gemacht. Talente können sich plötzlich entfalten, die sich ausgezeichnet im beruflichen Bereich einsetzen lassen.

Sie möchten aber Ihr Privatleben im Blickfeld haben? Hier tut sich nichts Aufregendes. Weder im Guten noch im Bösen. Sollte sich eine verdrießliche Stimmung breitmachen, so müssen Sie dies Ihrem eigenen unterkühlten Verhalten zuschreiben. Man kann auch bei guter Laune bleiben, wenn man nur einfach so nebeneinander lebt und Amor zu keiner Initiative bereit ist. Üben Sie völlige Entspannung im Privatbereich. Lassen Sie sich treiben wie ein Blatt im Wind; fragen Sie nicht, warum bin ich heute so, warum habe ich nicht die Gefühle, die mich selig machen.

Die 3. Woche sieht nach Turbulenzen aus. Sie werden eine Menge Arbeit aufgehalst bekommen, die Ihnen völlig nutzlos erscheint. Doch nichts im Leben ist nutzlos. Es wird von uns erwartet, auch das nichtigste Geschehen in den Griff zu bekommen und sich auch mal einem unverstandenen Schicksal unterzuordnen. Die Kraft, welche auch für negatives Geschehen aufgebracht werden muß, ist nicht nutzlos vergeudet.

Vertrauen zu den eigenen Fähigkeiten, das Wissen um eine Weltordnung halten die Hoffnung aufrecht. Ohne sie können keine großen Dinge in der Welt geschehen. Kein berühmter Mensch war ohne Hoffnung, ehe er sich ans Werk gemacht hat, ganz gleich in welchem Bereich er Größeres anstrebte.

Ihre Geburtswerte bekommen Unterstützung von einem Wasser-Element, das Veränderungen und Bewegungen anzeigt. Vorhaben, schon vor Monaten geplant, bekommen deutliche Umrisse, die Möglichkeit der Durchführung nimmt realistische Formen an. Die ersten Erfolge zeigen sich schon in Form einer finanziellen Beteiligung, die Ihnen angeboten wird. Bei Birke-Damen dürfte es die Mode- oder Kosmetikbranche sein, die besondere Chancen bringt und das Jahr 1997 begünstigen wird. Alle geschäftlichen, beruflichen Vorhaben müssen bis zum 17. März Ihr volles Interesse haben. Nichts darf Sie ablenken. Ihr Verhandlungsgeschick wird in diesen Tagen von Zeichen und Aspekten aktiviert, was genützt werden muß.

Ihre recht brauchbare Veranlagung, sich unabänderlichen Fakten auf diplomatische Art zu fügen oder zu entziehen, wird sich wieder einmal bestens bewähren. Rechnen Sie sich beste Möglichkeiten aus, und überlegen Sie nicht lange, wenn es gilt, sich einen beachtlichen Vorteil einzuhandeln.

Birke-Damen dürfen mit einigen Sonderzuwendungen rechnen, die Ihre Zukunft sehr aussichtsreich machen. Man schätzt Ihre Fähigkeiten mehr, als Sie dem Verhalten anderer entnehmen können. Stellen Sie Ihr Licht nur ja nicht unter den Scheffel, das Sich-in-Szene-Setzen ist heutzutage fast so wichtig geworden wie ein profundes Wissen und Können. Ein Allround-Talent nützt wenig, wenn man bescheiden wie ein Mauerblümchen bleibt, und Manager, die so ein kleines bescheidenes Etwas entdecken, sind Mangelware!

Das Monatsende schenkt Erfreuliches, wenn man die Liebesangelegenheiten betrachtet. Egal, ob Birke-Frau oder Birke-Mann, man zeigt Aufmerksamkeit und Entgegenkommen. Hoffentlich ist es dann eine Liebe, die Sie entflammt, und nicht nur eine kleine Liebelei. Wenn tiefe Gefühle geweckt werden, fühlt sich eine Birke immer wohl, bei flüchtigen Liebeserlebnissen sagt sie zwar auch nicht nein, aber zurück bleibt dabei stets eine gewisse Ernüchterung. Vielleicht sogar ein fader Geschmack, der ihr für derartige Unternehmungen auf lange Zeit den Appetit verdirbt.

Gehen sie systematisch vor und lassen Sie sich nicht in Ihre Pläne schauen. Nichts wird Ihnen danebengehen. So, wie Ihre Zeichen jetzt gesetzt sind, haben Sie nahezu alle Trumpfkarten in der Hand. Lediglich ein beunruhigendes Gefühl, von den Ereignissen überrannt zu werden, könnte sich da und dort einstellen. Dank der Vorwarnung haben Sie es jedoch in der Hand, dem bewußt entgegenzusteuern. Da Sie sich zudem in einer ausgezeichneten gesundheitlichen Verfassung befinden, nagt selbst ein Riesenprogramm oder ein nervöser Chef nicht an Ihren Nerven.

Zu Beginn der 3. Woche wird ein stürmischer Wind Ihr Lebensschiffchen vorantreiben. Eine Menge ist zu erledigen, neue Ideen wollen verarbeitet werden. Lassen Sie sich von den mannigfaltigen Anforderungen nicht aus der Fassung bringen. Immer schön der Reihe nach, das Wichtigste, auch wenn es das Unbequemste ist, immer zuerst.

Birken, die ein öffentliches Amt bekleiden oder sonst irgendwie im öffentlichen Interesse stehen, wird in diesem April nichts geschenkt. Es erscheint Ihnen vielleicht als überspitzte Idee: Wenn Sie sich so richtig in den Fängen eines gewalttätigen Schicksals fühlen, dann gehen Sie hinaus in die Natur, dorthin, wo es eine Birke gibt, die man besuchen kann. Stellen Sie sich ganz nah an ihren Stamm, als wäre es ein geliebter Mensch, legen Sie Ihre Arme um ihn, und sammeln Sie alle Gefühle, die Sie empfinden können, auf dieses Stück Natur. Ohne jeden Zweifel werden Sie spüren, wie Ihnen darauf nicht nur Kraft, sondern auch Trost und das Gefühl des Vertrautseins zuströmt. Wenn Sie dann nach Hause gehen, scheint Ihnen vieles leichter, einfacher. In jeden Bereich wird etwas von dem Trost getragen, der Ihnen da vermittelt wurde.

Der Birke-Einfluß bei allen Ereignissen ist unverkennbar. Er entspricht der harten Tendenz im Einzelschicksal. Machtansprüche werden geltend gemacht, die in diesem Ausmaß bei Mitarbeitern auf Ablehnung stoßen und im Privatbereich so manchen Streit vom Zaun brechen.

Man könnte fast von einem Zwang sprechen, der jetzt von kosmischen Kräften ausgeübt wird. Kein Mittel scheint manchen Birke-Männern zu gewagt, um sich einen ersten Platz zu sichern. Sei es, daß sie sich in der Chefetage besonders profilieren wollen, einen ganz bestimmten, einflußreichen Aufgabenbereich anstreben oder auch ein besonders charmantes, attraktives weibliches Wesen vereinnahmen wollen, das sich schon in festen Händen befindet.

Intensive Energien treiben Sie an. Sorgen Sie dafür, daß diese in geordnete Kanäle geleitet werden. Ganz folgerichtig macht sich ein Mangel an Glücksempfinden bemerkbar. Es gibt genug Mittel, um sich dieser aufrührerischen Tendenz zu erwehren. Verlassen Sie das Pflaster eines übersteigerten beruflichen Ehrgeizes. Wenden Sie sich schöngeistigen Dingen zu. Musik und Tanz stehen auf diesem Rezept an erster Stelle. Besuchen Sie eine Ausstellung, deren Bilder eine klare, harmonische Aussage haben, oder betrachten Sie Skulpturen aus antiker Zeit. Auch Sport ist empfehlenswert. Die körperliche Bewegung kann seelischen Freiraum schaffen. Den Essensgewohnheiten sollte man mehr Aufmerksamkeit schenken. Das hastige Hinunterschlingen von Nahrung hat sich in unserem Alltag erschreckend eingenistet. Essen zum notwendigen Übel unseres Alltags zu degradieren, ist zu einer Sünde an uns selbst geworden.

Liebe sagt man, lebt von der Gegensätzlichkeit zweier Partner. Ein sogenannter Traumpartner ist in den meisten Fällen nicht das, was man sich erhofft hat. Recht einleuchtend, wenn man bedenkt, daß satte Zufriedenheit schnell in Langeweile ausarten kann. Und nicht nur das, man bleibt auf einem einmal eingenommenen Standpunkt stehen, und nichts geschieht weiter. Stillstand ist stets etwas Negatives. Die Erde und mit ihr das ganze Himmelsgewölbe ist in dauernder Bewegung, und unsere Gefühle sollten sich in einer absoluten Ruhestellung wohl fühlen! Auch die Deckungsgleichheit von kosmischen Werten und Aspekten ist nur eine vorübergehende Sache, welche darüber hinaus auch noch stark von den Jahreszeiten abhängt.

Dieselbe Situation ist übrigens bei allen Freundschaften, oder Kameradschaften vorhanden, nur tritt sie hier nicht so gravierend in Erscheinung. In allen übrigen Beziehungen herrscht Friede. Werden Sie in dem einen oder anderen Fall doch mit gewissen Spannungen konfrontiert, so ist dies dem gegenseitigen Sich-Ergänzen absolut zuträglich. Sicher ist, daß dies den Reiz eines Zusammenseins erhöhen kann, und Überraschungen besonderer Art sind an der Tagesordnung.

Beruflich wird man sich in diesen Juniwochen kaum besonders anstrengen; auch andere Bereiche, die eine sachliche Einstellung verlangen, werden Sie kaum interessieren. Bei einigen Birken macht sich sogar eine gewisse Gleichgültigkeit bemerkbar, wenn vom Beruf die Rede ist.

In der letzten Juniwoche vollzieht sich bereits der Übergang in den aktiven Juli. Impulsive Verhaltensweisen und Energieschübe sind nicht zu übersehen. Zärtliche Zuneigung und Kameradschaftlichkeit machen einem ausgesprochenen Triebverlangen Platz. Birke-Leute werden ausgesprochen gesellig, unter gewissen Voraussetzungen sogar vergnügungssüchtig.

Haben Sie einen Beruf, der Originalität und Eigenständigkeit verlangt, können sich Erfolge abzeichnen, die sich aus glücklichen Zufällen ergeben. Vieles, was schon seit langem auf eine Durchführung wartet, bekommt endlich feste Umrisse, und gegen Ende dieses Monats zeigen sich die ersten Früchte Ihrer Bemühungen.

Menschen Ihres Privatbereichs werden Geduld haben müssen; es wird Ihnen nicht viel Zeit bleiben, sich um diesen Personenkreis wie gewohnt zu kümmern.

Über mangelnden Unternehmungsgeist werden Sie sich nicht zu beklagen haben. Keine Sorge: Alles, was Sie jetzt ankurbeln, geschieht unter praktischen Erwägungen, und nichts gerät außer Kontrolle.

Endlich sind Sie mit Ihrem Schicksal zufrieden. Nur einige Jahrgänge sollten sich etwas vorsehen, ein bestimmter Aspekt verführt sie zum Leichtsinnigsein, das heißt, sie fühlen sich zu sicher im Sattel. Nur dort ist Kühnheit erlaubt, wo so etwas Ähnliches wie ein Comeback stattfindet. Schalten Sie in einem solchen Fall alle Bedenken und auch die Meinungen anderer Leute aus. Sie allein müssen für sich entscheiden und werden wissen, was das Richtige ist.

Erst nach dem 20. bekommen Sie wieder Lust, Kontakte zu pflegen. Bis Sie sich für die Liebe wieder begeistern können, muß allerdings der August abgewartet werden. Freundschaften sind Ihnen im Moment wichtiger als Liebesbeziehungen. Sie lieben jetzt noch zu sehr die Freiheit und Unabhängigkeit, um sich als die zweite Hälfte in einer Liebesbeziehung zu fühlen. Unabhängigkeit ist das Wort, das Ihnen in diesem Monat am meisten behagt. Haben Sie sich in einer Beziehung neben den konventionellen Besitzansprüchen auch noch eine Kameradschaft aufgebaut, wird alles bestens laufen.

Eine völlige Umstellung ist bei Birken stets im Bereich des Machbaren. Gibt es Bedenken oder Hindernisse, ist ein überraschender Vorgang möglich, der alles ebnet. Birken ist es gegeben, viele Wege zu finden, um an ein bestimmtes Ziel zu kommen. Ihre schwache Seite, eine innere Unsicherheit, ist die einzige Gefahr, daß ausgezeichnete Möglichkeiten im Sande verlaufen. Die fatalistische Einstellung, die Zukunft wird es bringen, macht den Birke-Geborenen allerdings krisensicher. Die nicht gerade von besonderer Lebhaftigkeit gesteuerten Impulse sorgen trotzdem für eine fast nachtwandlerisch zu bezeichnende Aktivität, die letzten Endes aus allen Mißgriffen immer noch etwas Brauchbares zu machen verstehen.

Viel Zeit für das Privatleben wird nicht bleiben. Neue Kontakte werden notwendig, wenn neue Interessen an einer bestimmten beruflichen Weiterentwicklung auftauchen.

Auch mit Menschen, die Ihnen nicht besonders liegen, sollte der Umgang gepflegt werden. Bei einer Neuplanung für die Zukunft ist unbedingt eine souveräne Einstellung erforderlich.

Besondere Vorteile können sich technische Berufe ausrechnen. Kühle Vernunft, eiskalte Logik, unterstützt von einem Hauch Berechnung und einer mathematischen Gründlichkeit machen Birke-Männer zu Vätern revolutionärer Ideen, die gewillt sind dem Zeitgeist entsprechend völlig neue Wege zu gehen.

Die Birke-Damen stellen in diesem August das Gleichgewicht her zwischen Frau und Mann, im Sinne der »erträglichen« Emanzipation. Sie schaffen in manchen Fällen auf höchst originelle Art eine Symbiose von typisch weiblichen Tugenden und typisch männlichen Charaktereigenschaften. Eine durchaus erfreuliche Sache, die dazu beitragen wird, den sogenannten Kampf der Geschlechter auf eine annehmbare Art zu entschärfen. Wer möchte da noch sagen, sogenannte »Mannweiber« wären am Werke! Tausende von Frauen haben sich in ihrer Selbständigkeit bewährt und haben nie vergessen, alle Attribute des Frauseins beizubehalten.

Diese Wochen verlangen konzentrierte Arbeit. Jede gegebene Möglichkeit, jede vorhandene Beziehung muß ausgewertet, nichts darf achtlos übergangen werden. Birke-Damen werden mit besonderer Aufmerksamkeit bedacht, insbesondere dann, wenn Sie bei künstlerischer Betätigung oder im Kunsthandel Arbeit und Verdienst gefunden haben.

Auch kleinste Chancen bringen ausgezeichnete Ergebnisse, wenn Sie sich angestrengt damit beschäftigen, um etwas daraus zu machen. Geschenkt wird Ihnen in diesen Wochen sicher nichts. Alles will erarbeitet, erkämpft werden, sagen die Zeichen! Fallen Ihnen dabei außergewöhnliche, originelle Lösungen ein, um so besser. Das Jahr 1997 hat eine Schwäche für ungewöhnliche Ideen!

Manch eine Birke kann in diesen Septemberwochen der Versuchung nicht widerstehen und will sich durchaus zum Exzentriker entwickeln, vielleicht sich auch nur für eine kurze Weile so zeigen. Beispielgebend für diesen Typ sind Geistesgrößen, die für die Menschheit Besonderes geleistet haben, ausgetretene Pfade, normale Wege sind sie alle nicht gegangen.

Theorie und Praxis: Häufig ein Problem, das Durchschnittsmenschen Schwierigkeiten macht. Machen Sie sich deshalb keine Sorgen; eine Zwiespältigkeit zeigt an, daß man sich selten nur mit einer Sache befaßt und alle Möglichkeiten ausschöpft, um mit der Realität und der Phantasie auf eine akzeptable Mischung zu kommen. Die hervorragenden Werte, die saturnisch beschattet sind, zeigen den Birken auch in ausweglosen Situationen, in denen sich andere menschliche Individuen nur schwer zurechtfinden, immer wieder einen Ausweg. Wobei die Ausnutzung von Erfahrungswerten eine primäre Rolle spielt. So kann für eine Birke ein Schicksalsschlag so schwer sein, daß sie in Versuchung käme, das Handtuch zu werfen.

In diesen Wochen sind Ihnen die »Götter« gnädig gesinnt. Selbstbewußtsein wird gefördert, und Erfolge sorgen für gute Laune. Das gesellschaftliche Leben wird durch künstlerische Interessen zusätzlich bereichert.

Kaufmännische Erfolge halten sich allerdings in Grenzen. Doch die Vorliebe, alles gründlichst durchzuorganisieren, ersetzt Ihnen die nicht eintretenden Supermöglichkeiten. Ein nüchterner Denker, der die Birke meist ist, weiß recht genau um die Notwendigkeit einer total funktionierenden Ordnung. Lächelt dann Fortuna wieder einmal besonders freundlich, hat er alles bestens parat, und keine Zeit wird verschwendet, um sich in einem Durcheinander zurechtfinden zu müssen und den davongeschwommenen Fellen nachzutrauern.

Im Privatbereich läuft, wie auch bei der Arbeit des Alltags, vieles von ganz allein, wobei dem Privatleben das besondere Augenmerk der kosmischen Werte gilt. Der Partner ist liebenswert und liebenswürdig, eben genau so, wie Sie es sich wünschen. Kein Wunder, wenn ausufernde Wünsche wach werden. Sie können bei diesen Worten ruhig weiterlesen: Bei einer Birke halten sich unkontrollierbare Wünsche immer in Grenzen. Meist sind es nur erträumte Möglichkeiten; lediglich ein überdimensionales Zärtlichkeitsbedürfnis wird nicht nur auf Träume beschränkt bleiben.

Hier sind auch Mutter-Kind-Beziehungen mit eingeschlossen, und die Birke-Herren, falls sie Väter sind, leisten sich ebenfalls besondere zärtliche Zuwendung, die im allgemeinen nicht auf ihrem Programm steht.

Zeigen sich im Mitarbeiterbereich einige widerborstige Zeitgenossen, versuchen Sie eine tragbare Lösung der Schwierigkeiten für alle zu finden. Der Oktober und der kommende November erwarten eine tadellos funktionierende Zusammenarbeit.

Eine wichtige Angelegenheit dürfte sich im Laufe dieses Monats entwickeln, die Ihre ganze Aufmerksamkeit erfordert. Ihre Zeichen zeigen sich freundlich, in den beiden ersten Wochen ist davon allerdings noch nicht viel zu erwarten. Man sollte versuchen, gute Vorarbeit zu leisten, um dann, wenn die Tendenzen sich günstig abzeichnen, das Schäfchen ins trockene zu bringen. Konzentrieren Sie sich auf den Arbeits- bzw. Geschäftsbereich; hier sind tatsächlich etliche Pluspunkte zu machen.

Um die Gesinnung Ihrer Mitmenschen brauchen Sie sich keine Sorgen zu machen. Viele Freundschaftsbeweise bieten sich an. Ihr Hauptaugenmerk sollten Sie auf bestimmte Familienmitglieder richten, die in den hinter Ihnen liegenden Tagen und Wochen für eine Stimmung gesorgt haben, die alles andere als erfreulich war. Nun, diese Verdrußangelegenheit dürfte ausgestanden sein. Das Verhältnis zu diesen Leuten wird sich jetzt auf eine ertragbare Basis einpendeln.

Sind Sie aber eine jener Birken, die in diesem November weder gesellig, noch sonstwie anschmiegsam sein wollen, ist der beste Rat, den man geben kann: Suchen Sie ganz bewußt und entgegen Ihrer Einsamkeitsbestrebungen den Gedankenaustausch mit diesen oder jenen Leuten, die Ihnen wie zufällig begegnen. Die Gespräche brauchen sicher keinen großen Anspruch in geistiger Beziehung zu haben. Heißt es doch schon in der Bibel: Es ist nicht gut, daß der Mensch allein sei. Genau dies müssen sich die Birken jeden Tag vor Augen halten, die sich mit ihren Gedanken über alles, was das Leben schwer macht, alleingelassen fühlen. Das Sichflüchten in die tägliche Arbeit wird wenig helfen; denn jeder Abend bringt Einsamkeit und sie wird, währt sie zu lange, unerträglich. Sicher gibt es in Ihrer Umgebung Leute, die sich freuen würden, von Ihnen eingeladen zu werden. Ein gemeinsamer Kinobesuch, ein Plausch bei einem Glas Wein kosten nicht die Welt, und sie wären der Anfang des Versuchs, der selbstgewählten, ungesunden Isolation zu entfliehen. Viele Worte um eine Sache, die sicher nur von kurzer Dauer sein wird. Doch kommen Birken einmal in so ein Tief, darf keine Mühe zu groß sein, um diese Phase so schnell wie möglich zu beenden.

Eine unerklärliche Begeisterung macht aus Birke-Damen sowie aus Birke-Herren richtige Temperamentsbündel. Das Schöne dabei ist: Was sie sich ausdenken, was sie sich an Eskapaden leisten, alles bewegt sich in einem angenehmen Rahmen.

Verschiedene kosmische Werte, die prächtig aufeinander abgestimmt sind, bringen dieses Kunststück fertig. Komplizierte Vorhaben, für die Sie bisher einfach keine Lösung gefunden haben, werden spielend leicht erledigt. Kein Wunder, daß man allenthalben bemüht ist, Ihre Interessen zu fördern, Ihre Bemühungen zu unterstützen. Wer jetzt einen Partner für geschäftliche Vorhaben sucht, braucht nicht lange Geduld zu haben. Wer jetzt einen finanzkräftigen Förderer braucht, muß sich nicht lange danach umsehen.

Sie haben sicheren Boden unter den Füßen, lassen Sie keine Gelegenheit ungenützt vorübergehen. Das kommende Jahr wird nur noch beim Ausbau behilflich sein. Initiative wird nur in den verbleibenden restlichen Tagen des Jahres 1997 wohlwollend unterstützt.

Neben diesen erfreulichen beruflichen Aussichten stehen auch Freundschaften unter einem guten Stern. Menschen, die haargenau auf Ihrer Wellenlänge liegen, werden Sie bald ausfindig machen. Bindungen, die auch in geistiger Hinsicht fruchtbar sind, sollten ohne die bei Birken übliche zögernde Vorsicht angestrebt werden. Haben Sie sich dann zu einer Freundschaft entschlossen, suchen Sie nicht weiter, nur weil da und dort auch noch etwas Besseres möglich wäre. Zum einen ist die Zeit zu kurz, um sich intensiv mit verschiedenen derartigen Vorhaben abzugeben. Zum anderen: Hat man sich einem klugen, gescheiten Menschen zugewandt und findet dort genügend gleichgeartete Neigungen, so genügt dies dem Naturell der Birke vollauf. Sich verzetteln, sich zersplittern bringt letzten Endes nur Unentschlossenheit. Halten Sie also nicht immer nur nach neuen Gesichtern Ausschau, bloß weil Sie jetzt den seltenen Boom erleben, überall und bei jedem gut anzukommen.

Ölbaum 1997

23. 9.

Es ist Herbst-Tages- und Nachtgleiche. Die Sonne zieht ihre intensive Kraft zurück. Es beginnt die Zeit der letzten Reife und der Ernte. Das Element Erde, das sich stets als stärkste Energie unter den elementaren Kräften zeigt, ist für das Symbol Ölbaum ausschlaggebend.

Die Fähigkeit, auch kritische und komplizierte Situationen schnell zu überblicken und sich stets auf die Seite der einzig richtigen Möglichkeiten zu schlagen, setzt unter anderem auch einen gut konzipierten Ordnungssinn voraus der durchaus berechtigt der perfekt funktionierenden kosmischen Ordnung vergleichbar ist. Das Sich-fügen-Müssen ist dem absolut gleichzusetzen.

So sehr man hier zu den natürlich Begabten zählt, nichts wird offensichtlich zur Schau gestellt, alles wird zur Selbstverständlichkeit. Ein Überbewerten der eigenen Fähigkeiten oder Übertreibungen sind nicht Sache der an einem 23. September Geborenen.

Nicht alles ist »bescheiden« in der Art und der Anlage dieses Baumsymbols. Unbestechlich aufschneidende kosmische Kräfte bewirken, daß zwischen Sein und Schein ein drastischer Trennungsstrich gemacht wird, und die sehr rationelle Art verbietet von vornherein jedes »Theater«.

Im Bereich von Liebesbeziehungen kann man sich recht aufgelockert zeigen. Es ist zwar in allen Bereichen eine höchst vorteilhafte Sache, in allem was sich mit dem Begriff Liebe ergibt, kann es als Stimulans gewertet werden, denn damit können die lichten, himmelblauen Seiten der Liebe zum Aufleuchten gebracht werden.

Positives ist zu erwarten, was in ganz besonderem Maße den kaufmännischen Berufen zugute kommt. Es wird dabei sicher notwendig sein, daß Sie sich von allzu konservativen Anschauungen freimachen. Auch Risikobereitschaft ist angebracht und bringt mehr Erfolg als überlegtes Abwägen und zögerndes Verhalten.

Bei Verhandlungen und Abmachungen werden so manche Ungereimtheiten ausgeräumt. Mit einem ausgezeichnet funktionierenden Gespür setzen Ölbaum-Leute nun auf das richtige Pferd. Es sieht ganz so aus, als käme ihr Unterbewußtsein zum Zug. In solchen Phasen darf man auf keinen sogenannten »guten Rat« hören, der zur Vorsicht mahnt. Weibliche Ölbaum-Leute haben es in allen geschäftlichen Vorgängen etwas schwerer als die Männer. Sie bekommen eine mißgünstige Einstellung mancher Mitarbeiter zu spüren, die wohl aus einem typisch weiblichen Konkurrenzdenken zu kommen scheint. Sehen Sie sich genau um, aus welcher Richtung sich so etwas zeigt, und ziehen Sie einen dicken Strich, eine derartige Freundschaft, oder wie immer sich das nennen mag, taugt nicht und beschränkt sich nie auf nur einen Zwischenfall. Was Sie jetzt brauchen ist Ellbogenfreiheit, und kleinkarierte Leute können wie Zecken sein.

In Familienangelegenheiten zeigen Sie ein gutes Fingerspitzengefühl. Ist eine Stellungnahme von Ihrer Seite notwendig, entschließen Sie sich zu einem Kompromiß. Damit ist eine unerfreuliche Angelegenheit am schnellsten aus dem Wege geräumt.

Ausgaben für kleine Aufmerksamkeiten werden nicht zu vermeiden sein, und obwohl Ihnen das Geld nicht locker in der Tasche sitzt, sieht man Sie da und dort beim Einkauf von kleinen und kleinsten Geschenken, die gut ankommen und die Stimmung heben. Die kleinen Wünsche der Familie kosten ja auch nicht die Welt, doch was Sie erreichen, wenn Sie diese Wünsche erfüllen, wissen Sie sicher aus Erfahrung.

Übrigens wäre es noch im Januar dringend erforderlich, sich über eine Beziehung klar zu werden, die vielleicht etwas brüchig geworden ist. Es wird noch keine ernsthafte Überlegung notwendig sein, jedoch kann es nur nützlich sein, sich Gedanken zu machen, bevor nichts mehr zu retten ist.

Die Tendenz, sich den schönen Dingen des Lebens zuzuwenden, ist so zwingend, daß sich kein unter dem Symbol Ölbaum Geborener davon ausschließen kann und sich auch nicht ausschließen möchte.

Die erste Monatshälfte kann ohne Gewissensbisse diesem Trend zugedacht sein. An vorderster Stelle steht bei den meisten die Liebe, die sich ganz energisch zu Wort meldet. Ölbaum-Damen werden davon besonders in Anspruch genommen. Ölbaum-Herren werden ebenso von Gefühlen vereinnahmt, allerdings kann sich dies auch in einem erhöhten Kunstinteresse zeigen. Beides, Kunst und Liebe, steht unter der Schirmherrschaft einer kosmischen Kraft, die sich in diesen Februarwochen besonders um Menschen bemüht, die am 23. September geboren sind.

Nach dem 14. spricht das Schicksalsgeschehen eine völlig andere Sprache. Ihre sehr direkte Art, sich verschiedenen Leuten gegenüber zu äußern, bringt Ihnen keine Sympathien ein. Haben Sie das Gefühl, daß Sie die »weiche Welle« der Tage zuvor zu sentimental gemacht hat? Es ist dies eine typische Erscheinung bei allen Leuten, die an einem Tag an der Grenze zwischen zwei Jahreszeiten geboren sind.

Es ist ein Komplex, den man in den Griff bekommen muß. Sollte sich auch nur der leiseste Anflug derartiger Verhaltensweisen zeigen, versuchen Sie es mit eiserner Disziplin. Sie manövrieren sich in eine Lage, die Ihnen selbst am allerwenigsten bekommt, wenn heiß und kalt nicht langsam gemischt wird.

Müssen Sie aber unbedingt irgendeinen Frust loswerden, tun Sie es nicht im Berufsbereich. Sie können sich von nahestehenden Menschen eher Verzeihung erwarten als dort, wo der harte Alltag die Menschen unduldsam macht.

Müssen Sie einen Freiraum für Ihre Emotionen haben, tun Sie das mit einer sportlichen Betätigung. Und wenn Ihnen Sport nicht liegt: Es gibt vielfältigen Ersatz – und wenn es nur ein langer und nicht zu langsamer Spaziergang ist.

Gefühlsmäßige Entscheidungen haben jetzt den Vorzug. Konzentrieren Sie dies lediglich auf den Bereich, der das nicht übel nimmt. Bei allen sachlichen Vorgängen wird die Gefahr zu groß, daß man schnell bemerkt, wie empfindsam Sie im Moment sind. Es gibt Leute, die das rigoros ausnützen und sich nicht davor scheuen, Sie übers Ohr zu hauen.

Das Bedürfnis, sich im Beruf besonders zu profilieren, ist schon in der zweiten Monatswoche äußerst intensiv. Es ist nichts mehr zu sehen von Zartfühligkeit und femininem Verhalten, und es ist durchaus möglich, daß Ölbaum-Leute jetzt sich ihrer Ellbogen bedienen, um die Aufmerksamkeit auf sich zu lenken. Das Pendel, das in der Vorwoche die sanfte Richtung bevorzugte, schlägt zurück! Es gibt nur eine Möglichkeit, dies ohne persönlichen Schaden zu überstehen: Meiden Sie jede Konfrontation mit Leuten, die Sie schon beim Anblick zum Widerspruch reizen.

Derartig unbequeme Phasen dauern meist nicht lange, und so ist es auch jetzt. Kosmische Energien, die einem schnellen Wechsel unterzogen sind, mögen daran schuld sein.

Gegensätzlichkeiten werden aufgehoben, und Ruhe kommt in Ihr Denken. Ihr Streben und Ihre angeborene Großzügigkeit lassen sich bestens zusammen koordinieren. Ganz klar, daß damit der Berufsalltag nicht nur wieder normal wird, sondern auch als zufriedenstellend bezeichnet werden kann.

Der selbstsichere und mit einer gewissen Reserviertheit ausgestattete Charakter der Ölbaum-Leute macht Sie endlich wieder zum überall gerne gesehenen Gast. In einem Beruf, der auf Kontakte mit vielen Menschen angewiesen ist, haben Sie in der zweiten Hälfte März ausgezeichnete Chancen.

Etwas zu stark wird vielleicht der eigene Wille im privaten Bereich eingesetzt. Es wäre zu empfehlen, die eignen Grenzen zu erkennen und natürlich auch einzuhalten. Machen Sie es dem Partner nicht zu schwer, nett und lieb zu Ihnen zu sein. Wie kann sich Sympathie oder gar Liebe entfalten, wenn man keine Anstalten macht, dafür einen geeigneten Boden zu bereiten.

Es sind relativ ruhige, fast ereignislose Tage, die Ihnen dieser April beschert. Ölbaum-Damen sind vielleicht mit der Liebe, mit privaten Angelegenheiten im allgemeinen, noch sehr beschäftigt. Die absolut ruhige Phase ist hier erst ab dem 21. April zu erwarten. Für Ölbaum-Männer hat sich alles so ergeben, daß man sagen kann, sie sind im Herzensbereich an einem Punkt angelangt, der Ruhe verspricht. Kein Zweifel beunruhigt sie, das eine oder andere könnte versäumt worden sein, auch ausgefallene, phantastische Vorstellungen sind nicht zu erwarten.

All dies ist sehr geeignet, sich mit allen Energien im beruflichen Bereich besonders zu bemühen. Auch wenn manches zu gewagt scheint, Sie dürfen sich ruhig einmal sehr selbstbewußt in Szene setzen. Nicht oft ist es Ihnen möglich, das zu tun. Es ist nicht gut, Sie tagein, tagaus ruhig und sich selbst genügend zu sehen. Ein bißchen Glanz darf schon sein.

Ob geschäftlich oder privat, halten Sie jetzt unbeirrbar an Ihren Plänen fest. Zeigen Sie, was an Talenten in Ihnen steckt. Man zeigt Aufmerksamkeit, das muß ausgenützt werden. Sind es Leute am Arbeitsplatz, wird man Ihnen Respekt zeigen, sind es Leute aus dem familiären Bereich, weiß man nun genau, daß Sie kein genügsames Schaf sind. In der dritten Woche warnt ein kosmisches Zeichen vor unbedachten Versprechungen. Schriftliche Zusagen müssen dreimal überlegt werden. Ganz gleich, wo und warum das notwendig wird.

Von kleineren Behinderungen darf überhaupt keine Notiz genommen werden. Erst wenn man die kleinen Problemchen des Alltags pedantisch wie ein Schullehrer des vorigen Jahrhunderts beäugt, ist zu befürchten, daß die Stimmung auf dem Nullpunkt sinkt. Auch wenn jeder Tag ereignislos verläuft, der Himmel zwar nicht dunkel, aber doch wolkenverhangen ist, ist das kein Grund das Leben als eine triste Einrichtung zu sehen. Der Quell für schöne Erlebnisse liegt in Ihnen, das ist bewiesene Tatsache. Also machen Sie sich auf, sehen Sie nach, wo es etwas gibt, das Sie fröhlich stimmt. Können Sie wirklich nichts finden, dann ist auch eine Zeit, die keine lästige Begleiterscheinung mit sich führt, Grund genug, um zumindest zufrieden zu werden.

Der Mai weiß, was er Ihnen schuldig ist. Er kann Ihnen die Garantie für einen angenehmen Tagesablauf geben. Ist es Ihnen dann auch noch möglich, über Fehler der Angehörigen großzügig hinwegzusehen, kann mit vergnügten Abenden gerechnet werden. Kleinere Zwistigkeiten lösen sich dann auch sicher in Wohlgefallen auf.

Vorgänge, die sich in den verschiedenen Bereichen des Alltaglebens ergeben und die nicht gerade Begeisterung auslösen, werden von Ölbaum-Leuten jetzt mit ausgezeichnetem Gespür für diplomatische Verhaltensweisen zu einer Lösung gebracht. Auch eine gerichtliche Auseinandersetzung wird mit dieser Tendenz nicht allzu lange mehr Kummer machen.

Im Arbeitsbereich entwirrt sich so mancher Knoten. Mit fast traumwandlerischer Sicherheit setzen Ölbaum-Männer genau auf das richtige Pferd. Das kann im Freundschaftsbereich außerordentlich wichtig sein.

Die weibliche Spezies der Ölbaum-Geborenen ist nicht ganz so selbstsicher, aber kluges Verhalten ist in ausreichendem Maße vorhanden. Steht eine andere berufliche Position zur Debatte, ist das sicher eine ausschlaggebende Angelegenheit. Ohne langes Fragen nach warum und wieso sich auch ungewöhnlichen Aufgaben zu stellen, ist an und für sich nicht feminin zu nennen, doch in diesem Monat wird wenig Unterschied gemacht, ob eine Frau oder ein Mann hinter dem Schreibtisch sitzt.

Ihre Energiereserven können kaum größer sein, Ihr Motor wird hochtourig laufen, wenn in den letzten Tagen ein Mammutprogramm für Sie bereitsteht.

Kleine Sonderzuwendungen von einem Partner oder einer Partnerin sind sicher zu erwarten. Investieren Sie ein bißchen mehr zärtliches Verhalten, nicht immer bekommt man in der Liebe alles geschenkt. Setzen Sie Lichtpunkte dort, wo Sie sich Sonne erwarten. Sorgen Sie dafür, daß einmal an einem ganz gewöhnlichen Wochentag Sonntag im Liebeskalender steht.

Es machen sich Schwierigkeiten bemerkbar, die bei öffentlichen Dienststellen zu erwarten sind. Haben Sie sich durch eigenes Verschulden diese Ärgernisse eingehandelt oder fühlen Sie sich zu Unrecht angegriffen? Ob das eine oder andere, im nachhinein läßt sich kaum etwas ändern, man muß den Dingen ihren Lauf lassen. Ändern läßt sich nur eines: Ihre persönliche Einstellung zu den Vorgängen. Ärger, den man empfindet, ist nur ein Ergebnis der eigenen Unzufriedenheit, der eigenen Schwächen oder das Ergebnis von Überlegungen, daß man nicht in der Lage ist, unliebsame Vorkommnisse einfach auszuschließen.

Ein ganzer Wust von Gedanken, die deutlich sagen, Ärger ist eine selbstauferlegte Bürde. Werfen Sie dieses Bündel schnell weg. Es macht eine ungesunde Gesichtsfarbe, eine häßliche Miene, die sich im Alter als eine erstarrte Maske zeigt.

Viel Worte um an sich nebensächliche Vorkommnisse. Was es sonst noch im Juni 1997 zu erleben gibt, ist so beschaffen, daß Sie an die guten Aspekte über Ihrem Baumsymbol glauben dürfen.

Zum Beispiel bemühen sich Ihre Ihnen zunächststehenden Menschen darum, Ihnen möglichst viel Freude zu machen. Es kommt menschliche Wärme auf, man hat sich viel zu sagen. Der Spielraum Ihrer Entfaltungsmöglichkeiten wird erheblich erweitert. Das Pflichtbewußtsein, das die Liebe so ungemütlich machen kann, ist in diesen letzten Tagen des Junis für Sie nicht mehr bestimmend.

Vieles kann sich wieder so fügen, daß die Beziehung zu einem Partner nur noch Freude und Sonnenschein anbietet.

Im Bereich Ihres Berufes läuft vieles von allein. Sie bewältigen Ihr Pensum ohne besondere Kraftanstrengung. Die Kollegen sind alle friedlich, es könnten sogar einige darunter sein, die einem engeren Zusammenschluß nicht abgeneigt wären. Sicher recht erfreulich, wenn eine gewisse Zurückhaltung die Sache nicht in eine zu große Vertraulichkeit ausarten läßt. Ölbaum-Leute, besonders die Männer, sprechen darüber nicht gerne, doch zu nahe darf man ihnen nicht treten, es sei denn, man gehört dem privatesten Bereich an.

In einer umstrittenen Familienangelegenheit muß Ihnen ganz schnell eine für alle Beteiligten akzeptable Lösung einfallen. Jeder wird erwarten, daß Sie ihn besonders berücksichtigen. Um ein gutes Ergebnis zu bekommen, darf aber niemand benachteiligt werden. Kein leichter Standpunkt und eine äußerst schwierige Aufgabe. Viel Verständnis muß vor allem für ältere Menschen aufgebracht werden, man kann unmöglich mit nahestehenden Menschen dauernd im Streit leben, die schon fast ein ganzes Leben hinter sich haben. Es ist so gut wie sicher, daß die Lebensauffassung hier eine vollkommen andere ist als z.B. bei Ihnen. Sie werden genug Verständnis aufbringen, um jedem begreiflich zu machen, daß dies wohl die Hauptursache der Meinungsverschiedenheit ist.

Schöpferische Kunstschaffende unter den Ölbaum-Leuten, die ihre Tätigkeit abgöttisch lieben, werden im Laufe dieser Juliwochen endlich auch einmal einen finanziellen Erfolg sehen. Werden von einzelnen Ölbaum-Damen Leistungen erwartet, die, wie Sie überzeugt sind, Ihre Kräfte übersteigen, sollten diese Bedenken jetzt achtlos beiseite gelegt werden. Das an sich lebhafte Jahr 1997 hat immer den Trend, den Erdenbürgern mehr abzuverlangen, als das im allgemeinen üblich ist.

Unruhe bringen in diesen Juli meist Jugendliche oder Kinder. Zeigen sich diese Probleme in Ihrem näheren Umkreis, stecken Sie den Kopf nicht in den Sand, obwohl das für die Beteiligten jugendlichen Hitzköpfe wohl das am meisten Erwünschte wäre. Was Ihnen hier serviert wird, zeigt deutlich, daß es dabei auf eine Machtprobe ankommt. Es ist selbstverständlich, daß Sie dabei nicht auf der Verliererseite sein dürfen. Nach diesem Intermezzo, das eigentlich eine robustere Bezeichnung verdienen würde, ist für längere Zeit wieder Ruhe. Entweder Ihre Mahnungen und Erklärungen sind auf fruchtbaren Boden gefallen oder jeder zieht sich schweigend ohne Kommentar zurück.

Haben Sie Ihr inneres Gleichgewicht wiedergefunden, was sich in diesem besonderen Fall schnell wieder einstellt, werden Sie zur Tagesordnung übergehen, ohne daß ein bitterer Geschmack zurückbleibt. Es ist allgemein bekannt, daß Wunden, die Kinder schlagen, schnell verheilen.

Das Bedürfnis, endlich einmal wieder Natur pur zu erleben, macht sich in Fernweh bemerkbar, was für einen Hochsommermonat nichts Außergewöhnliches ist. Irgendeine Sehnsucht werden Sie sich in dieser Richtung sicher erfüllen, auch wenn Ihr Urlaub nicht fällig ist. Es kann auch ein langes Wochenende schon viel Naturgenuß ermöglichen. Machen Sie Ihre Augen auf, es »steht in den Sternen«, daß Ihnen neue Gesichter begegnen, die Ihnen so zusagen, daß es bei einer Begegnung nicht bleiben wird. Endlich kommen Sie in eine Stimmung, die das Leben nur in schönen Farben sehen läßt.

Glück ist aber auch in den eigenen vier Wänden angesagt. Was Sie sich vornehmen, was Ihnen für Ideen durch den Kopf gehen, es ist alles bestens für ein harmonisches Miteinander programmiert. Damit ist doch nicht gesagt, daß sich Ihre Empfindungen, Ihre Gefühle auf das gewohnte Gleichmaß beschränken. Das Wort Liebe und vor allem der Begriff Liebe sagen Ihnen jetzt mehr als in all den Wochen und Monaten vorher.

Eine völlig in Vergessenheit geratene freundschaftliche Beziehung wird durch einen Zufall neu aktiviert. Man trifft sich wieder, man versteht sich wieder und ist allem Anschein nach auch etwas vernünftiger geworden.

Eine böswillige Person, irgendwo in Ihrem weiteren Umfeld, verursacht hoffentlich nicht, daß Sie von heute auf morgen wieder mit schlechter Laune zu kämpfen haben. Ekelhafte Leute mit schlechten Manieren sind grundsätzlich zu ignorieren. Es gibt keinen anderen Rat.

Eine schwärmerische Phase könnten die Nacht geborenen Ölbaum-Leute zum Ende des Augusts erleben. Es ist nichts dagegen einzuwenden, wenn Sie Ihrer Phantasie freie Fahrt ermöglichen. Doch Vorsicht bei übersteigerten Vorstellungen, man wird Ihnen erstens dabei nicht folgen können, und zweitens kann es sein, daß man es für einen gelungenen Scherz hält, wenn Sie mit Ideen aufwarten, die in Märchenerzählungen passen, aber nicht in die Realität eines ganz normalen Augusts.

Es wird ein Zeitabschnitt, in dem Ölbaum-Leute beweisen können, daß sie auch Außergewöhnliches leisten können. Da beruflich bisher nichts passiert ist, was als sensationell bezeichnet werden könnte, hat dieser September endlich ein Einsehen und denkt sich verschiedene Pluspunkte für Sie aus.

Im Jahr 1997, das zeitweise frühlingshafte Aufbruchstimmung zeigt, wird der seelisch-geistige Bereich nicht zu kurz kommen. So zeigt sich in diesen Tagen eine durch und durch optimistische Tendenz. Mit Aufregungen jeder Art ist damit für eine Weile Schluß. Es gibt keinen einzigen Grund, den Kopf hängen zu lassen. Genießen Sie diese unbeschwerte Zeit, sie sorgt für eine gesunde Grundsubstanz, und sie ist es, die den Menschen wirklich stark macht. Sie ist es, die wie ein solides Fundament Ihr Sein, Ihr Leben stützt und aufrecht hält.

Der beginnende Herbst ist meist von nachdenklichen Überlegungen begleitet, und ein Erd-Element, das jetzt wirksam ist, setzt noch einen zusätzlichen Akzent in dieser Richtung. Diese Tendenz, die der Seele außerordentlich guttut, kann bei einzelnen Ölbaum-Leuten auch in das Gegenteil umschlagen. Es kommt auf die Geburtsstunde an, die hier nicht berücksichtigt werden kann, die jedoch einen recht großen Aussagewert hat. Das Gegenteil zeigt sich in einem Ehrgeiz, der Beweis sein soll für besondere Dynamik, und die wird auf Biegen und Brechen deutlich vorgeführt. Man sollte sich aber nicht aufgrund seiner überdimensionalen Energie unentbehrlich machen, man sollte angenehm auffallen.

Die kaufmännischen Erfolge halten sich in Grenzen, etwa vorhandene gute Beziehungen dürfen schamlos ausgenützt werden. Sie schaden damit keinem einzigen Menschen, und deshalb ist es auch erlaubt. Kommt es im Bereich Ihres Berufes zu einem Partnerwechsel, der die Trennung von angenehmen Kollegen zur Folge hat, bemühen Sie sich, mit den neuen Leuten sofort in guten Kontakt zu kommen.

Viele Möglichkeiten stehen Ihnen nicht zur Verfügung. Sie sollten mit dem bisher Erreichten zufrieden sein. Was Sie tun, was Sie unternehmen, muß sich dem bisherigen Rahmen anpassen. Auch das ist ein Geschenk aus dem Bereich der kosmischen Energien. Sie wissen doch, daß es da ganz andere Dinge geben könnte, die Ihnen das Leben schwermachen.

Sicher ist es nicht notwendig, daß Sie sich von Hoffnungen trennen, welche die Möglichkeiten, im Leben noch mehr zu erreichen, zu einem festen Bestandteil gemacht haben.

Dieses Jahr hat bisher mit rastlosem Eifer aufgewartet, ab Oktober ist es besser, sich auf sich selbst zurückzuziehen. Sie werden schon bald feststellen, daß Unbesonnenheit und blinder Ehrgeiz für Ölbaum-Leute nicht mehr in Frage kommen. Haben Sie ein feines Gespür für Einflüsse aus dem kosmischen Bereich, wird sogar die intensive Farbe Rot Ihnen auf die Nerven gehen. Mit der Realität gut zurechtzukommen, ist jetzt sozusagen das Evangelium für den Menschentyp, wie er im Ölbaumsymbol verankert ist.

Herzensangelegenheiten treten zunächst in den Hintergrund, und zur Erotik hat man überhaupt keine Beziehung. Diese Oktobertage gewöhnen sich nur langsam an die neu begonnene Jahreszeit. Der Herbst ist im langsam fortschreitenden Stadium, in das Sie recht deutlich einbezogen sind. Es ist keine Zeit des Aufbruchs, sondern der Stagnation, der Sie sich nicht entziehen können.

Ein verständiger, mitfühlender Partner stellt sich ganz auf Ihre momentane Verfassung ein und wird Sie durch besondere Aufmerksamkeit davon überzeugen, daß Sie sich in guten und schlechten Tagen auf ihn verlassen können.

Viele Ölbaum-Menschen werden erkennen, daß Sie genau auf dem richtigen Weg sind, um das Leben besser verstehen zu lernen. Sie finden nun auch die Einförmigkeit des Alltags nicht mehr frustrierend, sie entwickeln einen eigenen Lebensstil, der ihrem Naturell genau entspricht. Sie beginnen zu ahnen, was Lebenskünstler an sich haben, um mit dem Leben bestens zurechtzukommen.

Ein Verlust im materiellen Bereich ist möglich. Es kann sich um einen Sachwert handeln, um Geld, aber auch um Einbußen im Arbeitsbereich.

Derartige Ereignisse werden Sie nicht an den Rand der Verzweiflung bringen. Verschwenden Sie keine Zeit mit wütenden Gedanken, die, wie Sie sicher wissen, niemals positiv oder produktiv sind. Auch unvorhergesehene Ereignisse, die einen negativen Effekt haben, dürfen nicht zu Problemen werden, die Ihnen für eine ganze Reihe von Tagen die Laune verderben.

Im Symbol Ölbaum geboren, hat man damit meist keine Schwierigkeiten. Man kennt es sehr genau, das Wechselspiel von Gewinn und Verlust im menschlichen Leben. Sie werden deshalb auch jetzt keine Mühe haben, sich ins Unvermeidliche zu fügen.

Geldausgaben sollten in diesen Novembertagen gut überlegt, Wünsche auf ein Mindestmaß reduziert werden. Damit kann der negative Aspekt, der für alle derartigen Vorgänge gültig ist, wunderbar entschärft werden. Die Auswirkungen der kosmischen Einflüsse sind immer weit gefächert, und »Ausweichmöglichkeiten« stehen in den meisten Fällen bereit. Häufig findet man erst nach Tagen eine plausible Erklärung für Vorgänge, die im Moment ihres Geschehens völlig rätselhaft sind.

Betrachtet man nur einen einzigen Planeten unseres Sonnensystems mit seinen sich unentwegt verändernden Positionen, kann man sich vielleicht einen Begriff davon machen, wie unendlich unser Denken sein müßte, um diese Zusammenhänge zu begreifen.

Die letzten Tage des Novembers verlangen Vorsicht, wenn Verträge oder verbindliche Absprachen gemacht werden müssen. Es kann sein, daß Sie es nicht unbedingt mit ehrlichen Leuten zu tun haben. Um es mit versöhnlicheren Worten zu sagen: Der eigene Vorteil eines Vertragspartners ist bewußt und wahrscheinlich auch ziemlich rigoros einkalkuliert.

Zwischenfälle am Arbeitsplatz sind nur von allgemeiner Natur, die keine gravierenden Nachteile einbringen. Die an sich guten elementaren Kräfte können Probleme nicht vollkommen ausschließen, doch die leichte Art, die Ölbäume jetzt an sich haben, kommt mit diesen Nebensächlichkeiten bestens zurecht.

Sie haben sich einen ausgeglichenen Arbeitsrhythmus angewöhnt, ein relativ angenehmer Arbeitstag ist damit so gut wie gesichert. Bieten sich zusätzlich Möglichkeiten an, sich bestimmte Arbeitsvorgänge zu erleichtern, wäre jede Abwehr unklug. Ehrgeiz, der sich vielleicht meldet und der deutlich machen soll, daß Sie eine Superkraft sind, ist zum Jahresende völlig unangebracht.

Ein Herzenspartner könnte recht deutlich erklären, daß er sich ein gemeinsames Leben eigentlich liebevoller und abwechslungsreicher vorgestellt hat. Es ist durchaus verständlich, denn bisher war das Thema Liebe nicht gerade mit romantischen Vorstellungen versehen. Man könnte sogar behaupten, es war auf der ganzen Linie nichts Besonderes. Ölbaum-Leute können ab und zu recht trocken sein und zeigen dort, wo andere hellauf begeistert sind, nur gerade so viel Interesse, wie unbedingt nötig. Das genügt auf keinen Fall, um einer Liebesbeziehung die richtige Note, die richtige Wärme zu geben. Es ist der letzte Monat des Jahres, es sind etliche freie Tage zu erwarten, und das Weihnachtsfest ist eigentlich dazu da, die gegenseitige Zuneigung zu bestätigen. Es liegt jetzt wirklich nur an Ihnen zu zeigen, daß Liebe auch für Sie eine erstrebenswerte Sache ist, die nicht in den Kühlschrank gehört.

Ausnahmen machen hier, wie könnte es anders sein, die Ölbaum-Damen. Die Natur hat vorgesehen, daß sie in dem jetzt angesprochenen Bereich die tragende Stütze sind. Feiertage, wie sie der Dezember bringt, sind genau der richtige Zeitpunkt, um das zu erkennen und zur Anwendung zu bringen. Es gibt genug Zeit für die Liebe, die sie benötigt, um sich in Szene zu setzen und ihre Vorzüge richtig zur Geltung zu bringen.

Buche 1997

22.12.

Es ist der Tag der Wintersonnenwende. Es ist keine Frage, diese Tatsache wurde von den Menschen aller Zeit als bedeutendstes Ereignis im Ablauf der Jahreszeiten gewertet. Die feste Vorstellung wurde und ist damit verbunden, daß die Art und Veranlagung eines Menschen mit diesem Naturereignis in besonderem Zusammenhang steht.

Wohl deshalb sagt man diesen Menschen eine sehr ehrgeizige, aber reservierte Haltung nach. Ehrgeiz ist vergleichbar mit dem nicht aufzuhaltenden, stets intensiver werdenden Sonnenlicht. Reserviert ist die wohlabgewogene Zeitspanne zu nennen, die mit unbarmherziger Regelmäßigkeit sich jeden Tag um einige Grade vorwärts bewegt.

Von Erfolgen kann man so begeistert sein, daß man sich frei von jeder Erdenschwere fühlt, ist es dann letztendlich egal, ob man innerlich einsam ist oder mit diesen oder jenen Leuten in engen Kontakt kommt.

Mit Zähigkeit und Ausdauer wird auch ein schweres Lebensschicksal gemeistert. Man ist Realist genug, um kleine Fortschritte nicht schon als Endlösung anzusehen. Auch wenn es an Bewunderern nicht fehlt, was andere bewundern, vielleicht sogar für überragend halten, hat in den eigenen Augen keine allzu große Bedeutung.

Der Liebe zeigt man, ob Frau oder Mann, ein ernstes Gesicht. Liebe ist bei Buche-Leuten eine ernstzunehmende Angelegenheit. Oft wissen Buche-Leute tatsächlich nicht, was andere Leute veranlaßt, die Liebe als Amüsement zu werten.

Kindern, in diesem Baumsymbol geboren, sollte eine unbeschwerte, heitere Atmosphäre geschaffen werden, damit ein heiteres, spontanes Lachen keine unbekannte Angelegenheit bleibt.

Auch wenn es Ihrem Naturell zuwiderläuft, versuchen Sie Gelassenheit in Ihren Alltag zu bringen. Von Kraftproben mit einem Kollegen ist absolut abzuraten. Eine zufriedenstellende Lösung des Problems ist einem späteren Monat vorbehalten, dann aber ohne das Risiko des Scheiterns. Nicht um jeden Preis müssen jetzt schon Erfolge erzielt werden. Gehen Sie alles in Ruhe an. Die Neigung, in bestimmte Vorhaben gezielt einzusteigen, ist kosmisch bedingt. Energiegeladen ist es sicher schwer, tatenlos oder zumindest geduldig in der Ecke zu stehen und abzuwarten, bis die Uhr den richtigen Zeitpunkt anzeigt!

Im familiären Bereich finden Sie die beste Atmosphäre, um sich zu sammeln, sich zu finden. Sie werden den Eindruck bekommen, daß man Sie mehr braucht, als man zuzugeben bereit ist. Dies ist für Buchen stets ein auslösendes Moment, um sich auf innere Werte, auf ein angenehmes Miteinander zu besinnen. Wenn sich eine Buche mal die Zeit zum Nachdenken nimmt, wird immer Einsicht die Oberhand gewinnen. Die stärkste physische Kraft ist nutzlos, wenn die Seele mit ihren differenzierten Ansprüchen zu kurz kommt.

Nach dem Ausflug in die Bereiche der Zuneigung, der Sympathie, vielleicht auch der Liebe, bekommt das berufliche Engagement die gemäßigte Temperatur, die Erfolg garantiert. Sie werden erleben, daß mit gebremster Kraft alles leichter bewältigt werden kann, was man sich vorgenommen hat. Können Sie sich dann auch noch dazu entschließen, mit den Eigenarten von Kollegen klarzukommen, hat Sie der Januar ein schönes Stück weitergebracht.

Dieser Monat, in dem die Natur sich schon vorbereitet, uns Frühlingsschönheiten zu schenken, bringt auch Buchen eine Vorahnung dessen, was in diesem Jahr auf sie zukommt.

Bei dem einen, der unter diesem Symbol auf die Welt kam, schafft sie ein ungeheures Reservoir an seelischer Kraft, die durch die tausend Gedanken in stabiles Wissen umgewandelt werden kann. Dem anderen vermittelt sie eine Energie, die sich auf realen Ebenen bewegt. Welche von diesen beiden Entwicklungen für den einzelnen zutrifft, ist von der Geburtszeit, dem Geburtsort abhängig.

Nun aber zu den Fakten des Februar. Der gute alte Mond wird deutliche Akzente setzen, die vor allem den Bereich Freundschaft beeinflussen. Er wirkt hier vor allem versöhnend bei Unstimmigkeiten. Buche-Leute sind plötzlich bereit, Zugeständnisse zu machen und Abstriche an den eigenen Wünschen vorzunehmen. Ihre Neigung, sich nie gerne mit Halbheiten und Kompromissen abzugeben, wird ihnen zwar im Weg stehen und als recht lästig empfunden. Doch jetzt setzt sich die Einsicht durch, daß nichts gedeiht, ohne ein auskömmliches Miteinander, auch mit den unwichtigsten Kollegen. Schon zur Monatsmitte werden Sie dafür belohnt. Es könnte sich jemand zeigen, dem Sie besonders angenehm auffallen. Lassen Sie sich nicht lange bitten, wenn man Ihnen eine Freundschaft anbietet. Die Angelegenheit dürfte nicht im geringsten der Liebe zwischen den Geschlechtern tangieren.

Sie bemühen sich auch noch um reale Werte, die Sie für diesen Monat erwartet haben? Warten Sie noch ein wenig. Ist Ihr Inneres in Ordnung, wird auch dieser Wunsch nicht unberücksichtigt bleiben.

Vieles läßt sich ankurbeln, das dem beruflichen Fortkommen ausgezeichnete Möglichkeiten erschließt. Vieles läßt sich ausbauen, vieles läßt sich festigen. Nehmen Sei deshalb auch ungeliebte Arbeiten auf sich, wenn es erwartet wird. Keine unzufriedene Miene und ganz bestimmt nicht ein Wenn und Aber dürfen Ihrer Umwelt zeigen, wie gerne Sie den Alltagskram hinschmeißen würden.

Keine Sorge, wegen diesem bißchen innerer Überwindung werden nicht gleich Aggressionen in Ihnen aufgestaut. Bäume haben ein unerhört stabiles Innenleben, da können viele Dinge passieren, bis sie sich ins Mark erschüttert zeigen, und genauso verhält es sich mit Ihnen. Beginnen Sie nun zu ahnen, warum das Volk der Kelten sich die Bäume als Persönlichkeitssymbol gewählt hat?

Nach dem 14. steht manches bereit, um Ihren Bemühungen Hilfestellung zu geben. Besinnen Sie sich nicht lange, auch wenn es manchem von Ihnen schwerfällt, den Kniefall vor dem Gott Mammon zu leisten. Ihr angeborener Ehrgeiz wird Ihnen als Einpeitscher im Nacken sitzen.

Da Sie es gerne haben, im Licht der allgemeinen Bewunderung zu stehen, holen Sie sich da die Lorbeeren, wo sie leicht zu haben sind. In diesen Wochen ist das nicht immer dort, wo Sie sich am wohlsten fühlen! Stehen vertragliche Angelegenheiten zur Debatte, sollten diese mit ungewöhnlichem Tempo durchgezogen werden. Lange zu überlegen, bringt in diesem Monat Nachteile, zumindest Verzögerungen ein, die vieles in Frage stellen!

Fragen Sie nach diesem positiven Punkt jetzt auch noch, was mit der Liebe ist? Sie liegt nicht etwa auf Eis, aber doch ziemlich fest verschlossen in einer Schublade und wartet mit Geduld auf die Tage, die wieder ausschließlich ihr gehören.

Für eine angenehme Atmosphäre ist gesorgt. Lediglich im Kollegenbereich ist ein gewisser Jemand, der nicht die freundlichsten Gefühle für Sie hegt. Zerbrechen Sie sich darüber nicht den Kopf, Sie haben keinen Grund für dieses Verhalten geliefert. Lassen Sie sich also nicht verunsichern. Möglich, daß hier eine Zusammenarbeit angestrebt wurde, die ohne besondere Absicht durch eine deutliche Distanz Ihrerseits unmöglich wurde. Beziehen Sie auch nach dieser Erkenntnis keinen endgültigen Standpunkt. Eine angemessene Bedenkzeit sollte man sich gönnen. Nur weil man Sie dazu drängt, sollten keine spontanen Entschlüsse gefaßt werden. Das Jahr 1997 heizt jede Aktivität an, aber stets muß alles, was man sich auch vornimmt, auf einem soliden Grund stehen.

Nach dem 14. lösen sich diese strengen Regeln, und die leichte Art, mit der Buche-Leute auch mit Schwierigkeiten und Problemen fertig werden können, setzt sich wieder durch. Man kann sich also konzentriert an die Erledigung der gestellten Aufgaben machen, ohne sich selbst dauernd unter Kontrolle zu haben.

Gewisse Unebenheiten innerhalb der Familie können durch geschicktes Ausbalancieren der verschiedenen Ansichten und Meinungen bewältigt werden. Es werden allerdings keine weltbewegenden Differenzen sein. Erwartet man von Ihnen eine Stellungnahme gegen ein bestimmtes Familienmitglied, ist besonders diplomatisches Geschick erforderlich, da Ihnen gerade diese Person recht sympathisch ist. Versuchen Sie sich mit Wenn und Aber und kleinen Halbheiten aus der Schlinge zu ziehen. Wird Unbilliges verlangt, müssen Sie die Leute mit unbilligen Entscheidungen abspeisen.

Am 17. ist jeder Spuk vorbei! Kosmische Aspekte, die besonders freundlich sind, sorgen endlich für klare Verhältnisse. Nach dem 20. sind Sie bereits auf großer Fahrt! Besonders für die Buche-Damen stehen die Aktien gut.

Sehen Sie sich schon längere Zeit nach einer festen Bindung um, so liefert dieser Mai dafür alle Voraussetzungen. Bemühen Sie sich deshalb, auch mit Menschen Kontakt zu pflegen, die Ihnen im Moment nicht besonders liegen. Die Liebe auf den ersten Blick ist ein seltener Artikel und führt meist in eine Sackgasse. So ist es auch jetzt. Erst bei näherem Betrachten findet man an einem Menschen besondere Qualitäten, die beim ersten Hinsehen nicht in Erscheinung treten können. Besonders diejenigen, die Tiefgang haben, stellen ihren inneren Reichtum nicht nach außen zur Schau.

Nach dem 11. Mai zeichnet sich eine Wende ab, die Sie sehnlichst erwarten. Endlich bekommen Sie grünes Licht. Doch Achtung, nur ja keine zu begeisterte Reaktion! Zeigen Sie Interesse und den ganzen Charme Ihrer Person, aber bewahren Sie sich einen letzten Rest Zurückhaltung. Buche-Leute, häufig mit einem natürlichen Kindergemüt ausgestattet, können eine berechnende Verhaltensweise schwer verstehen und werden bei diesen Praktiken häufig recht empfindlich auf die Nase fallen. Die selbstverständliche Art, offen zu zeigen, was man empfindet, was man glaubt und hofft, wird heutzutage leider als unkluges Vorgehen gedeutet.

Doch bitte keine unnötigen Gedanken und Sorgen. Die harmonische Kraft Venus ist jetzt besonders aktiv, und alle Buche-Leute werden dies zu spüren bekommen. Das seelische Gleichgewicht funktioniert ausgezeichnet, und gegen Ende dieses Monats ist man dann auch endlich bereit, wichtige berufliche Aufgaben zu erledigen.

Sie bringen mit Ihrem neu erwachten Arbeitseifer nicht nur Kollegen, sondern auch Chefetagen ins Staunen. Werten Sie alles für sich aus, jetzt bitte keine Zurückhaltung, es gibt genügend Leute, die nicht so bescheiden sind und unbekümmert alle Vorteile für sich ausnützen.

Ihr Wohlbefinden, Ihre Stimmung sind ausgezeichnet. Auch innerhalb der Familie werden Sie restlos anerkannt.

Ein betonter Venusaspekt, der Buchen stets Sonderwünsche erfüllt, verspricht einen heißen Monat. Hinzu kommt als besonderes i-Tüpfelchen, daß ab dem 14. eine Phase beginnt, die Seelenruhe und Zuversicht vermittelt.

Liebesbeziehungen werden aktiviert, und viele Buche-Leute fühlen sich von einer Welle körperlichen und seelischen Wohlbefindens getragen. Bemühen Sie sich jetzt um einen neuen Partner, so winkt in der zweiten Woche ein Überraschungserfolg. Man kommt Ihnen entgegen, zeigt sich besonders amüsant, und Sie werden mit Gefühlen Bekanntschaft machen, die Ihnen in diesem Ausmaß schon lange nicht mehr gezeigt wurden.

Auch im Berufsalltag brechen rosige Zeiten an. Anerkennung vom Chef wird Ihnen die Arbeit besonders erfreulich machen, auch innerhalb des Kollegenbereichs läuft das meiste nach Wunsch.

Die Damen sind die bevorzugten Glückskinder. Ist ja auch leicht verständlich, wenn man sich die positive Ausstrahlung ansieht, die sie jetzt ins beste Licht rückt. Für die Herren ergeben sich nach dem 18. ausgezeichnete Chancen. Initiative wird allerdings unbedingt erwartet. Die Hoffnung, daß die gebratenen Tauben einfach angeflogen kommen, ist ein utopischer Traum.

Bleiben Sie also nicht untätig, zeigen Sie, wer Sie sind, aber es darf nicht überdreht werden. Das richtige Mittelmaß zu halten, wäre das Klügste.

Geht es in manchen Angelegenheiten nicht so voran, wie Sie es am liebsten haben oder dies erwarten, zeigen Sie Beharrlichkeit und lassen Sie bei zähen Verhandlungspartnern nicht locker. Versorgen Sie sich dann noch mit einer tüchtigen Portion Optimismus, so sind Sie auf dem richtigen Weg. Schwung, Mut und praktizierte Lebensfreude sind genau die Begleiter, welche den Erfolg programmieren.

Sie haben mit Recht den Eindruck, es würde sich alles nur noch um Sie drehen. Äußerst günstige kosmische Zeichen deuten an, daß Ihre Person von den Göttern besonders freundlich behandelt wird. Viele angenehme Dinge geschehen sozusagen von ganz allein, ohne daß Sie sich extra darum bemühen. Also: Harmonie und Zufriedenheit ringsum. Erkennen Sie die guten Möglichkeiten, die Ihnen das Zugreifen leicht machen, und halten Sie die Augen offen.

Lassen Sie Ihren gesunden Menschenverstand sprechen, wenn Sie bei wichtigen Entscheidungen zwischen Wollen, Wünschen und Gefühlen unentschlossen hin und her pendeln. Wird möglicherweise eine Umstellung verlangt, die Ihnen nicht leichtfällt, ist Zeit immer noch das beste, die Sie sich auch gönnen sollten. Eine Angelegenheit, die Sie gedanklich schon vor langer Zeit einmal intensiv beschäftigt hat, beginnt sich aufs neue zu melden. Haben Sie Spaß daran, reizt Sie die Sache, ist nichts dagegen einzuwenden, wenn Sie nun endlich wissen, wieweit Ihnen dies alles nützlich ist. Springen Sie dann auch mal über Ihren eigenen Schatten. In der langen Zwischenzeit haben Sie sicher neue Eindrücke gewonnen, die Ihnen die Beurteilung leichter und Sie mutiger machen. Dieser ganze Komplex kann den Geschäftsbereich ebenso berühren wie das Privatleben.

In der 3. oder 4. Woche dürfte es sich lohnen, etwas Ausgefallenes zu unternehmen. Es könnte beispielsweise eine Einladung sein, die Sie unbedingt annehmen sollten. Auch die Teilnahme an einem Seminar, an Weiterbildungskursen gehört in diesen Bereich. Ausgezeichnete Möglichkeiten könnten sich ergeben. Nichts, was man Ihnen auch anbietet, ist uninteressant, nichts ist so abwegig, daß Sie sich von vornherein ablehnend verhalten dürfen.

Die 2. Julihälfte beschert den Buche-Damen Lob und Anerkennung. In der privaten Sphäre ist dies stets eine Zeit, in der mit Komplimenten und besonderen Liebesbeweisen nicht gespart wird. Auch fast eingefrorene Liebesbindungen können zu neuem Leben erweckt werden. Nützen Sie den kleinsten Anflug von Gefühlen, um das zarte Pflänzchen Liebe zum Blühen zu bringen.

Kleinere Schwierigkeiten tauchen auf, wenn Sie sich die großartige Phase des Vormonats, die Sie wahrscheinlich zu sehr verwöhnt hat, auch von diesem August erwarten. Fehlschläge sind dann nicht auszuschließen, lassen sich jedoch durch Zurückstellung eigener Wünsche und Vorstellungen vermeiden.

Es bringt in diesen Augusttagen nichts, wenn Sie eine bestimmte Sache, ein ganz spezielles Anliegen, das Ihnen am Herzen liegt, mit Gewalt durchboxen wollen. Gelassenheit, liebe Buchen, bringt jetzt Lorbeeren ein, ohne daß Sie sich dafür besonders anstrengen müssen.

Schwierigkeiten lösen sich von selbst, wenn der 10. August vorüber ist. Es wird dann Zeit, eine ruhigere Gangart einzulegen, sich eine Verschnaufpause zu gönnen. Haben Sie in diesem Monat Urlaub, ist es die ideale Gelegenheit, sich jedem Streß zu entziehen. Tun Sie dann zunächst alles, um Ihr körperliches Wohlbefinden auf den Stand zu bringen, den man nicht nur als befriedigend, sondern als hervorragend bezeichnen kann. Es sollen Ferien werden, wie Sie sie schon lange nicht mehr gehabt haben. Hoffentlich haben Sie sich nicht für ein Zelt entschlossen, daß Sie zwar nachts aufnimmt, aber jede Luxuspflege unmöglich macht. Gerade diese haben Buche-Leute jeder Altersstufe dringend nötig. Urlaubsbeschäftigung sollte aus angemessener Bewegung und kleiner sportlicher Tätigkeit bestehen. Nur der Sonnengrill ist keinesfalls das, was Ihr Körper verlangt. Viele Dinge gilt es zu beachten, aber immer solche, die eine Regeneration versprechen.

Spüren Sie, wie das Jahr 1997 Sie verwöhnt und wie leicht es für Sie ist, in diesem angenehmen Strom mitzuschwimmen? Bringen Sie also alles in Ordnung, was für Ihre Gesundheit erforderlich ist. Ihr Aussehen, Ihr Wohlbefinden werden dies dankbar registrieren genauso wie Ihr Herzenspartner.

Eine beinahe weltfremde Einstellung zu den Allerweltsgeschehnissen ist sicher schwer in den Griff zu bekommen, aber was getan werden muß, um nicht in Gefühl oder gar melancholischen Anwandlungen dahinzuschmelzen, muß getan werden. Der Alltag und die Pflicht rufen! Es wird nicht leicht werden, sich diesen Anforderungen nahtlos zu fügen. Buche-Leute durchwandern eine Periode erhöhter Empfindlichkeit. Dafür besteht im Berufsleben gar kein Interesse, es sei denn, sie haben sich ein Metier ausgesucht, das Feinfühligkeit voraussetzt. Ist zwar selten, aber soll es geben.

Freundschaften, die Sie in eine gesunde, fröhliche Stimmung versetzen können, wären jetzt genau der richtige Umgang in diesem September. Hoffentlich findet sich so ein Prachtexemplar von Freund oder Freundin. Buche-Männer wie -Frauen brauchen keinen großen Anstoß, um das gewohnte Gleichgewicht zu finden. Es bietet sich für diese Übergangsperiode, die bis zum Herbstbeginn dauern dürfte, einiges an, daß für neuen Schwung sorgt. Ist es ein lieber Besuch von weit her, der da Akzente setzt? Er ist, wenn sich seine seelische Frequenz mit der Ihren deckt, tatsächlich imstande, Ihnen zu optimistischen Gedanken zu verhelfen. Eine herzliche und unaufdringliche Art bringt Buche-Leute schnell wieder ins Gleichgewicht. Ausnahmsweise nehmen sie hier sogar einen Rat an, was sonst selten in ihrem Verhaltenskodex eingeplant ist.

Geschäftliche Verbindungen, die vieles versprechen, sind durch besondere Einflüsse vorgezeichnet. Lukrative Möglichkeiten sollte man sich nicht entgehen lassen. Sind diese in diesem Monat nicht mehr unter Dach und Fach zu bringen, warten Sie geduldig den Oktober ab. Er zeichnet sich durch hervorragende Pluspunkte im geschäftlichen Bereich aus.

Privat ist Ende September noch etliches in Bewegung, ob nun frisch verliebt oder bereits seit langem in eine Beziehung eingebunden. Buchen machen nicht nur einen glücklichen Eindruck, sie sind es auch.

Nichts stört den gleichmäßigen Ablauf dieser Oktobertage. Man kann das Angenehme mit dem Nützlichen verbinden, man kann Kompromisse eingehen, ohne daß Sie das Gefühl bekommen, sich etwas zu vergeben. Die Fähigkeit, in spannungsgeladenen Situationen das Gesicht zu wahren, erspart Ihnen viele Unannehmlichkeiten. Ihre jetzt so umgängliche Art bringt ungeahnte Vorteile. Ein ausgezeichneter kosmischer Wert, der für Ihren Geschäftssinn verantwortlich ist, bringt zusätzliche Pluspunkte. Ihr taktisches Verhalten eröffnet neue Chancen. Eine aktive Rolle, die Sie sich im Arbeitsbereich »verdient« haben, entspricht genau den Tendenzen dieses Oktobers. Sie können alle Leute, die zu Ihrem Umfeld gehören, vom Lehrling angefangen bis hinauf zum Chef, von Ihren Talenten überzeugen.

Doch auch der oder die Herzallerliebste weiß um Ihre Vorzüge. Sie fühlen sich von allem, was der Liebe Glanz verleiht, magisch angezogen. Aber auch die sorgfältige Pflege Ihres Äußeren und eine umwerfende Liebenswürdigkeit wird Ihnen besondere Beachtung verschaffen.

Der Gedankenaustausch bei Themen, die den Liebesbereich betreffen, der Wunsch, sich mit Gleichgesinnten zu umgeben, fördert etwas zutage, was man bisher oft vergeblich bei Ihnen gesucht hat: Offenherzigkeit und tiefes Vertrauen. Zu Menschen, die Ihnen ausgesprochen liegen, sind die neben der üblichen Höflichkeit auch noch sehr herzlich, so daß Ihnen sofort alle ehrlich zugeneigt sind. Daß sich dies auch beim Partner Ihrer Liebesbeziehung intensiv zeigt, bedarf keiner besonderen Betonung.

Sind Sie noch solo, werden in diesen Wochen kaum Probleme mit dem anderen Geschlecht auftauchen. Bei neuen Kontakten mit dem gleichen Geschlecht zeigt sich ebenfalls eine deutlich verbesserte Tendenz. Ihre Neigung, sich konventionellen Ansichten fast eigensinnig zu verschreiben, läßt nach. Vielleicht gelingt es Ihnen sogar, sich für die Avantgarde zu begeistern.

Es dominiert das maskuline Erd-Element. Vorsicht ist angebracht, wenn es um Ansichten geht, die nicht von allen Mitarbeitern und Freunden geteilt werden. Möglich ist, daß Sie im November einen Eigensinn entwickeln und Starrsinn zeigen, der einer Unzufriedenheit entspringt, für die niemand verantwortlich ist. Sehr wahrscheinlich vollzieht sich in manchen Buche-Leuten eine innere Umstellung, die sich schon in den ersten Tagen bemerkbar macht.

Sorgen Sie dafür, daß Ihre physischen und seelischen Kraftreserven nicht bis auf den letzten Rest verbraucht werden. Das bewegte Auf und Ab stellt Sie auf eine harte Geduldsprobe. Meiden Sie alles, was zu handfesten Auseinandersetzungen führen könnte. Es wäre zu empfehlen, sich mit nichts zu belasten, was diese Tendenz noch intensiviert.

Widmen Sie sich den unbedingt notwendigen Aufgaben mit der gewohnten Umsicht, und nichts weiter! Jedes intensive Bemühen wird Ihnen zur Zeit falsch ausgelegt. Halten Sie deutlich Distanz zu all jenen Leuten, für die Sie sich bisher schon nicht sonderlich begeistern konnten. Erfolge sind eher Zufällen zu verdanken als dem eigenen Bemühen. Ehrgeiz, Zielstrebigkeit, alle Ihre so gut verwendbaren Eigenschaften sind im Moment nicht gefragt.

Zwischenlösungen, improvisierte Ausweichmanöver bei brenzligen Situationen – das gibt es in diesem November nicht – der Trend zu Konfliktsituationen ist bereits vorprogrammiert. Da es Buchen nicht paßt, Scherben wegzuräumen, muß man Scherben eben vermeiden und jeglichen Schwierigkeiten aus dem Wege gehen. Außerdem fehlt auch noch jedes Zärtlichkeitsbedürfnis, von Anschmiegsamkeit ist gar nicht zu reden, Sie stehen mit Ihrem Schicksal sozusagen auf Kriegsfuß. Zeigen sich über kurz oder lang Ängste, dem Ganzen nicht gewachsen zu sein, wird sich recht schnell die nackte Vernunft wieder einstellen. Wenn es gar zu ungemütlich wird, finden Buche-Leute schnell den Rückzug. Wenn auch zögernd, man findet wieder zu versöhnlichen Worten und vermeidet geflissentlich Ecken und Kanten zu zeigen. Ihr Wollen läßt sich wieder zurechtbiegen, und die Einstellung zum Nächsten wird gütiger, liebenswerter.

Freundschaftliche Beziehungen bekommen in diesem Monat einen großen Stellenwert. Es machen sich Tendenzen bemerkbar, die Ihnen die Rolle eines Menschenfreundes zuteilen. Aus jeder Ecke Ihres Bekanntenkreises kommt eine Einladung. Jede Oma, jede Tante ist um Ihr leibliches Wohl besorgt. Lassen Sie sich diese Art von Zuwendung ruhig einmal gefallen. Zu einem Weihnachtsmonat gehören derartige Aufmerksamkeiten. Möglich wäre auch, daß das anstrengende Jahr 1997 endlich einen Ausgleich liefert, der sich im Geben und Empfangen von Zuneigung äußert.

Lassen Sie sich von dieser sanften Welle tragen und treiben. Der normale Alltag wartet nicht mit Schwierigkeiten auf, alles geht den gewohnten Gang. Mit neuen Plänen, die möglicherweise weiter zu entwickeln wären, warten Sie besser das kommende Jahr ab.

Gönnen Sie sich eine ausgedehnte Weihnachtspause. Ihre gesamten Empfindungen sind auf Seelenfrieden eingestellt. Gefühlsmäßige Entscheidungen bestimmen Ihr Tun. Bewundernde Worte, Beifall, können Sie nun besonders glücklich machen.

Unter diesen Voraussetzungen wird das Weihnachtsfest in diesem Jahr zu einem besonderen Erlebnis für alle Buche-Leute.

Die restlichen Tage zeigen sich ebenfalls angenehm. Man nimmt Rücksicht auf Ihre derzeitige Verfassung. Ihren täglichen Pflichten gehen Sie aber trotzdem nicht aus dem Weg. In der nächsten Zeit sollten Sie darauf achten, daß Sie nicht zu phlegmatisch werden und wenn es nötig ist, auch die Initiative ergreifen.

Betrachtet man die Vorgänge, die die Liebe zwischen Mann und Frau bestimmen, so ist zu sagen, daß die Wärme und Innigkeit von Gefühlen natürlich auch hier das Klima äußerst angenehm machen. Doch wenn Sie an erotische Wünsche denken, ist der Tisch wohl kaum reich gedeckt.